英语民族史

革命的时代

[英] 温斯顿·丘吉尔 著

王之光 译

浙江人民出版社

图书在版编目（CIP）数据

英语民族史. 革命的时代 / （英）温斯顿·丘吉尔著 ; 王之光译. — 杭州 : 浙江人民出版社，2023.10

书名原文：A HISTORY OF THE ENGLISH-SPEAKING PEOPLES

ISBN 978-7-213-09994-6

Ⅰ. ①英… Ⅱ. ①温… ②王… Ⅲ. ①世界史 Ⅳ. ①K1

中国版本图书馆 CIP 数据核字(2021)第 009909 号

英语民族史　革命的时代

YINGYU MINZUSHI　GEMING DE SHIDAI

[英]温斯顿·丘吉尔　著　王之光　译

出版发行：浙江人民出版社(杭州市体育场路 347 号　邮编　310006)

市场部电话：(0571)85061682　85176516

策划编辑：潘海林

责任编辑：潘海林

营销编辑：陈雯怡　张紫懿　陈芊如

责任校对：杨　帆

责任印务：幸天骄

封面设计：张庆锋

电脑制版：杭州天一图文制作有限公司

印　　刷：杭州丰源印刷有限公司

开　　本：880 毫米×1230 毫米　1/32　　印　　张：11

字　　数：244 千字　　插　　页：4

版　　次：2023 年 10 月第 1 版　　印　　次：2023 年 10 月第 1 次印刷

书　　号：ISBN 978-7-213-09994-6

定　　价：78.00 元

审图号：GS(2021)2226 号

编辑说明

由讲英语人口构成的庞大帝国的存在，深刻改变了世界的文明版图，强有力地左右着人类命运和历史的走向。在 19 世纪，英国号称“日不落帝国”，其属地与殖民地遍布全球。第二次世界大战后，美国则以其雄厚的经济、军事力量影响着世界历史的进程。自工业革命以来，两个英语国家先后称霸全球达 200 余年，这绝非偶然。诺贝尔文学奖获得者、英国历史上最负盛名的人物温斯顿·丘吉尔以其如椽大笔，以深邃的洞察力和史诗般的笔触，描述了英语民族从蛮荒走到世界超强的历史轨迹，深刻地揭示了其中奥秘。这就是史学名著《英语民族史》(共四卷)。

2002 年，英国广播公司（BBC）进行了一次名为“最伟大的 100 名英国人”的调查，结果丘吉尔获选为“有史以来最伟大的英国人”。丘吉尔是历史上掌握英语单词数量(12 万多个)最多的人之一，又是 20 世纪重大历史事件的当事人，是书写《英语民族史》的“天选之人”。本书兼具学术性和可读性，是研究英语民族发展史的权威之作。

本书原版采用 Barnes & Noble 出版的版本，最具代表性。丘吉尔学识渊博，叙事妙笔生趣，用语巧妙得体，因此，译者、编者深感翻译之不易。我们力求深入理解原文，并予以清晰表达。但限于编者水平，译文仍会有错误或不妥之处，望读者不吝指正，以便再版时修改。

本书的地图系原版所有，选用是为了衬托文字的效果，以期读者对世界历史的重大局势和事件有一些具体的印象。但原书地图清晰度较低，一些图中的文字较难辨认，编者对照正文，参照权威地图册将其译出。

需要指出的是，丘吉尔本人对广大亚非拉地区存有西方式的傲慢。作者在叙述相关事件时，自然带有一定的帝国主义倾向，编者已对一些带偏见之词略作删减。我们相信读者对作者的观点自有鉴别能力。

编者

2023 年 8 月

前 言

本卷描述的时期，即 1688—1815 年，在 100 多年内有三场革命均引起了英法两国的战争，深刻影响了人类社会。1688 年的英国革命驱逐了不列颠岛上的最后一位天主教国王，终于触发与法国“伟大的国王”路易十四间激烈的战争。1775 年的美国革命将说英语的民族分为两个分支，每个分支拥有独特的愿景和活动，但仍然以同一种语言、共同的传统和普通法而基本保持统一。1789 年，法国以武力和暴力向欧洲宣告了自由、平等和人权的原则，其力度之烈、影响之深远直到 1917 年的布尔什维克革命才可与之匹敌。然而在这些政治动荡之下，当时科学和制造方面的革命正悄无声息地进行着，为我们今天所生活的工业时代奠定基础。基督教改革引起的宗教动乱终于消退了。从此，英国基于实用目的分成党派，而不是因教义而分裂，但欧洲对物质权力和国家霸权的问题争论不休。旧时的宗教概念趋向一统，而现在欧洲国家开战则为了扩大权势，宗教所能发挥的作用已越来越小。

本书以英国革命刚刚完成作为开始。国王詹姆斯二世已经逃离，荷兰的奥兰治亲王已经抵达英国，日后成为国王威廉三世。他立即与法国进行了殊死的战斗。法国试图将欧洲再次纳入一个框架，建立一个查理曼大帝都望尘莫及的霸权，这方面的历史我们必须要追溯到罗马时代。法国人这种热烈的愿望在路易十四身上得到了体现。欧洲三十年战争毁灭了德国，造成了西班牙的衰落，这些都有利于法国实现其野心。

与此同时，荷兰共和国的兴起成就了一个新教国家，尽管人口不多，但是从海上军力和贸易来说，算是欧洲大陆的强国。英国和荷兰的联盟形成了抵抗法国的核心。在神圣罗马帝国政治利益的驱动下，北海的两个海洋国家直面以凡尔赛为中心的天才与荣耀。威廉三世、马尔伯勒和欧根亲王的刀剑，刺破了路易十四的力量。此后，汉诺威王朝统治下的英格兰终于接受了辉格党的观念，集合大宪章和有史以来所有英国传统习惯之大成，以现代形式勾勒了政教关系以及国王对议会的从属地位。

一直以来，英国海外领地的扩张仍在继续。英伦诸岛统一了，尽管人口较少，却对欧洲产生了引领作用。但是英国另辟蹊径，追求独立于欧洲大陆的发展。在老皮特的领导下，巩固了在新世界和印度巨大的疆土，第一个大英帝国已经形成。

美洲殖民地的力量日益增强，而英国政府没有认识到这一点，这导致了殖民地与母国之间产生不可避免的分裂。在独立战争中，美国建国，美国人称之为革命战争。法国和西欧联手反对英国，虽然制海权未失，但第一个大英帝国就此终结了。

随着世界大国统治权的变化，出现了自宗教改革以来的又一个决定性的思想解放运动。宗教改革在众多领域确立了信仰自由。法国大革命试图宣扬人人平等，不论其身份贵贱、财富多寡，至少确定了机会均等的原则。在对拿破仑的战争中，英国几乎与整个欧洲、甚至与美利坚合众国争夺。

拿破仑无法建立一个欧罗巴合众国。滑铁卢战役的胜利、卓有远见的和平条约的签订和工业革命的开展，让英国在文明世界确立了近一个世纪的霸权。

丘吉尔

于肯特郡韦斯特勒姆的查特韦尔

1956 年 12 月 24 日

目 录

第七部　英格兰的崛起

第 1 章

奥兰治亲王威廉

非凡的奥兰治亲王自幼生活在严酷的环境中，他为了公众的利益而抢夺了岳父的不列颠王位。奥兰治亲王无父无子,不知爱为何物。他为了国家利益而结婚，由喜欢吼娃的祖母抚养成人，少时不快乐，身体也不好，青年时期受到历届荷兰委员会的控制，患有肺结核和哮喘,脚也有点跛。这样一个羸弱不堪的躯体,却燃烧着无情的怒火,给欧洲的风暴煽风点火，让周遭日益紧张的环境更是火上浇油。不到 21 岁的时候威廉便有了惊人之举，从此一直驰骋沙场，在荷兰和欧洲的政治角逐中苦苦经营了整整 4 年，他率领英格兰密谋集团与天主教国王詹姆斯二世分庭抗礼。

女人对他来说算不上什么。他长期冷落忠诚爱着自己的妻子。后来，随着统治走向尾声，他意识到玛丽王后对他在英格兰方面的政策帮助很大，于是对她产生了由衷的感激之情，就像感谢一位忠实的朋友或者辅佐国政的阁员一样。玛丽死后，他的悲伤倒是真情实意的。

在宗教方面，他无疑是加尔文派教徒；可他似乎并没有从加尔文教的金科玉律中获得心灵的慰藉。作为君主和军事统帅，他毫无宗教偏见。任何一个不可知论者都比不上他在哲学上的不偏不倚。对他来说，新教徒、天主教徒、犹太教徒或无神论者都是一样的。他畏惧并痛恨法国天主教，并非因为它鼓吹偶像崇拜，而是由于它是法国的教会。只要信奉天主教的军官能够用得上，他会毫不犹豫地启用他们。宗教问题只是他在纵横捭阖的政治合作中讨价还价的筹码。他在英格兰与爱尔兰敲起新教战鼓之时，对教皇发挥重要的影响，他与教皇的这种关系堪称古今头脑灵活的政治家的楷模。人们几乎认为，他似乎就是为了抵御法国及其“伟大的国王”的霸主地位才诞生的。

这样的成长方式、这样的使命，自然而然让威廉注定成为冷酷无情的人。1672 年荷兰政治家德威特兄弟（the De Witts）遇害一事固然不关他的事，可他幸灾乐祸，从中获益，并且包庇凶手，替阴谋家养老送终。他曾经主动表示愿意帮助詹姆斯二世对付新教徒蒙莫思公爵，然而蒙莫思乘船离开荷兰避难所时他却不加阻拦。他一生最大的污点来自苏格兰。高地某部族的首领迟迟不肯归顺，威廉签发旨意，等待他们的是被灭族的命运。部队开往格伦科，“捣毁那个贼窝”。人们一提起这一事件就毛骨悚然，因为部族的宾主之道却换来了军队肆意的无耻背叛。王军和部族的人在山谷里朝夕相处数周，披着友谊的外衣享用部族人民粗茶淡饭的款待。在一个寒冷的冬夜，士兵们突然翻脸不认人，杀害了族人，当时还有一些人还在睡梦中以及未逃出茅舍。虽然这并不是来自国王的指令，但是威廉背上了难以洗清的骂名。

威廉虽然冷漠，本人却不残暴。他无暇顾及小仇小恨，一心对付路易十四。他英勇无惧，年轻时就开始带兵打仗，却不能使他成为一位伟大的统帅，因为军事天才要具备战场预见性，而威廉丝毫没有。他无非为人果断，富有常识，而他的出身碰巧让他有了指挥作战的机会。外交领域才是他灵感迸发之地。在治国理政上，威廉表现出的精明、耐心和判断力无人能及。他结成的联盟，克服的困难，对时间因素或他人弱点的巧妙利用，拿捏分寸准确无误，区分轻重缓急的能力——这一切使他享有极高的威望。

他的头等大事是已经爆发的欧洲大战以及由他促成的大联盟。他把英格兰的冒险经历当作一段插曲，此举虽有必要，但使他感到厌烦，可为了大局又不得不为之。他从来没有喜欢过英格兰，也不关心国家的家务事，看到的全是英格兰的阴暗面。威廉看中的是英格兰的财富和其陆海军实力在欧洲大战中的作用，并亲自出马把英格兰争取在手中。英格兰的公务员们是他的盟友，为他的利益服务，他也对这些人论功行赏，但心底看不起这个民族，认为他们在素质和忠诚方面，都不如他的荷兰同胞。

一旦坐稳英格兰的王位，他就不假掩饰地鄙视英格兰。不足为奇的是，这种举止，特别是背后的那种情绪，引起了英格兰人强烈的反感，虽然他们服从必要的新权威，但英格兰人的骄傲不输欧洲任何一个民族。谁也不愿意成为被讨厌和轻视的对象，尤其是这种侮辱是不由自主、发自内心的。发动“光荣革命”并且严守革命目标的伟大贵族和议会党人，情不自禁地怀念查理二世宫中欢乐的气氛和斯文场面。威廉性格孤僻，吃饭狼吞虎咽，待人寡言无礼，轻视女性，厌恶伦敦，这些都引起上流社会的反感。妇女们称他为“荷兰矮熊”。英军也十分烦恼，官兵们想起这次革命的军事问题就心生一种耻辱感。他们不高兴看到荷兰人掌握所有重要的指挥权，一看到荷兰近卫军不停地在白厅和圣詹姆斯宫巡逻就痛心。更不能忍受的是，他们还把自己寒酸的蓝军装与此时已经放逐出伦敦的第一近卫军和科尔斯特里姆近卫军气派的猩红色军装相比较。在爱尔兰战争期间或法国入侵的威胁尚未解除之时，他们抑制着不满情绪；而在其他时候，他们则怒不可遏，爆发出来。英格兰人不满英军被派遣到欧洲大陆作战，并且一再要求威廉撤掉荷兰近卫军和荷兰宠臣。

* * *

1688年12月23日下午，奥兰治亲王得知，随着詹姆斯国王的逃跑，自己成了英格兰无可争议的主人，便马上展开渡海计划。他限令法国大使在24小时内离开不列颠岛，而让英格兰加入反法联盟。虽然中间有过一段间歇，但最终路易十四在战争中彻底丧失霸权地位。

不列颠联合一致，驱逐了詹姆斯国王，但现在没有了任何形式的合法政府。根据发动革命的政治家建议，亲王召开了非常议会。议会产生不久，便在宪法正当性问题上纠缠不休。曾经负责把威廉召到英格兰的全国无党派联盟，在建立稳定政府的重压下自然瓦解。宪法问题历经一番复杂谋略，这中间夹杂了种种个人野心和党派信条。查理国王的旧臣丹比伯爵看到这数周来的乱象心怀很大的希望。当年“五大臣小组”（Cabal）垮台之后，是他在圣公会的绅士阶层和国教徒中建立了托利党。但查理国王同法国的勾结和“天主教阴谋”断送了丹比伯爵的政治生涯。为了使他免遭政敌的毒手，查理国王把他监禁在伦敦塔内享清福。在查理国王统治末期，他重获自由，从1688年的革命中捕捉到东山再起的好机会。作为北方的大地主，他能够动员绅士阶层，在决定性的危急关头有能力供养一支庞大的武装力量。凭借这番战绩带来的威望，他来到伦敦。斯图亚特王室君权神授的特权好景不长，忠诚的托利党人大为震惊。丹比伯爵同玛丽公主见了面。能够使大批托利党人拍手称快的解决方案，自然是玛丽公主自己继承王位。如此一来，托利党派的基本原则就能保住了。为此，丹比在匆忙召开的上院讨论中竭尽全力。然而，包括玛丽的舅父克拉伦登伯爵在内的其他托利党人则主张保留詹姆斯的国王头衔，而任命威廉为摄政王。趁托利党内部意见分歧之机，辉格党人占了上风。

这一边，辉格党人认为革命证实了"君主和人民需达成契约"这一政治观点的正确性。王位继承的问题有待国会解决，而威廉的决定影响着整个局势的走向。他会甘愿当女王的配偶这个没有实权的荣誉角色吗？倘若如此，托利党就可心安理得，辉格党在革命中的作用将会黯然失色。辉格党人在"麦酒店密谋案"（the Rye House Plot）中失去了领袖，只有一位政治家为他们孤军奋战，并且取得了胜利，他们则坐享其成。

哈利法克斯侯爵乔治·萨维尔是他那个时代最精明的政治家，他独来独往为自己获"骑墙派"这一名号而感到自豪。他因了解威廉的意图而在这场危机中占尽优势。詹姆斯国王逃亡之前，曾经派他和大步前来的威廉进行谈判。他知道威廉此行的目的绝非暂住几日，这个荷兰人需要在英格兰获得稳定的君主地位，以便在欧洲大陆抵挡法国扩张的威胁。上院以 51 票对 49 票的微弱多数否决了威廉应该以摄政王的身份替代詹姆斯国王的提议。冗长的辩论过后，国会接受哈利法克斯侯爵的主张，决定王位由威廉和玛丽二人联合继承。哈利法克斯大获全胜，是他代表两院将王冠和《权利法案》呈献给两位君主。但他的政治观点是敌视党派的发展。他在危机严重时可以一言九鼎。只是身后的追随者不成气候，风光转瞬即逝；不过辉格党在接下来几年得以复兴，也多亏了萨维尔。

复杂的矛盾缠结逐步得到清理。由于约翰和萨拉·丘吉尔的私下劝说，玛丽的妹妹安妮公主同意，如果姐姐先于威廉辞世，她将把继承权让给威廉。这样，威廉便可顺利获得终身的王位。他欣然接受了议会的这个决定。在加冕之时，革命的领袖们获得了诸多荣誉和提升。丘吉尔虽然从来不是威廉最信赖的心腹，却巩固了他陆军中将的职位，成为实际上的总司令，担负起重建英格兰军队之职。他受封为马尔伯勒伯爵。1689 年 5 月正式对法宣战以后，威廉在英格兰无法脱身，后又陷入爱尔兰的困顿局面之中，是马尔伯勒率领 8000 名英格兰士兵在佛兰德斯迎战法国军队。

不列颠诸岛陷入最危险的战事危机中。法王路易接待了流亡中的詹姆斯，出于骄傲和策略上的考虑，法王表现出无微不至的关心和同情。爱尔兰首当其冲成了行动的重点。詹姆斯在 3 月份带着一支训练有素的法国军队、多名法国军官，配备充足的弹药和金钱登陆爱尔兰，像救世主一般受到欢迎。他在都柏林实行统治，得到爱尔兰议会的支持，不久又有了一支可能多达 10 万人的天主教军队保卫他。除北部的新教徒居住区外，整个爱尔兰岛处于史称“詹姆斯二世党人”（the Jacobites）的控制之下。当威廉的目光投向东边的佛兰德斯和莱茵河时，他的议会却把目光锁定在相反的方向。威廉提醒议会注意欧洲事务，议会则坚决把他的注意力引向爱尔兰。威廉犯了历史上国王常犯的错误，企图东西兼顾，结果却适得其反。伦敦德里从海上得到援兵而脱困是1689年战事的一段壮丽插曲。

新成立的政府组织迅速产生了裂痕。辉格党认为，革命的胜利属于他们。他们的判断、行为和原则都被证明是正确的，那么他们不应该包揽所有的官职吗？但是威廉也知道，若没有那些托利党中举足轻重的保王党和高教会派（High Churchman）帮忙，他就得不到英格兰的王冠。而且，此时此刻，作为国王他喜欢的是托利党的做派。因为这一派的教会拥护世袭君主制。他认为辉格党的方针最终会走向共和制。他在荷兰的头衔是最高行政长官，相当于国王；而在英格兰，他的头衔是国王，当然不愿意降格成为行政长官。因此，他准备解散授予他王冠的议会，尽管辉格党人说，他们的使命尚未完成。在1690年2月的选举中，托利党胜出。

新国王竟然依靠森德兰伯爵这样神秘莫测的人物，这可能令人感到奇怪，因为森德兰曾经是詹姆斯国王的首席谋臣。不过，詹姆斯和森德兰之间已经产生了不可弥合的分歧，而詹姆斯二世党人把革命的主要责任归咎于森德兰。森德兰的命运因此同威廉的利益绑在了一起，他了解欧洲的政治斗争，善于为君主谋划，这些对威廉来说是无价的财富。一段时间后，伯爵就在英格兰复出，且影响力巨大。他不敢为自己谋取职位，但能使别人平步青云或一落千丈。一些抱中间态度的政客受到了政府的重用，他们是什鲁斯伯里伯爵、西德尼·戈多尔芬、马尔伯勒和一向比较超脱的哈利法克斯。这些人都服侍过詹姆斯国王。他们认为应该同时利用两个党派或者其中一个党派以维持他们的地位，并继续服侍国王。他们都相互抱团。什鲁斯伯里和沃顿过从甚密，戈多尔芬和马尔伯勒则同拉塞尔上将无话不谈。[1]在后来的20年里，这些人当中同马尔伯勒关系最密切的是戈多尔芬，后者在政治上游刃有余，同时小心翼翼地将自己置身事外。他从不争权，也很少丢官罢职。他是四朝元老，同僚各异，却无人质疑他的忠诚。他懂得在恰当的时机辞职或者扬言要辞职，以示自己的正直。他性格谦虚谨慎，一心一意地埋头于政府事务之中。

倘若威廉在1689年把全部力量投入爱尔兰，那么第二年他就可以把军力投入到欧洲大陆；事实上，新的一年里他被迫率领主力部队亲自征讨爱尔兰，到夏天带着36000人马上了战场。因此，英格兰的全部力量离开了欧洲的主战场。在弗勒吕战役中，威廉派往低地国家的司令官沃尔德克亲王在神机妙算的卢森堡元帅面前遭到惨败。同时，法国海军在比奇角沿海打败了英荷联合舰队。伦敦流传着这样一句话："荣誉归荷兰人，利益归法国人，耻辱归英国人。"英吉利海峡的控制权暂时落入图维尔上将麾下的法国海军手中，看来他们能够派一支侵略军登陆英格兰，使威廉无法从爱尔兰返回。

玛丽女王的枢密院，被逼到风口浪尖，有赖人民的忠诚和民族精神得以支撑下去。全国上下纷纷拿起身边的武器。马尔伯勒是其成员之一，手上有6000人的正规军作为核心力量，加上仓促组织起来的民兵和义勇骑兵队，已做好迎敌准备。事情出现了转机，7月11日，威廉国王在博因河一带取得全胜，将詹姆斯从爱尔兰逐回法国。战败的君主詹姆斯希望借一支法国军队打败英格兰，路易十四未加理睬。法国国王要对付的是德国。七八月份在紧张的氛围中过去，除去泰恩茅斯被法国入侵者烧毁之外，并无严重的伤亡。到了冬天，法国舰队解除了武装，英荷两国的舰队则整修一新，再度出海。于是，危险不复存在。深冬之时，玛丽女王的枢密院和威廉国王命令马尔伯勒去讨伐爱尔兰。这一仗打得干脆漂亮，柯克和金塞尔被活捉，爱尔兰南方各郡俯首称臣。1690年底，爱尔兰战争结束，英格兰重获制海权。整整两年后，威廉终于腾出手来，率领大军亲赴欧洲大陆，去统率盟国联军主力。他带着马尔伯勒出征，命令他指挥英格兰军队。马尔伯勒的才能早已为盟军军官们所知，只是没有自由发挥的余地。此战规模宏大，却左右不了战局。

此后，国王和马尔伯勒之间产生了分歧。在分配下一年作战任务时，威廉提出带马尔伯勒去佛兰德斯，作为他身边的中将。马尔伯勒不想接受这个权限不明的职务，他反对仅仅以军师的身份前往佛兰德斯，那样他的建议就不会被采纳，过后出了问题又要他担责。他请求像去年一样指挥英军，否则就待在国内。但是国王已经把军队的指挥权交给他的一位荷兰将军，刚从爱尔兰的奥赫里姆和利默里克凯旋的金克尔男爵。下院发起一个运动，要纠正雇佣外国人的做法。据说马尔伯勒深有同感，他本人在上院也提出了相似的提案。提案得到广泛的支持，并一度显示出上下两院获得通过的可能性。不仅如此，马尔伯勒的活动超出议会的范围。他是英格兰的领军人物，各个级别的军官都找他，对荷兰人受到重用表达强烈的不满。

这时候，几乎所有的英格兰要人都与住在巴黎圣日耳曼的詹姆斯恢复了往来。对流亡在外的王后，戈多尔芬满怀崇敬仰慕之情。什鲁斯伯里、哈利法克斯和马尔伯勒纷纷恢复与詹姆斯的往来。威廉国王察觉到这些情况后，继续信任他们、委以重任。他理解这种两面讨好的做法是局面空前复杂的必然产物。他也能够容忍，这些位高权重的英格兰谋臣们为自己留下后路，以防政府垮台或者国王战死疆场。威廉知道或者至少怀疑，什鲁斯伯里的母亲牵线搭桥，让儿子和圣日耳曼保持联系；但国王依旧让他身居高位。国王明知道拉塞尔海军上将同詹姆斯私下和解，却让他保有海军司令之职。威廉与马尔伯勒发生的争执，绝不是因为将军同他的外甥、詹姆斯国王的儿子贝里克公爵保持着家庭联系，也不是因为将军的妻子萨拉同她的妹妹、拥护詹姆斯二世的泰尔孔内尔公爵夫人有牵连。威廉可能了解到，马尔伯勒说服安妮公主给她父亲写去一封表示孝敬的信，他因此得到詹姆斯的宽恕。街头巷尾议论纷纷，安妮将要取代玛丽和威廉。同时,丘吉尔夫妇仍然是安妮公主眼前的红人。姐妹之间的任何矛盾必然会进一步激化国王和马尔伯勒之间的严重分歧。王室成员间的敌意愈演愈烈。威廉百般羞辱安妮的丈夫、丹麦的乔治王子，让他没有任何参战的机会，也去不了佛兰德斯，更不许他随军出海。安妮深爱自己的丈夫，对这些无礼的举动怒火中烧。

上层人物的钩心斗角往往会殃及下属。玛丽女王要求安妮将萨拉·丘吉尔遣送出宫，秉性倔强的安妮断不从命。谈话变成了争吵。朝臣苦恼地退出宫去，姐妹俩不欢而散，感情上出现了不可愈合的裂痕。第二天早晨9点钟，马尔伯勒辞去宫廷内侍的职务，把官服还给国王，威廉像往常一样不动声色。两个小时以后，国务秘书诺丁汉伯爵交给马尔伯勒一份手令，要他立刻让出一切军政职务，宣布从即日起将他开除出军队和政府，禁止进入宫廷。兹事体大，却没有任何官方的解释。马尔伯勒对自己的出局满不在乎。而他的同僚、国王的主要谋臣们却愤愤不平。什鲁斯伯里公开持反对意见，戈多尔芬扬言要退出政府，海军总司令拉塞尔上将甚至当面指责威廉忘恩负义，忘了是谁“让他戴稳王冠”的。玛丽女王禁止萨拉进宫，安妮反击的方法就是自己出宫。她舍弃白厅剧院的房间，到萨默塞特公爵献给她的赛恩城堡居住。任何压力也不能使安妮公主抛弃她的密友，逆境之火正考验着她们的关系，很快将左右着英格兰的命运。

第 2 章
欧陆战争

威廉三世刚挥师大陆，无军把守的不列颠岛便立即面临入侵威胁。路易十四正在策划突袭英格兰，给了詹姆斯二世复辟的机会。流亡于圣日耳曼的詹姆斯二世两年来不断向法国陆军部施压，坚称重夺英格兰王位的时机已成熟。一支由 1 万名爱尔兰人和同等数量的法国常规军组成的陆军集结于瑟堡，打算奋力一博。法国舰队全体出动，大批的运兵船和军需船待命于诺曼底和布列塔尼港口。

直到 1692 年 4 月中旬，英国政府才知晓法国的计划。陆军、海军都紧锣密鼓地备战迎敌。正如当年西班牙无敌舰队来犯时一样，全英国严阵以待。不过，一切还是仰仗海军上将拉塞尔。拉塞尔与马尔伯勒一样，已密会詹姆斯二世党人：威廉和玛丽担心拉塞尔会叛国，违背职业操守，这也是詹姆斯笃信的一点。但詹姆斯二世党人承认，拉塞尔曾直截了当告诉他们派去的人，他虽然敬重詹姆斯，憎恶威廉政府，但要是在海上与法国舰队交战，他定会竭尽全力消灭它，“即使詹姆斯国王在船上”。他说到做到。在双方交战当天，他对全体水兵说：“如果你们的长官弄虚作假，就把他们扔下海，我首当其冲。”

5月19—20日，英荷舰队与图维尔率领的法国海军主力于英吉利海峡靠近拉乌格海角（Cape La Hogue）处交锋。拉塞尔率领的“无敌舰队”共有99艘军舰、4万名战士和7000门火炮。对阵的法军只有44艘军舰，实力弱很多。双方都殊死一搏，最后图维尔一败涂地。拉塞尔和他的舰队司令们都是詹姆斯二世党人所指望的、列入承诺效忠名单上的追随者，如今却追着落败的法国海军，打入了法国港口。随后5天，在海岸的连连炮火声中，英军的舰队分割歼灭了逃窜的法国战舰。前英格兰国王眼睁睁地看着所有的反攻工具毁于一旦，这本是载着他回归故土的舰队啊。

拉乌格海角一战，以及多场后续的战斗，为英荷舰队比奇角一战雪耻。在威廉和安妮时代的所有战争中，此战决定性地打破了法国拥有制海权的痴心妄想。此战堪称17世纪的特拉法尔加战役。

1692年，陆战也在西属尼德兰（今比利时）拉开序幕。一开场，法国打了个漂亮仗。那慕尔落入法军手中。但接下来的战况更加糟糕。8月，威廉率领全军夜袭卢森堡元帅。黎明时分，法军在施泰因刻尔克附近遭突袭。法军先头部队招架不住，溃不成军，军营乱成了一锅粥，这种状况持续了一小时。但是卢森堡元帅临危不乱，整饬出一个井然有序的阵列迎敌。英军的步兵团是此次联军突袭的先锋。8个骁勇的兵团士气高涨，在麦凯将军的率领下一举攻破瑞士防线，战事的激烈程度绝不亚于记忆中欧洲战争史上的任何一场。卢森堡先发动法国王室禁卫军向已精疲力竭的英军发起进攻，经过基本是冷兵器短兵相接的激烈厮杀后，将英军击退。同时，法军向四面八方挺进，援军也陆续抵达。索尔姆斯伯爵（Count Solms，荷兰军官、

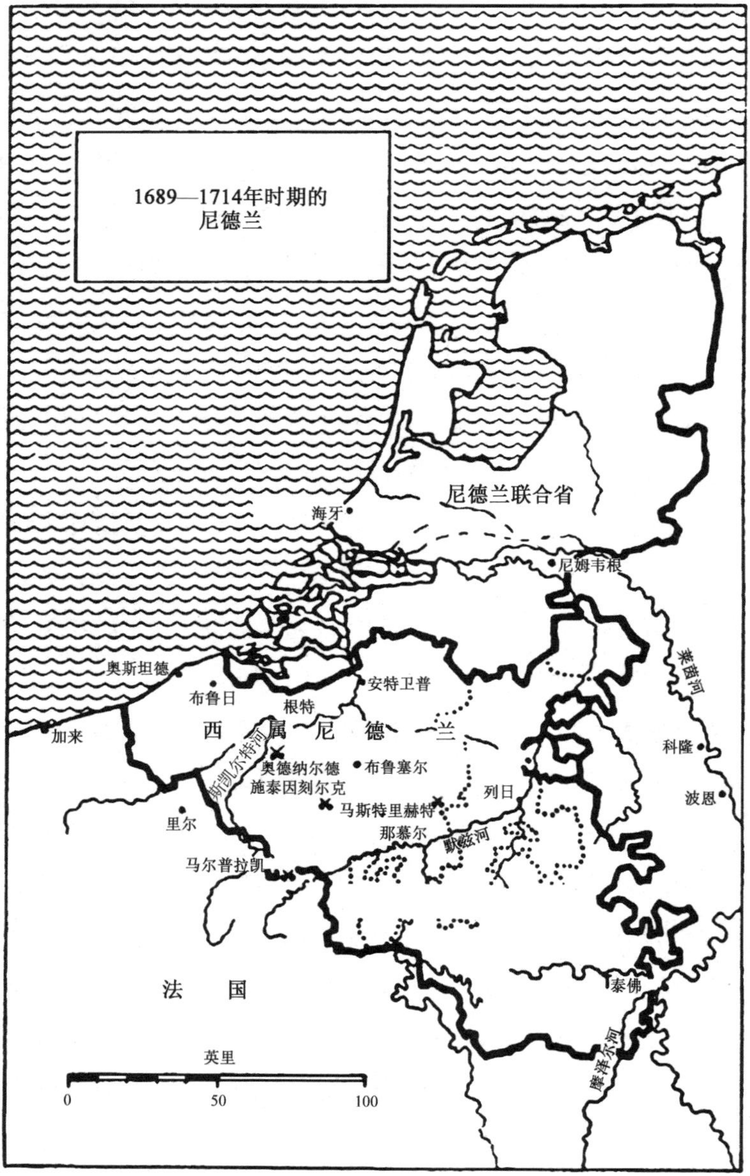

1689—1714 年时期的尼德兰

威廉的亲戚，已取代马尔伯勒任英军司令）早已受到了英军官兵的强烈抵触。他拒绝了麦凯的增援乞求，并说道："现在我们该看看这帮斗牛狗还有什么能耐！"英军痛失两员名将，半数英军伤亡。余下的将士若无荷兰副将奥弗刻尔克（Overkirk，后在马尔伯勒麾下名声大噪）的作战指挥怕是难逃一死。威廉无法控制战局，眼睁睁地看着这场大屠杀，流下了痛楚的泪水，疾呼道："哦，我可怜的英格兰子民！"中午时分，联军全线撤退。尽管双方伤亡相当（均为七八千人），法国仍向全欧通报此役法军获胜。

此次战事激怒了英格兰议会。议会就索尔姆斯伯爵的行为展开了最激烈的辩论。上院发表演说称，英军将领不应听从荷兰人指挥，不管其军衔如何。政府发言人费了好大一番功夫才说服下院相信，英国军官中无人能胜任将军一职指挥欧洲大陆战事。尽管阻力巨大，议会还是批准拨下次年的参战物资，接下来的一年又是指挥混乱、血雨腥风。1693 年 7 月，兰登大战打响，其阵亡人数在随后 200 年欧洲战史里只有马尔普拉凯战役和波罗底诺战役可与之相提并论。法军有着明显的优势。无论如何，威廉已下定决心顶住法军的进攻，几乎一夜之间在吉特河曲折处封闭乡野中建造起一套坚固的战壕和断崖防卫体系。联军经过一番英勇抵抗，最终还是被法军逼退，折损将近 2 万人；而法军伤亡不到 1 万。威廉集结了英军的残兵和援军。由于卢森堡并没有穷追不舍，他还能在战场上立足。1694 年，威廉计划远征布雷斯特。据詹姆斯二世党人透露，马尔伯勒将此计划出卖给了敌方。无论如何，英军陆战司令托尔马什率军进攻时，对方早有部署，火力非常猛，英军被迫退回船上，伤亡惨重。托尔马什自己不久也伤重不治。毫无疑问，指控马尔伯勒通敌所依据的那封信是伪造的。没有证据表明他向法军送过任何情报,也可以肯定,法军是从别的渠道获知此次行动详情的消息。

*　　*　　*

英国原始的财政制度无力支撑欧洲战争的负担。查理二世统治时期，主要也是因为国库空虚，英国无奈在外交上人微言轻，有时甚至卑躬屈膝。所以威廉三世的大陆冒险迫使英国的政治家重建国家的信贷和财政制度。

第一届战时政府是由新成立的辉格党组建的，其中有位一流的财政家——查尔斯·蒙塔古，正是由他负责处理这一大难题。在大陆奋战的英军，军饷是有一日没一日地发。金银储备也正锐减。英国财政官员害怕经济彻底崩溃，成了惊弓之鸟。第一项重要措施就是建立国家信贷机构。荷兰的国家银行成立已有数年，与政府合作紧密。英荷两国亲密的联盟关系自然使辉格党人注意到了这一点。蒙塔古，如今的财政大臣，与苏格兰银行家威廉·佩特森合作，于1694年成立英格兰银行，成立时为私人公司。该机构一方面坚持私有企业原则和私有股份制公司经营方法；另一方面与政府合伙，为政府提供必要的筹款途径支持其信贷。

蒙塔古并不满足止步于此。在哲学家约翰·洛克和财政部次长威廉·朗兹的帮助下，蒙塔古大刀阔斧地改革币制。不到两年，就开始重铸货币。有了这套稳扎稳打的财政制度，英国在将来不仅能承担威廉参战带来的巨大负担，还能应对西班牙王位之争造成的持续消耗。这也许是辉格党最伟大的功绩之一。

1694年末，玛丽女王感染天花，于12月28日驾崩。去世时，她仍未与妹妹安妮公主和解。全民哀悼，威廉国王也在往后的岁月里长久地思念着她。先前大家都很自然地认为她会晚于丈夫辞世，毕竟威廉脆弱的身体已饱受疾病、暴躁、战争和阴谋的摧残。若果真如此，一位信奉新教的英国女王就可大权独揽了。但现实相反，如今威廉将在余生独掌王权。之后，王位必将传给安妮。这使得安妮公主的地位大不相同了。她忠诚的密友和拥护者——令人生畏的丘吉尔夫妇的地位也随之上升。从玛丽女王咽下最后一口气开始，马尔伯勒不再与威廉有利害分歧了。他与威廉一样，有着打击法国的决心；他支持威廉外交政策所体现的所有气节和宗旨。威廉和安妮正式和解。接下来 4 年，马尔伯勒仍然赋闲在家，没有在军队或政府，前线或国内任职；但他颇有耐心，富有远见，如今已坚定不移支持威廉。

1695 年，威廉打了唯一一场胜仗。他从法军的虎口中收复了那慕尔。1696 年，这场战役也使持续了 7 年的战争终于不了了之。海上霸主英格兰和荷兰，以及德意志都成功地保卫了国土，但世人已厌倦了战争。西班牙倒还想再战，但没有实力，只有哈布斯堡王朝皇帝利奥波德觊觎即将空缺的西班牙王位，真切希望反法联盟能维持下去。大联盟开始瓦解。多年来的四面楚歌早已让路易十四疲于应对，如今，他也同意谋求和平。威廉无法阻止盟军和敌军的和平运动。他知道争斗尚未平息，他唯一的希望就是可以继续打下去，但是他孤掌难鸣。

*　*　*

《里斯维克和约》（Treaty of Ryswick）宣告这场世界大战的第一阶段结束。其实，这只是份停战协议。不过，休战也有可能发展为长久的和解。威廉和路易十四互致最高级别的敬意。欧洲暂时团结一心，共御土耳其入侵。很多人宽慰自己，认为《里斯维克和约》已经结束了多国对抗贪得无厌的法国的战争，希冀目前各国保持均势。这样的前景被托利党及其盟友破坏了。要实现长久的和平，最关键的是英国要强大，拥有雄厚的军事力量，如此才能抗衡路易十四。但是托利党却心血来潮，走到另一面，反对介入大陆事务。下院抱怨税收不堪重负，对各种限制都不耐烦，便发起缩减开支和裁军运动。没有了战争压力，他们只想着放下武器。停战时，英国有 8.7 万常规陆军。威廉认为 3 万士兵，再加上为数不少的军官，是保证国家利益和公共安全的底线。他的大臣们只敢要求保留 1 万，而下院只批准了 7000 人。海军裁减的力度倒没那么大。官兵们流落街头或者在乡野成为亡命之徒。英国，曾经牺牲一切，表现出了奇迹般的力量和勇气，如今却让一帮懦弱无能、目光短浅的人落到如此境地。哪怕再多一点坚持，即使不会成为霸主，至少能护其周全。

威廉时代政治上的混乱，主要是由于他极不愿受两大政党中任何一方摆布。他希望形成全国统一战线，共抗法国，因此在宪法上反感一边倒。但是，随着岁月流逝，他被迫认识到两党对待大陆战争的态度截然不同，于是一种熟悉的英国政局开始出现。辉格党人对于法国侵略欧洲的威胁十分敏感。他们明白此等战争深层次的性质。虽然应对威廉缺乏策略，有点轻慢，但辉格党人多次准备成立一个有效且高效的战时政府。而托利党人则相反。他们对于英国卷入大陆事务深恶痛绝，代表的是坚持传统孤立主义的民意。在威廉时代，英国的政治形势就像一块不断变化的跷跷板。辉格党上台两三年，发动战争，然后托利党在高涨的厌战情绪中重掌大权。拥有土地的士绅阶级是战时政府的金主，要缴纳大量的土地税，自然反对战时政府，也轻易舍弃战果。英格兰银行的成立加重了该阶级的疑虑。他们预见一个来自商人阶级的政治劲敌即将崛起，而它的势力又被强大的信贷机构所巩固。英格兰银行为辉格党所创，支持为政府提供贷款，并从战争中谋利。这是个极其难得的机会。1697 年，正是在这样的反战呼声中，辉格党政府被赶下台。标志托利党崛起的希望罗伯特·哈利，也正是在这样的计划下，赢得了下院的权力和地位。

这位非凡人物的现代做派，现在的人都可以理解。他出身并成长于清教徒家庭，开始是个辉格党人且不信奉国教，却很快精通于议会权术和程序。可以确信，哈利深谙“延长”辩论的艺术，使问题“复杂化”的艺术，以及接受并利用民意的艺术。在与王室的对抗中，他渐渐地从辉格党转向托利党，从不信奉国教到成为高教会派信徒，也因此最终成为托利党在教会和政府中的首席代表。1698 年，他实际上已成为下院托利党党魁。正是他指挥了冒进的裁军运动，也正是他力图用托利党的土地银行与辉格党的英格兰银行竞争。但是，自始至终他都梦想着有一天可以在议会平步青云，在世界战争和外交的大舞台上大展拳脚。哈利得到了爱德华·西摩爵士的支持。西摩是那个时代典型的“伪君子”，统率着在康沃尔和西部势力强大的托利党。在上院，哈利得到了诺丁汉和罗切斯特伯爵的支持。这四个人利用了那些时不时会纠缠托利党的不良情绪，挤走了久经沙场的军官和忠诚的胡格诺派军官，并穷追猛打让他们穷困潦倒。他们逼迫威廉遣走荷兰卫队。他们不择手段地削弱祖国国力。他们以和平、节俭和孤立的名义，为一场更加糟糕的战争卷土重来备好了战场。在我们这个时代，这样的做法还在被大大地效仿。1932—

1937 年托利党的所作所为与 1696—1699 年如出一辙，历史上再没有如此惊人的相似。无独有偶，服从党性的短见损害了国家利益，消磨了国家斗志，为重启战争的腥风血雨铺平道路。托利党也曾经秉着更崇高、更可取的情操为英国建立众多丰功伟绩，但这卑劣行径的循环往复很可悲，使得这些功绩功过相抵。[1]

*　*　*

糟糕的孤立主义席卷了岛国的统治阶级。威廉深受打击，心生退位回荷兰的念头。他维护了英国的宗教和制度，一手把英格兰的声望推到欧洲前列，现在他要抛弃这群可憎的刁民。他要以难以言说的轻蔑姿态“回敬”英国的仇外情绪。要驾驭这些情绪并非易事。不过，如果公正地回顾一下威廉时代早期在策略和行为上犯的错误——他对荷兰人不可原谅的情有独钟，对英格兰司令的不公，对他不了解的新子民的厌恶——所有的责难并不能全怪一方。他目前所受的折磨正是早年的所作所为带来的恶果。至于英国人民，他们很快就会得到现世报应，用血泪和劳苦来救赎自己的愚蠢。

威廉身处困境，于是再次将目光投向马尔伯勒，未来似乎已大部分寄托在后者的肩上了。国王的生命和精力日渐耗尽，安妮将顺理成章地继承王位。随着改朝换代，马尔伯勒的统治就要开始了。他耐心静候事态一件件地展开，威廉慢慢对马尔伯勒消除了敌意。这种敌意原本非常强烈，威廉曾说，要是他是个平民，他和马尔伯勒之间的分歧只能靠决斗来消除。这种敌意减轻的另一个原因也很明显。威廉对一位名叫凯佩尔（Keppel）的年轻荷兰宠臣青睐有加。短短几年间，他就将凯佩尔从一名侍从提拔为政府要员，又新封他为阿尔比马尔伯爵。他们之间惺惺相惜——这段关系正直却又微妙，不同寻常。威廉孤家寡人，膝下无子，便把凯佩尔当作一个深受宠爱的养子来对待。凯佩尔与马尔伯勒很要好，自然也为马尔伯勒与国王的和解出了份力。安妮唯一在世的儿子——格洛斯特公爵现已9岁，为这位未来的王储找一个位高权重的监护人，让他有一番自己的作为想来是合适的。1698年夏，威廉邀请马尔伯勒担任这位年幼王子的监护人。“教导他，大人。”他说道，“但要清楚你的身份，我的外甥可不能没出息哟。”同时，马尔伯勒恢复了军职，重返枢密院。

长期的坚冰一旦打破，威廉遇到种种困挠就可以从马尔伯勒那平静、务实的能力中得到慰藉。1698年7月，马尔伯勒受命成为9名大法官之一，大法官在威廉离开英国期间代行君权。自此以后，威廉似乎越发仰仗马尔伯勒了，此人在威廉时代的最关键年月里可是一直不受重用的。他在和平时期启用了战时忽略的将才；马尔伯勒虽从年轻时就有从军的烙印，在威廉统治后期却成了首屈一指、炙手可热的政客。他多方辅佐威廉，在控制托利党上最为尽心。他深知托利党虽有种种丑恶行径，但却是英国一股最强的势力，彰显着英格兰民族特征的底色。他确信若无托利党的支持，任何有效的外交政策都无法维系。他不想仅依靠国王的恩宠。安妮公主也是个固执的托利党支持者和教会信徒。于是，在威廉统治后期，马尔伯勒既与国王亲近，也同惹国王气急败坏的托利党交好。最重要的是，他支持威廉努力阻止过度裁军。事实上，他也引导上院支持威廉。1700年，小格洛斯特公爵没有挺过那致命的天花瘟疫，不幸夭折，马尔伯勒也就失去了监护人一职。不过他始终与西德尼·戈多尔芬过从甚密，一直处于政治体系的核心。

英格兰和苏格兰王位如今没有信奉新教的直系继承人。根据《王位继承法》，在威廉和安妮之后将由汉诺威家族继任王位。汉诺威一族是詹姆斯一世那乐天又迷人的女儿（曾短暂地成为波西米亚王后）的后裔。该法案规定，之后的每一任君王必须信奉英格兰国教，宣布任何出生国外的君主只有经议会批准方可发动大陆战争；未经议会允许不得擅自出国,外籍人士不得担任议员或在枢密院任职。于是，英格兰人把对威廉三世的不满写进了法律。议会已努力确保汉诺威家族受到比威廉更严苛的限制，但这也保证了王位将在新教徒手中传承下去。

第 3 章

西班牙王位继承战

西班牙王位继承战是有史以来唯一双方都犹豫再三的大战。欧洲各国精疲力竭，战争让他们陷入彻底幻灭。威廉三世和路易十四之间恢复了沟通，代表海上强国与法国人民的心声。但在他们以及欧洲其他人的头上笼罩着西班牙皇帝行将驾崩的阴云，拖延已久，闹得人心惶惶。威廉深深地意识到自己的劣势。他确信无法再次燃起英格兰的斗志，而失去了英格兰的支持，荷兰除了被他国征服再无他途。因此国王寄希望于西班牙帝国的分而治之政策，因为该帝国包括荷兰南部，意大利大部，还有一大块新大陆。当时有三方要求继承西班牙王位，第一方是法国，王位由法国王储继承，若法国和西班牙王权不能合并的话就由他的次子安茹公爵继承。第二方是西班牙国王，他尽可能索要更多，但愿意把继承权交给第二任王后所生的次子查理大公。第三方是皇帝第一次婚姻下的孙子巴伐利亚选帝侯。1698 年 9 月 24 日，新《瓜分条约》（Partition Treaty）的实质是把西班牙帝国的大部分地区划分给势单力薄的候选人，哪怕其继承权不一定最充分。路易和威廉都承诺认可巴伐利亚选帝侯为西班牙卡洛斯二世的继承人，还给予法国王储重大补偿。路易十四与威廉三世协商安排的这个计划，引起帝国皇帝强烈不满，公之于众后，西班牙一时舆论哗然。西班牙社会表示，他们最关心的问题是西班牙的领土完整，至于作为他们统治者的王子问题则是次要的。经历着长期战争之后，西班牙人的看法完全逆转，但此刻唯一让他们欣慰的是西班牙帝国不可分割。然而，路易和威廉似乎要顶着所有的阻力，实施他们的解决方案。

但就在此时发生了一件令人震惊的事件。《瓜分条约》已于1698年9月在荷兰罗城堡的威廉宫殿里签署。1699年2月，几大国决定把最丰厚的利益交到地域辽阔的继承人巴伐利亚选帝侯的双手时，这胖乎乎的小孩却猝然离世。他怎么会在此刻离世，免不了人们心生狐疑。但是残酷无情的事实摆在世人面前，所有这些精心而危险的对话必须另起炉灶。威廉和路易历尽艰辛于1699年6月11日又制定了第二份《瓜分条约》，条约规定查理大公为首位继承人，拥有西班牙、海外殖民地和比利时，但前提是这些地区永远不得与帝国联合。法国王储将继承那不勒斯、西西里岛、米兰公国和其他一些意大利领地。

膝下无子的西班牙国王此时已到了油尽灯枯之时，忍受残疾和病魔的肆虐，还有心灵上的剧痛。这个王族牺牲品认为自己被魔鬼附了身。他唯一的慰藉是对着坟墓病态地沉思。所有的国家都心神不宁地等待着他脉搏的衰弱和躁狂症的加剧。然而，他在死亡的边缘徘徊了30多年，等待他驾崩的欧洲大政治家们却接二连三被黑夜所吞噬。现在卡洛斯二世的痛苦已经到了尽头。他疾病缠身的躯体、阴云密布的头脑、迷信的灵魂在永恒的边缘颤抖着，而在这些之中，却闪耀着一个帝国思想——西班牙帝国的统一。他决定用尽最后一口气来宣布将他辽阔的领土完整无缺地交给一位王子，只交给一个人。利益竞争对手们竭力接近他弥留的病榻。最后他同意签署遗嘱把王位传给安茹公爵。这份遗嘱于10月7日签署完成，信使带着消息从埃斯科里亚尔宫疾驰赶往凡尔赛。11月1日，卡洛斯二世逝世。

路易十四此时已到达了法国历史上一个伟大的转折点。他是否会拒绝这份遗嘱、支持条约，并与英国和荷兰一起实施呢？但问题是英国会同意吗？另一方面，他会否定条约、赞同遗嘱，并抵抗各方候选人来捍卫孙子的权益吗？英国会反对他吗？除了诚实信用和郑重签署的墨迹未干的协议之外，这次的选择同其他的重大抉择一样实现了完美的平衡。皇帝不赞同第二份《瓜分条约》。它有效吗？路易发现很难下定决心。11月8日，曼特农夫人的宫中召开了会议，决定否决条约，坚持遗嘱。11月16日，著名的一幕在凡尔赛宫上演了。路易十四在早朝时，把西班牙大使介绍给安茹公爵，说："你可以向你的国王致敬。"大使的轻率态度众所周知，他说道："比利牛斯山上的事情不会再重演。"

事已至此，威廉觉得自己不得不承认安茹公爵为西班牙国王腓力五世。下院的气氛仍远离欧洲的现实。辉、托两党都不相信他们会被迫参加事与愿违的战争——更不用说改变他们的决定。他们刚刚裁减了英国的军队，便急不可耐地接受了路易十四的保证："对自己的势力心满意足，他不会牺牲自己的孙子来扩张的。"波旁王朝的王子将成为西班牙国王，并完全独立于法国。下院被这个简单的承诺哄骗，认为卡洛斯二世的遗嘱胜过两个《瓜分条约》。这些被取而代之的条约恰恰是托利党的怒火所在。它们不仅被指责为考虑不周，对盟国背信弃义，而且这些协议竟然是秘密协商签署的，下院宣布这种行为是违宪的。托利党甚至有意弹劾对此负有责任的大臣。

* * *

但此时外界一系列丑事的爆发，打击了英国政界狂热的自满。英国邮袋中发现了来自圣日耳曼詹姆斯二世党人国务秘书梅尔伏特的一封信，透露法国即将打着詹姆斯二世党人的旗号进攻英国。威廉立即把此信呈交给议会作为背信弃义的证明。与此同时，议会开始意识到，法国国王对本国和西班牙王权分离的言论和态度至少是模棱两可的。看来，西班牙人已经把对南美的黑奴独家进口权给予了法国公司。虽然这并未触及英国船主的利益，却已经逼近了。显而易见，英国在地中海的贸易自由受到了威胁。但让全体英国人如梦初醒的是，两国竟厚颜无耻地打着合法性的幌子进行大规模的军事行动，法国与西班牙王权合并既成事实。

腓力五世[①]在马德里深受欢迎。西属荷兰为他的即位欢欣鼓舞。比利时境内设置了的一系列要塞，是荷兰抵御法国入侵的主要屏障，根据条约由荷兰人驻守。路易决心拿下这些要塞屏障。1701 年 2 月，强大的法国部队兵临比利时。西班牙指挥官敞开大门欢迎他们。他们强词夺理，说法军来此只是为了保护他笃信天主教国王的领地。

---

① 西班牙国王（1700—1746），西班牙波旁王朝创始人。1700 年西班牙卡洛斯二世去世时，因无子女，便把全部领地（西班牙、西属美洲、西属荷兰和意大利部分）传给腓力。但由于法王路易十四宣布立腓力为西班牙国王，引发西班牙王位继承战争。1713 年缔结《乌特勒支和约》，剥夺了腓力对西属尼德兰及西班牙哈布斯堡王朝在意大利的领地的继承权，由他继承西班牙王位且领有西属美洲。婚后受其妻影响试图收复意大利领地，最终被四国同盟击败。——译者注（以下页下注未特别注明的均为译者注）

荷兰驻军慑于法军淫威不敢破坏和平，被困于内。安特卫普、蒙斯、那慕尔（著名的唯一被威廉国王征服之地），以及十余个次要的堡垒城市，几周之内，法军不费一枪一炮，只抬抬几顶三角帽，就轻而易举地落入了路易十四之手。其他像列日、休伊及周边城镇，由于其统治着列日的采邑主教归顺法国，也被路易十四控制。堡垒在历年的大战中得到坚守，其中任何一个若被丢掉或夺取，会被吹嘘成艰苦奋战的结果，却在一个月之内沦陷。在七年战争中，1689 年大联盟保卫下的低地国家的一切，就像复活节的积雪般化为乌有了。

我们的时代见证过类似的可怕损失，英国人当时本着息事宁人的态度，也因为其利益与欧洲事务相悖，就泰然接受了。1701 年沧海变桑田，欧洲被唤醒了，英国最后也受到了震动。战士们再次满血复活。解散不久的军队以及受到轻视被遣散的军官们重新被委以重任。战鼓再次敲响，自以为是的商人和奸诈狡猾的政客们求助于不久前他们曾侮辱和压迫过的军人。初夏时，辉格党人感觉已获得越来越多的民意支持。肯特郡的自耕农向下院递交了一份请愿书，请求下院下拨给养，以便国王能帮助盟国，以免“为时太晚”。下院将呈送请愿书的人逮捕入狱，这一举动表明议会可以像国王一样专制。但是来自法国的威胁日益逼近。英国寻求的孤立状态在瞬间爆裂。下院于 6 月授权国王寻求盟友，无论如何要派 1 万人前往荷兰。威廉觉得形势有利于自己。年中时，他在英荷两国的反对派，即下院托利党多数派和强大的阿姆斯特丹议会，都请求他采取一切他“认为维护欧洲和平所必需的措施”，也就是开战。

形势迫使威廉与马尔伯勒联合起来。他们同心协力，建立了还算平等的伙伴关系。国王威廉虽然意识到是时候再次拔出英格兰之剑了，但也只能苦叹自己再也无法舞动起它。双方都认为现在不是重提旧怨的时机。此时必须有人迎难而上。国王心里明白，人选只有一个。5 月 31 日，他宣布马尔伯勒为驻荷英军总司令。6 月，威廉国王又任命他为驻荷兰联合省特命大使，赋予他自由裁夺权，不仅能够起草条约，甚至必要时可以不请示国王或议会就缔结条约。尽管这两位骑士政治家因争端和误会错失了该王权时代的大好时机，但他们最后还是联合了起来。一切或许都可以补救。大联盟已开始形成。

* * *

正是在这死寂沉沉的气氛中，一道闪电划破英国的长空。1701 年 9 月 16 日，詹姆斯二世逝世。路易在圣日耳曼庄重地瞻仰了他的遗容，并向“影子内阁”宣布承认詹姆斯之子为英国国王并会永远维护他的权力。很快，此行动带来的后果让他震惊。英国全民被激怒，认为国家独立遭到了羞辱。《王位继承法》规定了王位的继承程序。《里斯维克和约》正式地通过一个君子协议约束了路易，使他承认并不为难威廉三世成为国王。英国的国内法受到了傲慢无礼的羞辱，条约权利也受到了法国暴君背信弃义的侵犯。辉格党和托利党人争先恐后，在议会中表达被冒犯的愤怒。全民坚决主张开战。马尔伯勒深知议会两院的情绪，拟定提交的条约备受好评，国王得到大批军需。威廉国王得以与法国断绝外交关系。帝国皇帝已经开战，陛下的名将、萨瓦的欧根亲王在意大利的北部战斗。

但威廉此时却不听马尔伯勒的劝告，犯了解散议会的错误。他经不住诱惑，命令那些在事实面前丑态百出的托利党人接受选民法庭的裁决。他希望辉格党获得压倒性多数的席位。但是托利党人虽执迷不悟，不再踌躇满志，却仍顽强地抵抗。尽管劣迹斑斑，他们足够强大，以4票的多数抬着哈利重返新议会议长的席位。他们将自己的罪行抛之脑后，对国王的罪过却不依不饶。国王曾对托利党施加诡计，却最终失败。他们盼望国王早点死。然而，他们又同辉格党人同力支持他开战。尽管大选改变了议会，但马尔伯勒依然主导英国的外交政策，在军备与外交上齐头并进，誓与法国一较高下。

此时缔结的第二次大联盟，在那些饱受威廉七年之战而麻木不仁的人看来，必是一场孤注一掷的冒险。法国不费一枪一弹便取得了所有曾被激烈争夺的堡垒和领地。世界上最辽阔的帝国也被迫退出联盟加入了敌营。西班牙已经改换门庭，带走了东西印度群岛、南美、意大利大部，连欧洲的“斗鸡场”——比利时和卢森堡也如此。“逃兵”萨瓦地区仍然站在法国一边，而其最伟大的亲王是一位奥地利将军。科隆大主教现在也成了法国的盟友。上次战争中抵抗到底的巴伐利亚，在新的战争中加入法国的阵营。众海上强国在本国海岸线之外无一友方港口。新大陆除了北美之外均是他们的禁区。地中海实际上变成了法国的一个湖泊。普利茅斯以南的设防港口一律不向英国和荷兰的船只开放。他们拥有上等的舰队，但中途没有基地补给，无法到达内海。

陆地上，整个荷兰的屏障已经落入了法国人之手。它们不再是荷兰的防护墙，而成了法国的远足港。路易占领了科隆市和特里尔市，成了默兹河与莱茵河下游的主人。他控制着所有的英吉利海峡港口，还盘踞在那慕尔经安特卫普的入海口。他在冬天的部署，暴露了他将在春季攻势中再次沿着1672年几乎征服荷兰的路线意图。一排阴森恐怖的要塞前沿，大炮林立，挤满了军队和给养，预示着即将到来的突袭。荷兰人躲避在洪水区后面残存的据点内。最后，巴伐利亚向法国倒戈，使得哈布斯堡王朝的中心区域暴露在法国入侵的威胁之下。匈牙利人奋起反抗奥地利的统治，土耳其人再次蠢蠢欲动。在陆地与海上战略要冲中，以及在领土人口方面，在西班牙王位继承战伊始，路易的实力是签署《里斯维克和约》时期的两倍。甚至教皇都回心转意，克雷芒十一世废弃了英诺森十一世的政策。他拥护法国国王及其军队的事业。前方似乎横亘着一个无法逾越的屏障，它在很大程度上是由于英国人的内讧和他们反复无常的情绪所造成的。

此时，威廉国王被死神带走。1702 年 2 月 20 日，威廉骑着他心爱的栗色马在汉普顿宫周围的公园漫步。马被鼹鼠新打的地洞绊倒，国王坠马摔断了锁骨。这本来可以治愈，但对于身体虚弱的他来说，这次意外为一帮伺机而动的病魔打开了大门。并发症接踵而至，半个月之后，对于他自己和见他的人来说，死神已近在咫尺。他处理政务直到生命最后一刻。当死神逼近时，他对即将拉开帷幕的世界性大戏的兴趣使他保持清醒。他不愿又不得不抛下他曾付出汗水与激情的目标和联盟。但他知道英国即将继任的国王与政府会继续他苦苦为之奋斗的事业。他发现了唯一合适的人选，无论是在战事还是政策上，在错综复杂的欧洲外交事务的周旋中，在英国的党派纷争上，或在危险的战场上，此人都担得起这可怕而无法逃脱的重任。他从容不迫地做好了准备，要把领导权交给一位信仰新教和欧洲自由的新的排头兵。在他执政的最后几年，他已经把马尔伯勒纳入他的联盟与王政方针的整个组织体系之中。在弥留之际，他向接班人推荐了马尔伯勒，这个王国里最合适主政女王枢密院并领导军队的人选。威廉鞠躬尽瘁，享年 52 岁。马尔伯勒以相近的年纪带领英国克服巨大险阻大步向前，进入十年不败的征途，使不列颠民族在世界上达到了一个前所未有的高度。

第 4 章

马尔伯勒：布伦海姆与拉米伊之战

安妮时代被认为是英格兰国力空前强盛之期，这种看法是正确的。马尔伯勒极具军事天赋，谏言时又能深谋远虑，将这个日渐强大的国度在欧洲的影响力发挥到极致。国家顶层圈子中长期维系的亲密友谊，如今在最小却最高效的统治执行团队中得到了充分体现。莎拉照顾女王，马尔伯勒指挥战事，戈多尔芬则料理议会。在那辉煌的 5 年里，女王把自己的快乐和信任全权交到这些能臣手中。就如克伦威尔时代一般，英国全力以赴争取当时世界的领导权，不过此时它已有了更广、更强的基础。

那时英国统治阶级英才辈出，这是笔巨大的财富。贵族和乡绅中都涌现众多智力超群、体魄过人的顶级人才，可以胜任全国各个军政要务之人是所需的两三倍之多。他们能力出色、精力旺盛、有勇有谋、雄心勃勃。那时也是英国文学史上的“奥古斯都式的鼎盛时代”。艾迪生、笛福、蒲柏、斯梯尔、斯威夫特这些名字至今都熠熠生辉。书籍、诗歌和小册子都如潮水般纷纷出版。艺术和科学繁荣发展。查理二世统治时期建立的英国皇家学会如今硕果累累。艾萨克·牛顿爵士在数学、物理学和天文学领域完成了始于文艺复兴时期的思想革命。雷恩在建筑学界取得了不朽成果，而范布勒则留下了众多旷世杰作。

该时期，争议也走向极端。早年间的宗教狂热如今涌进了政治派系斗争中。党派冲突空前激烈，持久且肆无忌惮。个人和党派都意识到可能即将飞黄腾达，而且机会不小，铆足了劲拼个你死我活，争夺国家的控制权或者在统治权中分一杯羹。他们挖空心思，定要一较高下。不过在安妮统治的初期，他们同仇敌忾，共抗法国。但这绝非易事。那时，英国只有500万国民，而法兰西王朝在“伟大的国王”路易十四统治时期，统治着近2000万子民。另外，威廉国王在位期间的战事代价惨重，收效甚微。路易十四占上风，看似已成就了不可限量的霸业。但现在，他行将溃败，俯首称臣。到安妮王朝后期，大部分时间都在争议对法国提出什么条款。

不过，1702年3月安妮刚登基时还是另一番局面。她身着朝服、戴满徽章，神气活现地驾临议会两院，恍若伊丽莎白女王一世降临。她说道：“我深知我心，它完完全全属于英国。”安妮在国政方面全盘接受马尔伯勒感情用事式的决策。在登基初期那些关键的日子里，马尔伯勒是安妮的首席并且唯一顾问。两大主流政党都仰慕其才华，他一度凌驾于派系纷争之上。军方一致认为，一旦马尔伯勒掌权，他一定会坚定不移地沿袭威廉三世国王新教派的好战之风。强烈的克伦威尔情结和清教徒信念弥漫整个国度，增强了爱国主义和民族情绪。新朝在众人的一片赤胆忠心中拉开帷幕。这是安妮公主韬光养晦，等待良久的“艳阳天”。

马尔伯勒出任海内外皇家军队总司令后，立马有了动作。3月8

日，女王一出席枢密院会议，他便通知神圣罗马帝国[①]大使拉蒂斯拉，女王会如已故国王一样坚定不移地拥护帝国皇帝。当晚，他给荷兰共和国执政（或称首相）安东·海因修斯捎去了私人信件，以女王之名保证坚决继续战争并遵守条约。而当他一空下来，就立即搭船赶往海牙。

那时正值荷兰共和国鼎盛之期。这个由 7 个省组成的共和国，在西班牙压迫的战火中诞生，经历了与法国的陆战、英国的海战等英勇战事考验，如今已成为欧洲一股不容小觑的力量。但是威廉三世的辞世撼动了整个荷兰寡头政治的结构。他没有留下奥兰治一脉的直系继承人作为所有联合省份都接受领导的省督。现在，谁来领导荷兰军队对抗正在集结的敌人？谁来维护"海上强国"这一共同事业？议会主教伯内特写道："国王死讯刚传来，他们就立刻召开了会议；他们面面相觑；他们彼此拥抱，承诺会团结一致，共同捍卫国家利益。"马尔伯勒的信在国王噩耗之后接踵而至。

不久，马尔伯勒也来到荷兰人中间。威廉国王在位期间，马尔伯勒就参与谈判"大联盟"（Grand Alliance）的框架契约体系。他纲举目张，一时间，荷兰全国大小不一、经常有利益冲突的各个地区也立马团结起来，形成凝聚力，即便威廉三世的王权也未必能收获这样的效果。

---

① 神圣罗马帝国（Holy Roman Empire），系中世纪欧洲封建帝国。公元 962 年，德意志国王、萨克森王朝的奥托一世在罗马由教皇约翰十二世加冕称帝，成为罗马的监护人和罗马天主教世界的最高统治者。从 1157 年起，帝国被称为神圣罗马帝国，帝国极盛时期的疆域包括近代的德意志、奥地利、意大利北部和中部、捷克斯洛伐克、法国东部、荷兰和瑞士。1806 年为拿破仑所灭。

安妮女王希望让她的夫君乔治亲王成为“海上强国”的军队总司令。而荷兰势力却想要拥护本国人统率全军。不过，一切都落入了马尔伯勒之手。荷兰省督兼总司令二职人选暂缺，马尔伯勒出任荷兰海军副统帅。如此，他便手握西方两大强国军队最高指挥权。新成立的普鲁士王国以及莱茵河流域日耳曼诸邦自然很快就加盟了。不过，尽管这位英国上将有着至高无上的头衔，深得人心，但在各个阶段，只有无限的耐力和不厌其烦的说服力才能巩固他的权威。他从来无权像拿破仑那样令行禁止。几乎做每一个举动前，他都必须要征得各路而且通常是有分歧的利益集团的一致同意。他不得不靠微妙多变的手段建立自己的统治权。另外，他从不是伦敦政府的首脑。能干的财政大臣戈多尔芬履行了许多首相的职责，与马尔伯勒亲密、和谐地各司其职。但是在规划蓝图时，这两人不得不考虑威斯敏斯特的党派压力和政界势力在国内的强大影响力。他们并未拥有绝对权威，必须处处谨慎。马尔伯勒的军事才华在欧洲大陆如雷贯耳，但是他迄今没有指挥过大型军队。如今在他麾下效力的 12 位荷兰、德国将军近年来的沙场经历远多于他。神圣罗马帝国上将欧根亲王，此时在意大利所向披靡，成为盟军中最负盛名的将领。

* * *

1702 年，路易十四决定派出最强的军队进攻荷兰。他知道，威廉国王驾崩后，荷兰就陷入了分裂和动荡。他认为，至少英荷之间的关系被严重削弱。他指望着英荷之间会有一段时间的犹疑和失联，如果法国好好加以利用采取军事行动，也许能粉碎荷兰，吓退英国。在他眼里，马尔伯勒是英国王室的宠臣，有能力且精于算计，但是他所有的影响力完全来自女王对他妻子的垂青。因此，战争一开始，法军最高指挥部就毫不犹豫地把军队主力安置在离奈梅根不到 20 英里处，默兹河和莱茵河河谷之间。5 月，马尔伯勒挥师奈梅根。他发现盟军普遍士气低落，将军们互相嫉妒。但是，当他振臂一呼，开展军事行动时，军队立即士气大涨。荷兰副将们对军队的行动有否决权，不过他们被说服了，授权进攻敌人。虽然马尔伯勒错过了在极其有利的条件下在佩尔的石南荒地与法军决战的机会，但后者也立刻陷入被动。在这场漂亮的歼灭战中，这位新统帅征服了默兹河流域所有的要塞，解放了整条河道。这些实质性的进军场面取代了威廉三世勇敢却毫无成果的行动。自此，咄咄逼人的法军受挫，变得犹豫不决，终于撤退。马尔伯勒大人奇袭列日，又侥幸逃过默兹河上的埋伏，凯旋海牙，荷兰举国欢庆；他一回到英国，女王立刻加封他为公爵。马尔伯勒上任后的第一年，战争形势开始逆转，处于分崩离析的反法同盟重新燃起了希望，再次产生凝聚力。

英国 1702 年的另一项冒险便是英国海军对加的斯的远征。威廉三世已经意识到地中海及守卫其入口的海港对英国至关重要。法国野心勃勃，英国与黎凡特地区的贸易岌岌可危，而法国人继承了西班牙王位也会危害英国的商业利益。7 月底，奥蒙德公爵和海军上将乔治・鲁克爵士指挥强大的舰队满载士兵驶向加的斯。两位指挥官缺乏一举突袭攻占该海港的勇气，便退而求其次，采取更容易走的路线。部队先登陆并攻占了岸上的要塞，接下来就开始了持久散漫的军事行动，伴随着抢掠和有违天理的行为，各种“故事”在西班牙上下传得沸沸扬扬。同时，西班牙的防御越来越强。敌军在入口处制造了爆炸，海峡里炸沉了一些船只。一个月之后，英军决定撤回岸上士兵，打道回府。

不承想一笔横财稍稍抵消了这个耻辱。当时，鲁克和奥蒙德早已闹翻，互相埋怨，正要垂头丧气返航，却传来消息称，满载数百万财宝的西班牙珍宝船队已从东印度群岛返回，驶入了维哥湾（Vigo Bay）。英军喜出望外，马上召开了军事会议，决定突袭港口。对于黄金的垂涎和加的斯之痛激励着将士们，最终，他们下令放手一搏。士兵不屈不挠、如火如荼地战斗着。日落时分，维哥湾落入英军囊中。敌舰全部被击沉、焚毁或被缴获，无一幸免。开战前，西班牙人心急火燎地用骡把印度群岛的珠宝运上岸，不过还是剩下很多，足够让打胜仗者载着价值百万英镑的财宝回国，接济国库，安抚议会。不过，尽管有此功抵过，鲁克和奥蒙德在加的斯的行动还是被下令彻查了。马尔伯勒是批准此次远征的，还指望能一举拿下加的斯，将其作为进入地中海、拿下梅诺卡岛的垫脚石。这时，他便挺身干预调查，维护这两位受到非议的指挥官。要是这两人在加的斯拿出在维哥湾一半的气魄，“海上强国”也许在1703年就已经是地中海之主了。

*　*　*

安妮女王的登基似乎开启了托利党的辉煌时期。威廉国王的所有辉格党大臣都被驱逐下台。在戈多尔芬政府中，女王的舅舅罗切斯特和威廉国王的托利党人诺丁汉发挥着中流砥柱的作用。但从一开始，与戈多尔芬休戚与共的马尔伯勒和他们的托利党同僚之间就有着深深的裂痕。传统的托利党政见主张，英国不应指望在欧洲大陆纷争中扮演领导角色，正确的方针应该是仅用海军力量进行干预，在欧洲大陆焦头烂额时，浑水摸鱼，在世界其他地方获得海外领土。托利党强烈排斥向大陆输送大批军队。他们对于英军在大陆取得的战绩嗤之以鼻，还抱怨或假装抱怨繁重的军费开支负担。他们声称，那些主张英国干预大陆事务的利益集团通过购买国债大发战争财，还声称乡绅的财产被搜刮，而伦敦金融城中的银行家和商人靠房地产建立了一个日益膨胀的房产按揭体系。

辉格党人虽失势，但是仍然满腔热血拥护这次最伟大的军事行动。马尔伯勒的军事举动，辉格党人一概支持。他们讥讽错误的殖民地远征战略，还称，如果在主战场还是关键战场上英国都不能获胜的话，英国的利益就无法保障。在此问题交锋中，双方各执一词，左右着安妮女王的朝政。马尔伯勒和戈多尔芬常常发现，自己与其他托利党同僚在战争应该如何进行这一关键问题上意见相左。如果英国不能心无旁骛地投入大陆战争，路易十四就会胜出。这个问题至关重要，马尔伯勒很遗憾地发现，必须动用他对女王的重大影响力来对抗托利党领袖。

此外，这还牵涉宗教问题。安妮女王、马尔伯勒和戈多尔芬都是托利党出身，都是圣公会信徒。安妮很久以前就已承认她父亲的儿子、被流放的威尔士亲王是她的弟弟。威尔士亲王受法国保护，英国史称为“老僭王”，在法国则有个更体面的称呼——“圣乔治骑士”。安妮女王从内心深处认为自己是篡位者，她认为自己对已故的父亲态度恶劣，为此内心备受折磨。她对英国国教的虔诚信仰是一种慰藉，用来抗衡自我怀疑情绪。她必须不惜一切代价守卫、珍惜这个神圣的组织，这是她的责任，维护国教与她自身的头衔和国家安宁息息相关。若让位给她的天主教弟弟，则不仅背叛了她信奉的宗教，更会让她深爱的国土惨遭恐怖的内战蹂躏。

下院的托利党继续之前反对不信奉国教者的斗争。《忠诚宣誓法》

（Test Acts）[1]持续生效，但是战友之情和对新君的忠诚之意让该条例在公众看来已名存实亡。清教徒商人想要任公职，可以依据国教仪式，每年领一次圣餐，之后可以继续去其他教堂礼拜。1702年秋，托利党人推行了《禁止一时信奉国教草案》（Occasional Conformity Bill），目的是通过取消这种逃避刑事立法的手段让他们的政治对手失去任职资格。他们称，为了能规避《忠诚宣誓法》，只是在正式场合表现信奉英格兰国教是一种虚伪、亵渎神明的企图，应该立即喊停。下院数次通过该草案，但都被上院驳回。上院主教法官（该席位由威廉三世设立）强烈反对该草案。女王的丈夫乔治亲王就是路德宗教徒，受到了不利影响。是对国教忠诚，还是错误地惩罚忠诚的子民？后者中包括她自己的丈夫，而且他们更是马尔伯勒战争政策的鼎力支持者。女王被这两难的抉择撕扯着。但托利党影响巨大，马尔伯勒和戈尔多芬都不敢贸然反对该草案。他们明面上投票支持该草案，但私下成功动用自己的力量，图谋把草案粉碎。

*　*　*

在1703年的战役中，马尔伯勒能够将大联盟军队集中在马斯特里赫特附近。此处位于奈梅根以南80英里[2]，是前一年战役的起点。他一心想要攻下奥斯坦德和安特卫普。奥斯坦德能让大陆与英国有新的交通线；安特卫普控制着斯凯尔特河、利斯河以及许多运河等水路；这些水路再加上默兹河就形成通往法国要塞区的主要航线网。马尔伯勒遵从荷兰方面的意见，开始围攻莱茵河畔的波恩。波恩一

① 于1673年颁布的英国法律，要求公职人员必须信仰国教。

② 1英里相当于1.6公里。

陷落,他便直捣安特卫普,火速部署,并率军艰难挺进。但他口中的"伟大设计"并未成功。马尔伯勒希望打一场进攻硬仗,但是荷兰方面不赞成。攻占林堡和默兹河畔的休伊是此次战役的标志性成果,荷兰人认为这是胜利的一年,喜出望外,打造的奖牌上刻有清晰可辨的铭文"胜利却无屠杀"。但同时,在多瑙河上以及莱茵河上游,皇帝的军队却屡屡受挫。他们在巴伐利亚战场失利,失去了著名的军事重地奥格斯堡和拉蒂斯邦,还有最重要的兰道(Landau),德国南部以及莱茵河上游落入了法国人之手。

托利党将这一切失利都归咎于辉格党主张加入大陆战争的政策。在面临下台和问责的双重压力下,辉格党显得萎靡不振。到了1703年冬,大联盟在国内外形势中陷入了低谷。于是,安妮女王站出来登高一呼。"我绝不抛弃,"她写信给莎拉,用的是这个顶层圈子里通行的昵称:"亲爱的你、'自由人先生'(马尔伯勒),也不舍弃'蒙哥马利先生'(戈多尔芬),将一直忠实地恭奉左右;我们四人永不分离,直至死神那公平的手将我们撂倒。"有了女王的支持,马尔伯勒在冬季里做的最高战略部署,将扭转整个战局。

不过,在他动身前往大陆前,重组托利党政府必不可少。罗切斯特此时已卸任,诺丁汉也时日无多,急需一个新人物填补空白。哈利曾是下院议长、托利党温和派领袖、下院实际领导人,众所周知,他曾经主张积极裁军,反对威廉国王的外交政策。如今,他受邀成为国务大臣,而政府内部圈子也接纳了他。国家的高层便由马尔伯勒、戈多尔芬、哈利组成,女王和莎拉照例在内。在哈利的栽培下,年轻议员亨利·圣约翰就支持《禁止一时信奉国教草案》发表出色演讲而崭露头角,成为托利党的宠儿,就任战时军务大臣,也让他得以与马尔伯勒亲密接触。等这一切安排妥当，托利党温和派以及辉格党人在议会中占了多数席位后，马尔伯勒公爵便起航前往荷兰。

上文提到，巴伐利亚的选帝侯已背弃皇帝，现已成为法国盟友。马尔森元帅率一支法军驰援。接下来一年中，神圣罗马帝国首都维也纳显然面临着覆灭的危险。马尔伯勒只串通了海因修斯一人，凭借着连哄带骗的微妙手腕，征得了荷兰议会的同意。荷兰军队将与英国军队、雇佣军一道挥师摩泽尔河。告别了留守荷兰的主力军，马尔伯勒经波恩快速挺进至科布伦茨。这时，敌友双方都料到他会右转，向南朝摩泽尔河上游行进，前往特拉尔巴赫和特里夫斯。于是，他部分真实意图便暴露了。长长的红衫军纵队经过摩泽尔河与莱茵河汇流点，走上浮桥渡过莱茵河，日夜兼程，马不停蹄，以极快的速度穿过美因兹和海德堡，进入德国腹地。渡过内卡河，马尔伯勒与普鲁士和其他德意志邦国军队会合。6 月 11 日，他与巴登侯爵路易亲王玛格雷夫（指挥莱茵河流域帝国军队）和欧根亲王（虽无实际指挥权，但代表帝国最高军事统帅）会师。自此，马尔伯勒公爵和欧根亲王开始了长达 7 年的辉煌合作，他们彼此信任，所向披靡。

马尔伯勒率军从北海到达多瑙河，可谓是英军史上空前绝后的壮举。在他挺进的过程中，法军所有的战争计划都暂停了。在马尔伯勒完全离开低地国家境内后，维勒鲁瓦元帅动身前往摩泽尔河畔与之照面。马尔伯勒到达海德堡时，法军众将以为会在莱茵河上游打一仗。直到他到达多瑙河流域时，他们才意识到其真实意图在巴伐利亚，以解维也纳之困。塔拉尔元帅率领第二支法军支援巴伐利亚选帝侯以及马尔森元帅所率的法军。马尔伯勒和巴登侯爵已到达

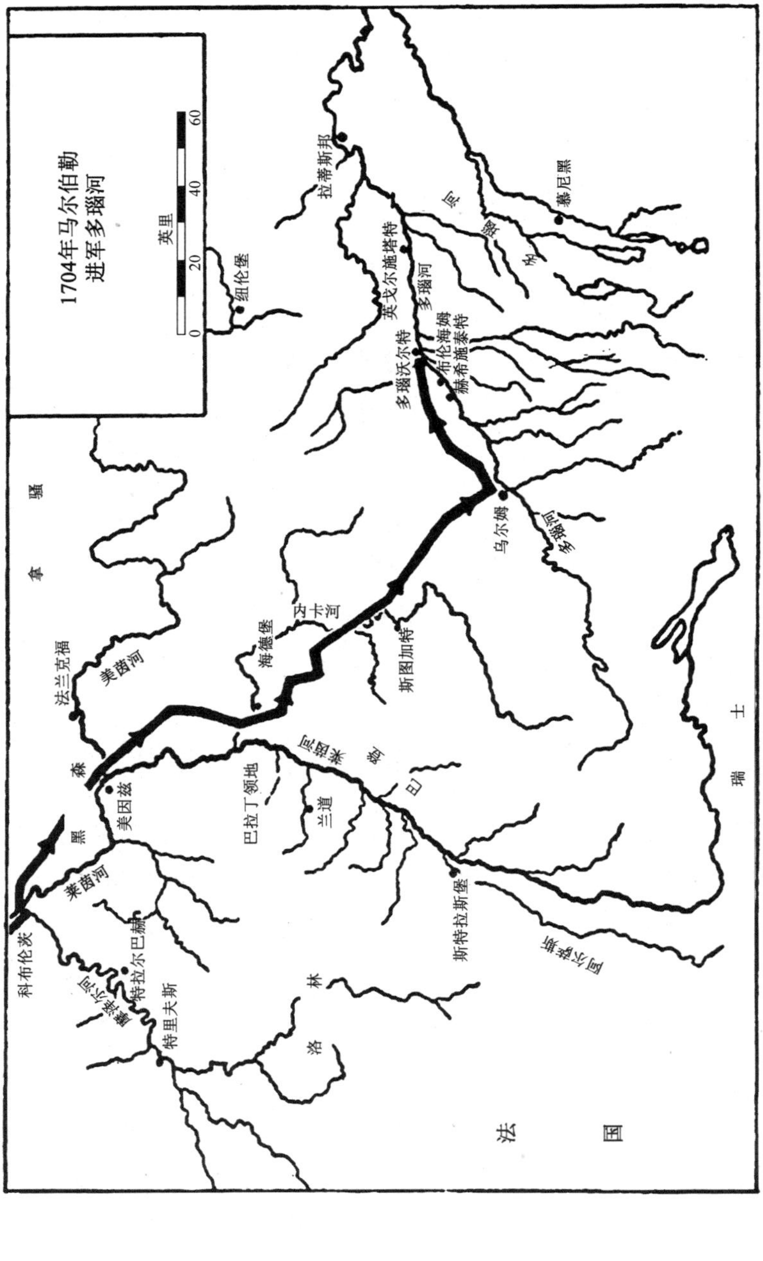

1704年马尔伯勒进军多瑙河

多瑙河，血洗谢伦贝格牢固工事，将守卫的士兵拽入河中，强势进入巴伐利亚。但巴伐利亚选帝侯不肯就范，马尔伯勒便诉诸军事手段，接着该国惨遭毁灭性的破坏。

同时，欧根亲王不敌塔拉尔的优势进攻，便撤退，打算迂回与马尔伯勒会合。法军和巴伐利亚军现已会师，再一次渡过多瑙河。塔拉尔自认为可以重创联军，让其溃败。马尔伯勒说服了一贯唱反调的侯爵去全力围攻英戈尔施塔特，自己火速与欧根会师。欧根和马尔伯勒堪称“孪生将军”“异体同心”，于 8 月 13 日清晨在多瑙河畔赫希施泰特进攻法军和巴伐利亚军。法军在数量上占优势，且火炮更猛，所处位置有内伯尔河支流沼泽保护，易守难攻。双方都浴血奋战。欧根指挥右翼，马尔伯勒指挥左翼和中阵。英军进攻布林德海姆村（Blindheim，亦称布伦海姆村，Blenheim）时受挫。双方相持不下，长达数小时；不过，经过一系列错综复杂的调兵遣将，马尔伯勒于下午 5 点半渡过内伯尔河，集中势不可当的骑兵兵力，辅之以步兵、炮兵，猛攻法军中阵。之前为了抵抗两翼的进攻，法军中阵已渐近溃散状态。马尔伯勒率领 80 支骑兵队冲破法军中阵，击溃法军骑兵，将数千名法军葬身多瑙河。剩下的法军步兵方阵也被打散，被分区围歼。马尔伯勒将挤在布伦海姆村的庞大法军团团围住。这一天夜幕降临时，他已有时间给妻子写那封很有名的信：“我无暇多说，但是请代我向女王表达敬意，启禀她，她的军队已赢得了辉煌的胜利。塔拉尔先生和另两员大将已被俘。我正在清扫残兵。”

布伦海姆大捷几乎粉碎了多瑙河畔的法军和巴伐利亚军。死伤、被俘、下落不明者逾 4 万人。残余士兵经黑森林向莱茵河上游撤退。两国军队都有 1/3 的战士受伤躺在战场上。1.3 万未受伤的俘虏，包

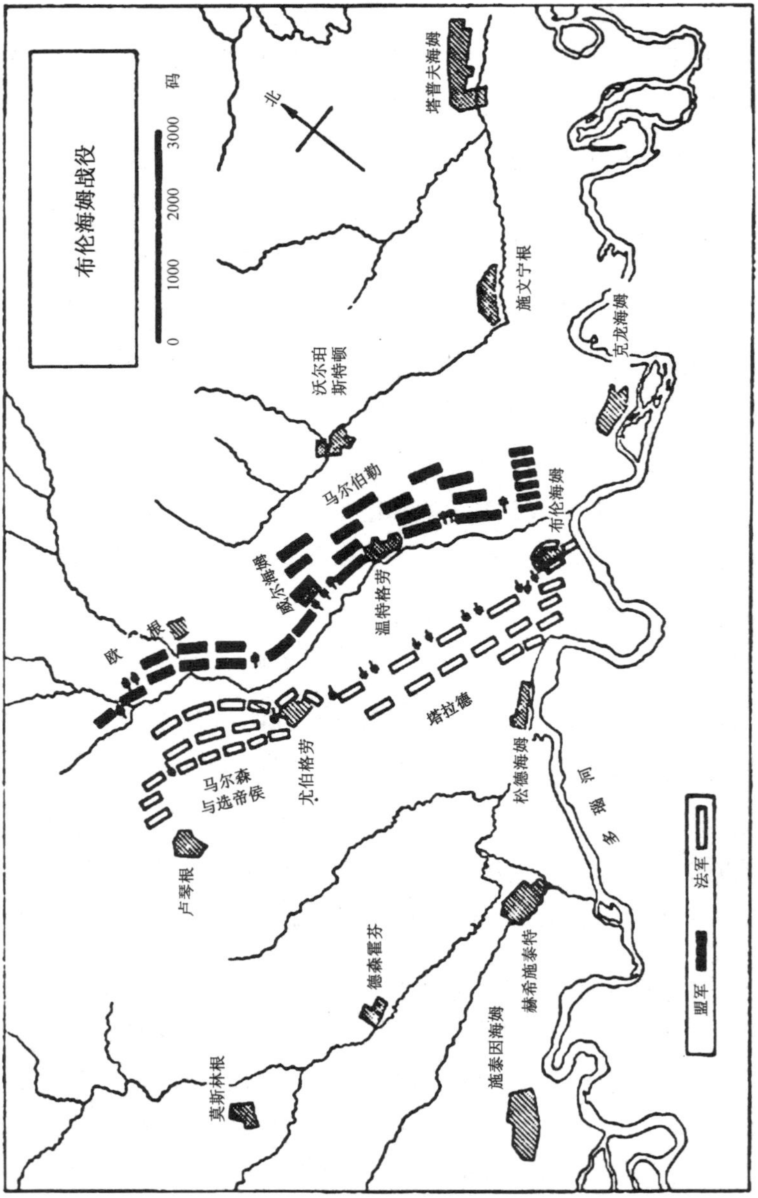
布伦海姆战役
0
1000
2000
3000
码
北
塔普夫海姆
施文宁根
克龙海姆
沃尔珀
斯特顿
马尔伯勒
布伦海姆
温特格劳
欧根
塔拉德
松德海姆
多瑙河
尤伯格劳
马尔森
与选帝侯
卢琴根
德森霍芬
赫希施泰特
施泰因海姆
莫斯林根
盟军
法军

布伦海姆战役

括法军享有盛名的军团，在英军步兵手中度过了 13 个日夜。乌尔姆在受到围攻后不久就投降了。马尔伯勒马不停蹄地向西行进至莱茵河拐角处，在那里，他迅速集结起了近 10 万大军。他与欧根、侯爵一起，沿着莱茵河左岸逼迫法军向斯特拉斯堡撤退，并围攻兰道（于 11 月受降）。尽管战绩漂亮，10 月，公爵还是孜孜不倦地从莱茵河出发，向摩泽尔河挺进，最终攻陷特拉巴赫和特雷夫。这场教科书式的经典战争也由此画上了句号。

在这些惊人的战事面前，全欧洲都目瞪口呆了。路易十四想不明白，为何自己的精锐部队不只是战败，而且还被粉碎了。从此以后，他不再想着称霸，而只考虑如何能体面地退出这场由他挑起的战争。整个“大联盟”的军队觉醒了，并且全军上下一心。笼罩欧洲整整一代人的对法军力量的恐惧被打破了。马尔伯勒甚至超过了他的战友伟大的欧根将军，成为当时最显赫的军事家。同时，他也主持着“大联盟”的外交，掌控着“大联盟”的命运，这名英国大将一时成了反法同盟的实际领袖。英国地位也因马尔伯勒的战功一跃登顶，全岛上下一片欢腾。如此辉煌的胜利只有 4 个世纪前的克雷西战役或阿金库尔战役才可能与之媲美。一直反对大陆战争的托利党曾极度厌恶公爵蹚大陆浑水，认为此罪不可恕，还扬言，要是他战败，“要像猎犬追野兔般将其碎尸万段”，而如今他们也无法完全克制住由爱国催生的仰慕之情。安妮女王摆脱了险境，享受着无上尊荣，便赏赐了马尔伯勒数不尽的荣华富贵。元旦那天，游行队伍隆重地扛着百十面军旗，载着战利品行进在伦敦街道上，朝威斯敏斯特大厦走去。塔拉尔元帅等重要法军俘虏被分别体面地软禁在乡间房舍。有那么片刻，党派之争乃至那种对个人酸溜溜的挖苦也销声匿迹了。

*　*　*

同年，英军海战也大获全胜。与葡萄牙结成新同盟后，里斯本港口现已由英国海军接手，英军便能有效干预地中海了。1704 年 5 月，鲁克上将率领强大的英荷舰队驶入地中海，自此，海军捷报频传。克劳兹利·肖维尔爵士带了一支舰队助阵。于是 7 月，鲁克就将注意力转向了直布罗陀巨岩（Rock of Gibraltar）。虽然此要塞在那时不过是个锚地，但是大家都已认识到它会成为扼守地中海大门的要害。8 月（布伦海姆战役同月）4 日，黑森—达姆施塔特乔治亲王（Prince George of Hesse-Darmstadt）率军在陆地配合两栖进攻，一番轰炸后，拿下了巨岩。地中海海域突然崛起一个新势力，法国和西班牙政府都惴惴不安。战争中海军力量的平衡受到威胁，法军舰队悉数出动，在马拉加沿岸上演了持久且血腥的海战，不过法军并未得势。因此，法军决定，一定要围攻夺回直布罗陀，将其收复。1704 年至 1705 年冬季，乔治亲王率领的直布罗陀驻守英荷士兵艰难地抵抗住了重兵强攻。由于收复不了巨岩，法、西两国就战略问题唇枪舌剑、争论不休。不过，英国仍然攥着直布罗陀，这成了它称霸地中海的关键。

*　*　*

这场战争中，有一个奇妙的节奏反复出现。当幸运不再眷顾大联盟军时，所有人都听从马尔伯勒，唯其马首是瞻，望其能找到安全的出路；但是，当他似乎正确地制造了新胜利时，靠形势形成的纽带就松懈了，于是，他再次受挫，受制于人了。1702 年战绩辉煌，但 1703 年便紧接着连连失利；1704 年的大获全胜为 1705 年的人心涣散埋下了祸根。这一年，马尔伯勒计划朝摩泽尔河上游挺进，直指巴黎。1704年末，他为此做好了准备。4月，他抵达海牙；5月，便挥师出征。他先后将科布伦茨、特拉巴赫和特雷夫作为基地，最后经过艰难危险的跋涉，率领6万英荷军队抵达萨尔路易。而此时，维拉尔元帅已率领更庞大的军队严阵以待。马尔伯勒已详细规划并期待侯爵率领的帝国军队和莱茵河沿岸各诸侯的人马与之会合。但是，所有这些军队都没有如期会合。马尔伯勒之前并未将布伦海姆的荣耀与侯爵进行丝毫的分享，侯爵便怀恨于心，故意为难，以重病缠身为幌子。马尔伯勒孤立无援，率10万雄师直捣巴黎、一战定胜负的计划不得不作罢。10天里，他的处境极其危险，难以解决供给困难的问题。“我们在一个什么东西都找不到的国家，哪怕就一天吃不到面包，我们都将全军覆没。”他这样写道。6月17日，经过长途的夜间行军，他终于脱身回防特雷夫。此后，他便冲进摩泽尔河与默兹河中间的山区，彼时那儿仍是一片荒山野岭，到达马斯特里赫特，解救了被法军猛攻的列日。

看到统帅回到本国战场，荷兰上下欣喜不已。法国修建了著名的布拉班特防线，自安特卫普至那慕尔绵延60英里，目前由维勒鲁瓦元帅率军把守，与荷军旗鼓相当。马尔伯勒知道，他不可能说服荷兰的战场副将或主将考虑直接对该防线发起进攻；不过，他施以巧计，骗过了两边的势力。马尔伯勒先佯攻那慕尔，接着，又马不停蹄，星夜兼程，目的除他自己外无人知晓。他突袭了法军，从蒂勒蒙附近攻破了那不可一世的防线，自己却未损一兵一卒。他披挂上阵，指挥了一场出色的骑兵战，击退了匆匆赶来的法军，从此，在比利时的重重要塞中有了立足之地。此刻，他又运筹帷幄，策划了一次更漂亮的行动。辎重车装满8天粮草后，马尔伯勒就告别了大本营，迂回至维勒鲁瓦的右翼。8 月 18 日，在后来史称“滑铁卢战场”上以优势兵力与维勒鲁瓦交锋。

和 100 年后的拿破仑一样，马尔伯勒剑指布鲁塞尔，又同拿破仑一样，开战前就寻求一决胜负。两军的布阵十分诡异，都面朝祖国。马尔伯勒认为胜券在握，但是以马尔伯勒的政敌斯兰根伯格将军为首的荷兰将军和副将们故意拖延，阻止开战。马尔伯勒辎重车上的粮草将尽，只好返回根据地。就这样，1705 年的战事就在失望和各盟国相互指责中结束了。马尔伯勒先是谴责侯爵没有在摩泽尔河畔支援自己，现在又罢去了斯兰根伯格的荷兰军职。不过，英国国内反战情绪高涨，托利党认识到，荷兰人的阻挠恰恰可以用来抹黑大陆战争。公爵回国后处境艰难。布伦海姆的胜利被蒙上了阴影。运气再一次离“大联盟”而去，法国君主的中央政权又卷土重来。

荷兰军和莱茵河诸侯的不配合让马尔伯勒心力交瘁。不过，一整个冬天，他做了一个甚至比 1704 年出征多瑙河更大胆的一举两得计划。他对普鲁士国王施加强烈的个人影响，成功说服了对方派遣一支普鲁士精锐前去支援在意大利北部作战的欧根亲王。现在，他计划率领 2.5 万名英军和雇佣军经科布伦茨、斯图加特、乌尔姆，穿过阿尔卑斯山关口，跨越欧洲，前去意大利北部与欧根会师。在那葡萄园、橄榄树丛中，这两位伟大的统帅计划再来一次布伦海姆大捷，从南部攻打法国。荷兰议会比 1704 年表现出更大的期待，信心倍增，但提出的条件很简单：马尔伯勒若出兵，不准带上荷兰军队。英国女王和内阁完全批准马尔伯勒的计划。有了国内的支持，马尔伯勒便进一步完善自己的计划。他甚至为每一个营订购了 6 个手工磨粉机，以便在新战区磨面烤新鲜面包。

但是1706年战役最开始的几场较量破坏了远征意大利的计划。法军在莱茵河畔和意大利战场先发制人。在卡尔奇纳托的小型战斗中，旺多姆元帅重创帝国军。在德国，维拉尔元帅进攻侯爵辖区，一度追击到了莱茵河对岸。兰道要塞面临威胁。马尔伯勒的希望破灭了。在郁郁寡欢的思索中，他开始了一生中最精彩的战役。“我漂洋过海，”他给帝国特使的信中如此写道，“痛定思痛。”在给戈多尔芬的信中，他这样写道：“丹麦国王和其他诸侯对此漠不关心，让我万念俱灰，大概毫无胜算了。”马尔伯勒抽调尽可能多的兵力去增援欧根。这些兵力本可用来保障他在低地国家的巨大优势，有机会做些“声名大噪”的举动。做这样的决定虽然痛苦，但他却没有丝毫犹豫。他在布拉班特的堡垒之间以小部队展开“全面行动”，听天由命，而此刻，一场胜仗对保住他在英国的地位至关重要。虽然马尔伯勒忍痛但坚定地遣走了幸运之神，但是幸运之神却又回来了，还带来了最耀眼的礼物。

在马尔伯勒撕破布拉班特防线并一度威胁到布鲁塞尔后，路易十四相信，在如此强大的对手面前，一味防守是不能自保的。他斗志昂扬，授权维勒鲁瓦元帅一开战就先发制人，拨给他全法国最好的装备，全军都整装待发，气宇轩昂。5月18日，马尔伯勒的情报部报告，法国在代勒河左岸瓦夫尔和卢万之间集结重兵。19日又传来消息称，法军已渡过代勒河，行进至距蒂勒蒙不到4英里处。双方对这块区域都了如指掌，始终认为可作大规模厮杀的战场。这是欧洲地形研究最为详尽的一处地方。马尔伯勒召唤丹麦骑兵（因未领到军饷之前一直未上阵）进军对阵维勒鲁瓦。

5月23日拂晓，两军便在拉米伊村庄附近现身。马尔伯勒已调

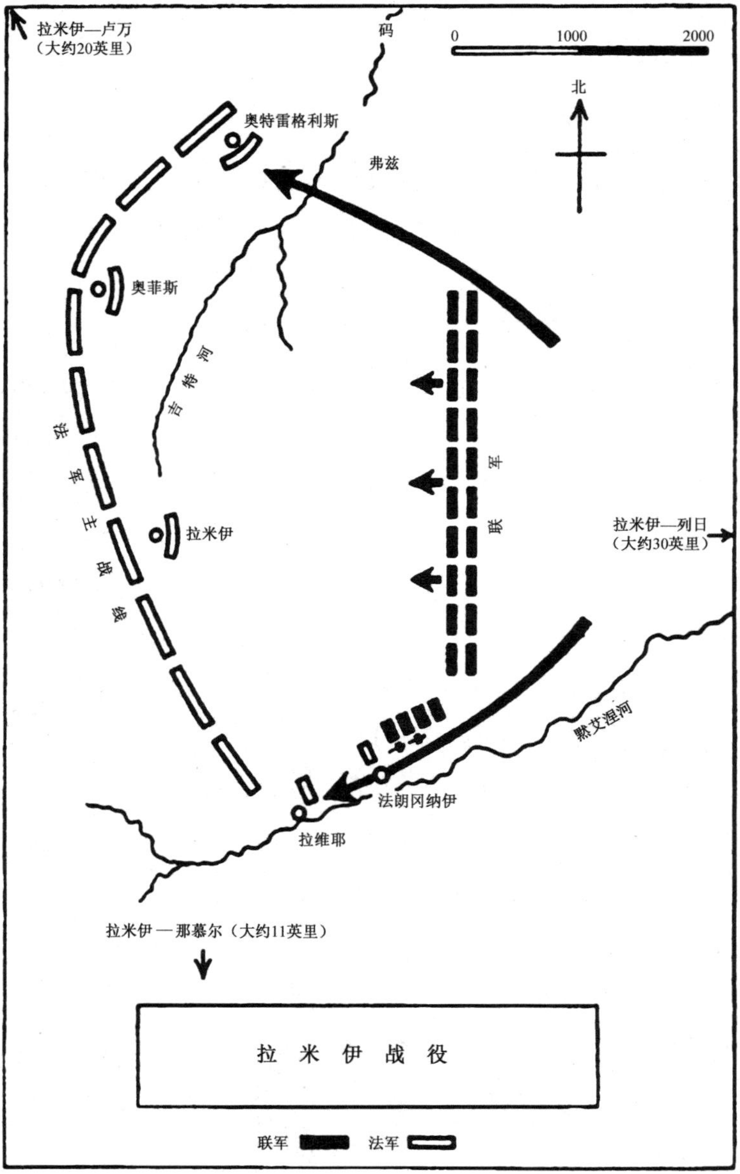

拉米伊—卢万
（大约20英里）
码
0
1000
2000
北
奥特雷格利斯
弗兹
奥菲斯
吉特河
法军主战线
联军
拉米伊
拉米伊—列日
（大约30英里）
默艾涅河
法朗冈纳伊
拉维耶
拉米伊—那慕尔（大约11英里）
拉 米 伊 战 役
联军
法军

拉米伊战役

兵遣将，于中午时分指挥英军向法军右翼佯装猛攻。利用起伏的地形，他集中荷军、英军、丹麦军的所有骑兵，共计 2.5 万人，一齐进攻位于塔维耶和拉米伊之间村落中的法国骑兵。法国骑兵精锐都部署于此，包括威名远扬的王室禁卫军。马尔伯勒自觉运筹帷幄，公开在敌前高呼："目前人数是我五你二。"其实，一开始，英法军队数量比只有 4 ： 3，最后才扩大到 5 ： 3。但这也足够了。4 万骑兵激烈厮杀之后，马尔伯勒突破法军防线，法军右翼退却，还拖累了中阵。他似乎忘了自己总司令的身份，手执利剑加入骑兵的厮杀中。其间，他被打下了马，落在敌军的马蹄之下。他的掌马官宾菲尔德上校帮他换马时，不幸被一颗炮弹炸飞了脑袋，这颗炮弹在他推马尔伯勒跨上马鞍时刚好与总司令的腿擦过。不过不久，马尔伯勒又重新控制了这场鏖战的全局。他的步兵主力现已直扑拉米伊村庄，而取胜的骑兵则掉转方向，与原行军路线呈直角向法军后部包抄，一路势如破竹。这时，全休盟军齐头并进，法军全军溃败，仓皇逃离战场。在这场经典战事中，交战双方在力量和素质上几乎旗鼓相当，英国将军拥有军事天才，以折损不到 5000 人的代价就击败了对手，还大肆掩杀，俘敌数千人。夜幕助了逃窜的败寇一臂之力，但只有不到 1/4 的人成功逃脱，而所有的火炮都丢弃在了战场上。

*　　*　　*

拉米伊的战果比布伦海姆大捷更为壮观。如果说布伦海姆之战拯救了维也纳，那么拉米伊之役则征服了比利时。能攻下任何一座堡垒，就算打一场持久战都值了，现在却是一口气拿下了几十座。安特卫普和布鲁塞尔投降，荷兰举国震惊，威廉国王后期丢掉的几乎所有的屏障现在都收复了。欧根亲王在意大利北部告捷，让胜利锦上添花。他跨过亚平宁半岛上辽阔的平原，在十分不利的条件下打了一场漂亮仗，解救了都灵之围，接着把法军彻底驱逐出意大利北部。

同时，“大联盟”在西班牙也取得了可观的战绩，几乎可以说辉煌。他们中意的西班牙王位继承人卡洛斯大公已在里斯本住下。这是盟国助其一举拿下王位计划的一部分。最初，只有戈尔韦伯爵麾下5000名英国人和荷兰人这股小部队支持卡洛斯。戈尔韦伯爵是胡格诺派教徒，以威廉国王战时的指挥官赢得威名。葡萄牙派兵支持戈尔韦，数量是其原有的两三倍。拥有这点兵力，虽不能做什么，却也足以虎视眈眈地镇守西班牙边境了。1705年，盟国决定做更大的努力，派遣彼得伯勒伯爵率领6000余名士兵从英国出发，由肖维尔上将率领的一支庞大的舰队与之同行。他们奉命在里斯本接上援兵和卡洛斯大公，向地中海出击。

两位指挥官对目标一直争论不休。但最后，他们决定进攻巴塞罗那。巴塞罗那是加泰罗尼亚的首府，人口稠密，早就不服马德里的统治，与有着法国血统的国王腓力五世早已离心离德。8月，他们在巴塞罗那北部登陆，准备围攻。最大的屏障便是巴塞罗那南面的蒙特惠奇山（Montjuich）。此山径直矗立海面，高达600英尺左右，山顶赫然建有一座堡垒。彼得伯勒性情善变，时而当机立断，时而争论不休。争执持续了一段时间，分散了盟军在西班牙的作战行动，但是最后彼得伯勒突然大胆地连夜行军，突袭蒙特惠奇山。次日，一场混战后，彼得伯勒拿下了蒙特惠奇山。不过，守卫直布罗陀海峡的将军达姆施塔特不幸阵亡。巴塞罗那向卡洛斯大公投降。加泰罗尼亚、阿拉贡、巴伦西亚都倒戈支持盟军，对“卡洛斯三世”宣

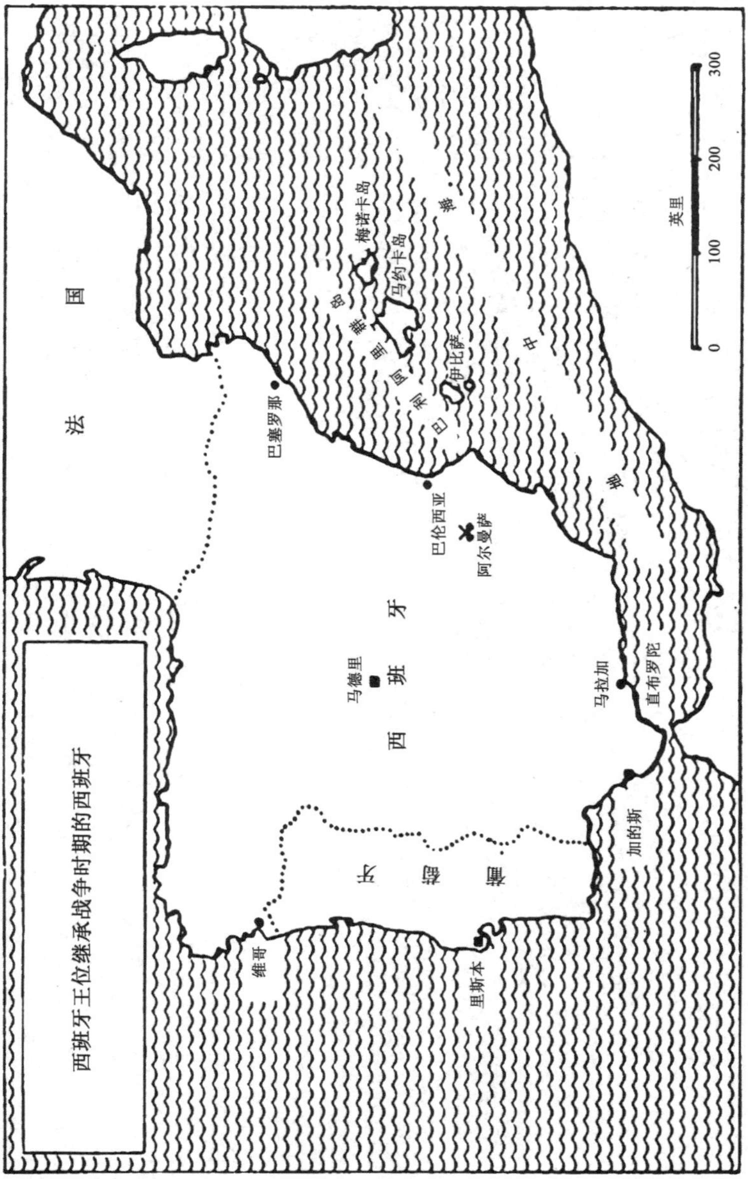

西班牙王位继承战争时期的西班牙

誓效忠。西班牙东部诸省团结一致支持大公。伦敦上下一片欢腾。

1706 年春，当马尔伯勒正朝拉米伊挺进时，巴塞罗那的盟军成功抵御了法军声势浩大的围攻。在加泰罗尼亚游击队的骚扰下，法军的通信得不到保障。尽管经过长时间的攻打，法军收复了蒙特惠奇山，但无法攻下巴塞罗那。在关键时刻，处于守势的盟军幸运地等到了搭乘英国舰队而来的援兵。法军只好作罢，北撤至比利牛斯山。此时，盟军正好趁法军慌乱之际直捣马德里。戈尔韦已从葡萄牙出发，于 6 月到达西班牙首都。伦敦所谓的“大胜之年”自此告一段落。

第5章

奥德纳德与马尔普拉凯战役

这次荷兰人完胜，反而不敢再作必要的努力了。1702年，荷军蜷缩在奈梅根城墙之下，新任英国司令挥剑指挥他们进攻的日子早就一去不复返了。默兹河一直通到那慕尔城门。整个莱茵河航道和沿岸的所有堡垒都掌握在盟军手里。布鲁塞尔已经收入囊中。具有重要战略价值的安特卫普不战自降。他们已经拿下布鲁日、根特、奥德纳德和奥斯坦德，剩下的纽波特、伊普雷、梅嫩和阿特也指日可待了。过了这些地方，就是碉堡林立的法国边界。只是这些战利品真的是维护共和国所必需的吗？荷兰人希望削弱法国的力量，而法国其实已经锐气殆尽了。国王路易的使节不是忙着通过各种渠道向荷兰递交单独媾和的提议吗？保留荷兰的抗法屏障无疑就是求和的基础。假如马尔伯勒仅仅打赢拉米伊战役，攻占卢万，哪怕再拿下布鲁塞尔，那么1706年的战役就会把盟国的伟业带到1707年胜利的彼岸。可是现在他开始面对荷兰人的推三阻四、百般刁难，还有他们的巧取豪夺、中饱私囊，凡此种种，势必使盟国的命运再度陷入低谷。

巴达维亚人（Batavian，荷兰的日耳曼部族）的退缩行为在英国国内也有呼应。当马尔伯勒和欧根驰骋疆场之际，英国国内的一系列党争和内斗引发了战局的扭转。支持战争的辉格党人要求在官职上分一杯羹，因为女王政府需要他们的选票。他们选中了森德兰伯爵作为他们打入政府统治圈子的楔子尖，其父是詹姆斯二世的大臣，为人油滑，而森德兰伯爵才干卓著，为人正派，行事谨慎。在现代人看来，辉格党人在上下两院中皆拥有多数席位，应该有权主宰国事，甚至在当时，他们也确有权力做主。但森德兰伯爵是马尔伯勒的女婿。因此，辉格党领袖推断，“他不会认为他们的行动是对他本人的攻击”。不过，他们示意戈多尔芬，如果他不能让女王接受森德兰，他们就利用议会权力与女王政府和戈多尔芬本人对着干。马尔伯勒和戈多尔芬急等着下院的物资以备继续战争，所以向女王施压、让她接受森德兰加入政府。安妮女王坚决不肯，拉米伊战役后，她才回心转意。

英国的军力和居欧洲强国之首的意愿结出了更为深远的果实。英格兰和苏格兰的合并事宜渐近尾声。自安妮继位以来，就此事的辩论一直都在，有时非常激烈。最后，英格兰在财政上准备帮苏格兰人一把，苏格兰人也表示愿意汉诺威王室接班。马尔伯勒是相关的专员之一，认为合并对王国的强盛至关重要。两国合并以后，各自的议会也合二为一。如果苏格兰人在安妮女王逝世以后选择英格兰以外的王朝，那么中世纪的种种敌意就会死灰复燃。为避免两个王国之间发生失和，双方都断定，做出一些牺牲是完全值得的。《合并法案》（the Act of Union）终于在1707年通过，虽然有零星的反对声，但大体上是人人拥护的。苏格兰同英格兰能自由贸易，后者的殖民地也向他们开放，苏格兰人渐渐从中获益。而苏格兰在英格兰的政治和贸易中发挥重要作用，英格兰人也对此渐渐习以为常了。随着岁月的流逝，统一的局面日益得到巩固。18 世纪下半叶，苏格兰人的思想和文学得到发展，如哲学家大卫·休谟、经济学家亚当·斯密以及历史学家威廉·罗伯逊，不久又出现了罗伯特·彭斯[①]和伟大的沃尔特·司各脱爵士。合并带来的和平、繁荣和参与感无疑推动了思想和文学的蓬勃发展，且持续至今。

*　　*　　*

此时，萨拉与安妮女王的关系陷入了危险期。萨拉首当其冲，承受着女王对辉格党人插手内阁的反感。安妮打心底里讨厌辉格党人，但是大臣们知道，没了辉格党人的支持，仅仅靠一半的托利党人作为后盾，战争是无法进行下去的。

萨拉恪尽职守，她敦促女王政府与议会保持和谐关系，但为此耗尽了彼此的友谊。这时，第三者出现了。萨拉年事渐高，权力又高于内阁大臣，所以事务缠身，希望从常年伴随女王的事务中解脱出来，好松一口气。安妮对女伴们要求苛刻。她希望她们整日不离左右，陪着女王打牌到深夜。渐渐地，萨拉想方设法减轻日夜做伴的负担。她发现艾比盖尔·希尔（Abigail Hill）这个穷亲戚是个合适的替角，便把她带进女王的生活，让她做"伺候穿衣"的侍女。过了一阵子，女王对艾比盖尔亲热起来。萨拉无事一身轻，越发勤快地往乡下跑，过着居家生活。1707 年初，艾比盖尔开始对女王发挥影响，欧洲历史再起波澜。

艾比盖尔是森德兰的表妹，也是哈利的表妹。辉格党人森德兰入内阁，哈利惊慌不已。哈利政治经验丰富，他将此事看成是辉格

① 苏格兰诗人（1759—1796）。

党人进一步卷入内阁的序幕。身为温和的托利党领袖，他感到自己的处境尴尬。

某一天，哈利从园丁手中拿到女王的密信。信中女王向他求助。这对 18 世纪的政治家来说是最大不过的诱惑。而且，他政治上老谋深算，天生喜欢机密和阴谋，此事很对他的胃口。于是，他立即按照女王的喜好另组内阁，包括托利党人和辉格党的温和派，借重马尔伯勒的威望，希望他的效命庇佑新内阁。该计划的实施就意味着戈多尔芬的垮台。哈利想着，此事应当畅通无阻，但马尔伯勒察觉了其中利害，绝不容忍自己与挚友兼同事戈多尔芬分道扬镳。所以哈利的阴谋诡计必然对马尔伯勒不利。但这时，萨拉对女王的影响已经消失殆尽。

1707 年，祸不单行。马尔伯勒的计划是，在普鲁士部队和他所能派遣的各路援兵的帮助下，欧根能从意大利杀入法国，夺取土伦。马尔伯勒公爵希望从土伦这个十拿九稳的海军基地出发，控制地中海，在翌年可以大举进攻法国。那时他位高权重，倾尽全力推进这一长远计划。克服重重障碍和分歧之后，欧根率领的帝国军队沿着意大利和法国海岸的里维埃拉去攻打土伦。与此同时，马尔伯勒在低地国家的主战场上正面牵制着旺多姆元帅的优势兵力。为了使同伴能够在南方发动决定性的一击，他甘愿在北方与敌人对峙。可眼下他兵力大减，无法承担大规模的攻坚战。即使敌众我寡，他仍在伺机扭转战局。然而机敏的旺多姆没能让他如愿。两军近距离对峙了好几周。随后马尔伯勒率军快速临界机动，而旺多姆除正面交锋以外总是避战，马尔伯勒无力正面进攻。北方的战场陷入僵局。

此时，西班牙大祸临头。路易十四派威震四方的贝里克将军到伊比利亚半岛，以重振腓力国王的信心。贝里克得到从法国源源不断的增援部队。到1706年秋，驻扎在西班牙中部的戈尔韦伯爵发现自己率领的15000人远远不敌对方军队。他在马德里受到冷落，急切等待巴塞罗那的查理大公和巴伦西亚的彼得伯勒前来相助。可是过了好几周他们才有所行动，只带来微不足道的援兵。卡斯蒂利亚等西班牙中、北部诸省并不欢迎奥地利大公取代腓力五世，因为后者同当地居民相处已有5年。紧随他们而来的少数援军任凭盟军调遣，但也改不了西班牙人冷漠的态度。戈尔韦、彼得伯勒和查理大公不得已向地中海沿岸撤退。1706年末，腓力国王在马德里复辟，而盟军牢牢控制着西班牙东部地区。1707年，盟军将领们分散兵力，犯了致命的错误。他们只带一部分军队前往马德里，在阿尔曼萨，贝里克公爵率领的法西大军前来迎战。法军的这名指挥官是名天主教徒，英国人，而英军的指挥官是名新教徒，法国人。信仰的错位使他们的效忠阵营显得奇异无比。1706年，盟军惨败，几近大获全胜的西班牙战局急转直下。著名的施托尔霍芬防线坐落在莱茵河地区，据守在那里的德国总督遭到法国维拉尔元帅奇袭。防线工事浩大，原本可有效地保卫德意志的安全，可一夜之间全部落入敌手。德意志的大部分地区随即遭到入侵和洗劫。

进攻土伦是大事，马尔伯勒为此放下了所有其他的事情，却最终告败。似乎这是欧根长期征战中唯一一次没有执行他的命令，名义统帅萨伏依公爵则更加不思进取。欧根擅长陆战，从不喜欢过分依赖海洋的作战计划。一支强大的英国无敌舰队在海滨同他会合。舰队司令克劳兹利 · 肖维尔上将深受马尔伯勒战略计划的影响，他沿着海岸线支持欧根的军队并供应给养，用舰炮接二连三地轰炸敌军阵地侧翼。接近土伦以后，将军派几千名水兵和海军陆战队携带数百门大炮登陆。肖维尔一直向那位名将保证，如果通道被切断，舰队会载着他的全部军队前往他要去的任何地方。

法国人集中大量兵力不仅是为了保卫土伦，也是为了给它解围。欧根发动的几次围攻失败，损失惨重。帝国军队退守意大利。英国舰队炮击土伦，严重破坏了土伦港口，击沉了挤在港内的法国军舰，然后起航回国，或者说回港过冬。最后不幸的是，肖维尔上将返航途中遭遇恶劣天气，两艘主力舰和一艘护卫舰在西西里岛附近被尖利的礁石撞得粉碎，1500 名水兵溺亡；最让人痛心的是，这位英国最好的海军上将、马尔伯勒信赖的海军将领上岸后便与世长辞。

* * *

马尔伯勒历经苦难回到国内，等待他的是鸡犬不宁的党派之争。哈利的意图很明显，盟军的失利恰好为他积蓄了力量。马尔伯勒和戈多尔芬联手要把哈利赶出内阁。一场剑拔弩张的政治危机近在眼前。此时，哈利办公室的职员格雷格向法国政府出卖绝密信件被抓，使他落了下风。在保管绝密信件方面，哈利无疑犯了渎职罪，那些未能掌握应有权力的辉格党人自然怒不可遏，千方百计要定他叛国罪。然而，格雷格认罪，在泰伯恩刑场上了绞刑架，咬定自己的长官是无辜的。据说，格雷格若指认哈利有罪，那么他自己可保全性命。

发生了这样的事情，马尔伯勒要求撤销哈利国务大臣的职务。安妮女王为保心腹大臣力争到底，此时的她已经彻底疏远萨拉而亲近艾比盖尔。马尔伯勒拒绝再与哈利在内阁共事一天，可哈利递交辞呈时女王答道，他如果这样做，倒不如拔出匕首将她当场刺死。作为斯图亚特的真正后裔和詹姆斯二世的女儿，安妮绝不会让哈利走人的。马尔伯勒返回故乡圣奥尔本斯。当哈利在内阁会议上起立宣读某份文件时，一位大臣直截了当地问女王，没了将军和财政大臣，他们还怎么做工作。哈利对此漠然处之。安妮女王怒不可遏，离开了会场，内阁会议在混乱中结束。马尔伯勒和戈多尔芬被革职的消息传遍大街小巷。上下议院决定，要了解真相，否则什么事情也不干。伦敦金融城炸开了锅。安妮的丈夫乔治亲王体察民情深受触动，思前想后，遂恳求妻子向风暴低头。即使这样，女王也不低头，反而是哈利作了让步。他建议女王接受自己的辞呈，并在女王的悲叹中离去。被马尔伯勒当作养子的亨利·圣约翰也跟随哈利而去。

这场斗争让马尔伯勒重获权力，不过这只是回光返照。他在很大程度上失去了女王的恩宠，也失去了托利党温和派的支持。因此他必须日益投向辉格党，而在这条道路上每迈出一步，他和女王之间的裂痕便越来越深。在这样危险的情况下，马尔伯勒 1708 年采取军事行动，大体上是重启 1707 年兵分两路进攻法国的计划。只是这次的主战场在北面，萨伏依公爵则从南面进攻法国，此举微不足道，但也不可或缺。马尔伯勒本想调遣莱茵河一线的欧根军队到低地国家，凭借优势兵力打垮法军，穿透堡垒群，只是一连串意外的坏事发生了。莱茵河的局势迫使欧根把军队留在原地；征服比利时的各个城市后，居民不满荷兰人的统治手段；扼住斯凯尔特河和利斯河航道的根特城和布鲁日被卖给法国。旺多姆元帅的军队除了驻军之外，还有 8 万多将士和他的亲王，即勃艮第公爵和贝里克公爵，以及“觊觎王位者”年轻的威尔士亲王。

在马尔伯勒的生涯中，这是唯一一次在战场和国内的双重压力下无计可施。欧根只带着骑兵卫队到布鲁塞尔附近同他会面。马尔伯勒显得十分消沉，发烧击垮了他，病情太重不得不放血。听闻拉米伊战役的胜利果实遭到战略上的挫败，他久久不能释怀。根特和布鲁日水路在当时的作用相当于铁路。欧根来此是激励自己的伙伴。马尔伯勒从病床爬起，翻身上马，大军又开始行动了。行军匆匆，一行人抵达蒂尔河畔的莱西讷。7 月 11 日黎明时分，他们出发前往斯凯尔特河畔的奥德纳德，那里有要塞和桥头堡，是旺多姆的攻占目标。法军没有想到有发生战斗的可能，此时他们的大军正慢吞吞地在加夫勒渡河。10 点半的时候，卡多根将军带领英军先头部队到达奥德纳德北面的高地。他们共构筑 9 座桥梁，其中包括要塞的桥梁。在卡多根身后，8 万大军怒气冲冲、杀气腾腾地赶来。荷兰的副司令戈斯林格（Goslinga）记录道，“这不是行军，而是赛跑”。士兵们求战心切，纷纷把军官们的行李丢在路边。军队在 65 小时内行程 50 英里，才赶到斯凯尔特河的桥头。卡多根此时渡河，袭击法军的分遣队和侧翼的警戒部队。

旺多姆起初不相信盟军大部队已到。他策马上前观察敌情，逐渐卷入战斗之中。当盟军涌过斯凯尔特河时，法军迂回到左边迎敌。无论从哪个方面来看，奥德纳德战斗都弥漫着现代战争的味道。与 18 世纪任何一次重大战斗相比，它更像 1914 年的坦南堡战斗。马尔伯勒命欧根指挥右翼部队，他自己指挥中阵对付优势敌兵，而其余部队向左翼展开。左翼阵线像长臂一样不断地伸展开来，伸展到哪里，战火就燃烧到哪里。当时的军方认为，在势均力敌的大军面前，军团接军团的渡河十分危险。战斗的节奏和变化容不下预先的安排。法国人背水一战，但是计划缺乏协调，大部分陆军根本没有参战。夜幕笼罩着布满篱笆、村庄、树林和河道的战场，双方军队短兵相接、打得难解难分之际，终于沙场老将奥弗克率领荷兰人跨过奥德纳德的桥梁，向北面高地杀去。同时，欧根杀出右翼，盟军的两翼几乎合拢。法国军队被切成两段，顿时方寸大乱。他们有 4 万多人已被盟军包围；其余 4 万则站在山脊上不知所措。战斗停止时，天色漆黑。双方军队交织在一起，盟军指挥官因而下令停火，枕戈待旦。可当时的武器无法对如此庞大的军队形成包围圈。被包围的法军大部分在夜幕的掩护下逃之夭夭。盛怒惊愕之余，旺多姆下令退回根特。他的军队有 1/4 被消灭或打散。7000 名俘虏包括许多高级军官落入马尔伯勒之手，还有无数的军旗和战利品。7 月 12 日早晨，他和他的挚友策马进入古老美丽的奥德纳德广场。

这次大胜改变了战局，盟国夺回了主动权。马尔伯勒渴望进军法国，将久负盛名的里尔要塞抛在身后。他已经在怀特岛组建了 7000 人的军队，夺取阿布维尔，在法国人的后方建立起一个新基地，以便直接进攻巴黎。但是他未能说服欧根。欧根虽比马尔伯勒年轻，却素有“老亲王”之称，他认为绕开里尔要塞太过危险，也极不信任依托海上力量的作战计划。于是他们决定攻打法国最坚固的堡垒里尔。

里尔攻坚战堪称 18 世纪同类战斗中的典型，规模最大，行军布阵最为复杂。从许多方面来看，它在军事史上是独一无二的。布夫莱元帅率领 15000 名将士守卫里尔。欧根指挥作战，马尔伯勒负责掩护，牵制根特城附近以及法国本土来的大量优势兵力，以防对方要解围里尔或切断围攻者的通信联络。16000 匹马拖着马尔伯勒的攻城炮从布鲁塞尔来到战壕。运送这样庞大的炮队需要出动整个掩护部队。炮弹在里尔城炸开，攻城部队接连几个星期向突破口发起进

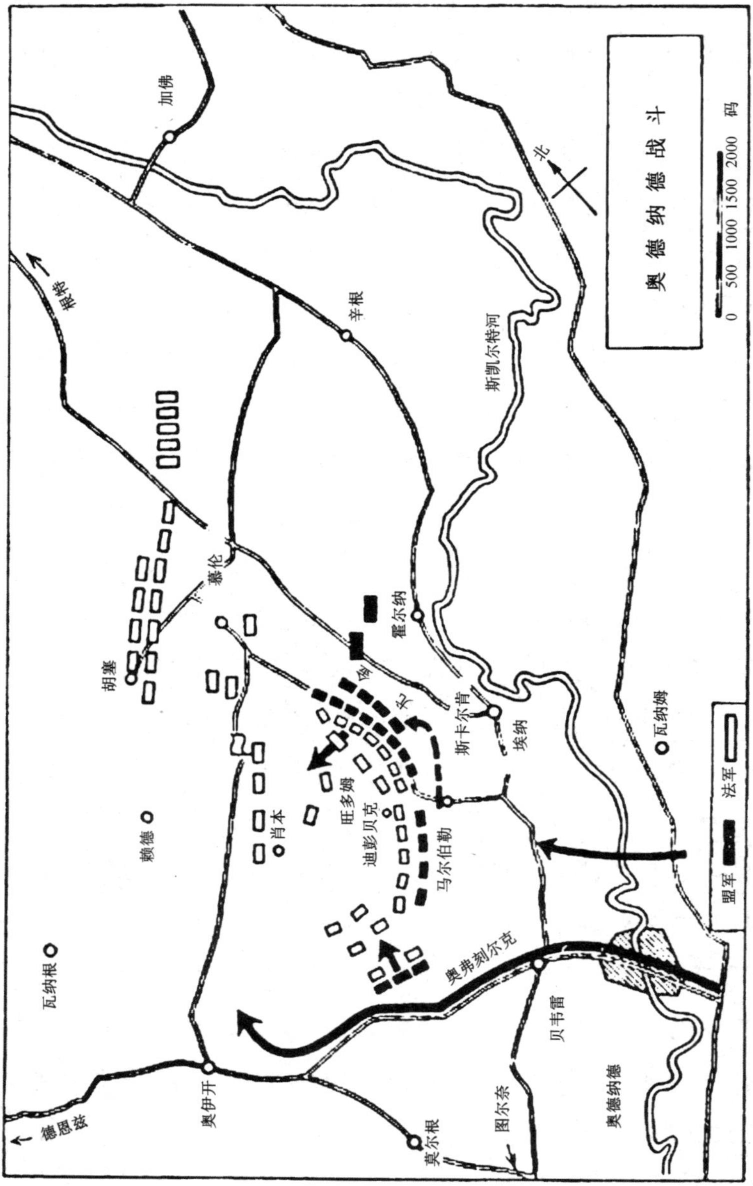
奥德纳德战斗
北
0 500 1000 1500 2000 码
加佛
根特
辛根
斯凯尔特河
胡塞
慕伦
霍尔纳
斯卡尔肯
埃纳
瓦纳姆
旺多姆
迪彭贝克
肖本
赖德
马尔伯勒
奥弗刻尔克
瓦纳根
贝韦雷
奥伊开
德恩兹
莫尔根
图尔奈
奥德纳德
盟军
法军

奥德纳德战斗

攻，血流成河。最后法军切断了盟军与荷兰的交通线。但是马尔伯勒又从奥斯坦德开辟了一条新的交通线，从海上补充给养。法国人打开敦刻尔克的水闸,沿海地区成为一片汪洋。一场水上战斗开始了，运送每一发炮弹、每一包炸药或者每一袋粮食都需要争夺。从兵舰转驳到小船，从小船卸到高轮马车，再转到普通车辆，攻城部队的给养源源不断。

旺多姆和法国公侯们绕到里尔的南面，加入贝里克的军队；贝里克已经从西班牙调到了比利时前线。马尔伯勒在内线紧紧咬住他们,欧根尽量从攻城部队中抽出兵力支援他。法军优势兵力列阵前进，与此同时布夫莱元帅猛烈出击，袭击力量减弱的攻击线。马尔伯勒深信必有一战，所以一连数日不允许加强自己这边的防线。而他选择的地段天然就易守难攻，法国人无从下手，只能对着即将陷落的里尔城哀声叹息。

一场漂亮仗除去秋季的阴霾。2 万多法军向前猛扑，英军通往奥斯坦德的漫长运输线受到威胁，南下里尔的盟军运输队处境危险。马尔伯勒派詹姆斯二世党人中的托利党人、杰出的军人韦布将军带着小部队前去解围。韦布的阵地是维南达厄尔城堡旁边的树林，法军发起的正面进攻不敌射击上高度整齐划一的英军士兵，输得一塌糊涂。这次作战决定了里尔城的命运。10 月，里尔城有条件投降。为了弥补这一损失，旺多姆和贝里克趁里尔堡垒仍能坚守之际攻打布鲁塞尔。但马尔伯勒和欧根向东北方向前进，突破斯凯尔特河防线，化解比利时首都的危机。12 月，里尔城堡攻陷。可是根特和布鲁日还在敌人手里,马尔伯勒是不会罢休的。他趁大地开始封冻之际，拖着大炮去攻打两地，冰雪来得令人难忘。12 月底马尔伯勒收回布鲁日,次年1月初收复根特。这场充满艰难险阻的战役就这样结束了。欧根亲王说,“没见过这场战役就等于没有见过世面”。

同时,盟军夺取了梅诺卡岛,有了岛上的马翁良港,英国海军在地中海至少有了稳固的根据地。年初盟军惨淡开场,年末却大获全胜。路易十四向荷兰人提出了意义深远的和平协议,出于同样的考虑,马尔伯勒与侄子贝里克进行秘密谈判。战争获得决定性胜利,法国的势力被摧毁。“伟大的国王”威风不再。饱尝战争之苦的欧洲陷入了来势汹汹的冰天雪地之中。种子冻在地里,牛冻死在田里,兔子冻死在洞里。法国人民痛苦到忍无可忍的地步。人人寻求和平,却无一人如愿。

* * *

彼时英国,辉格党常年所愿终一朝得逞。他们迫使马尔伯勒和戈多尔芬完全依赖该党。他们制服了女王。他们把托利党人通通赶出了内阁,建立一党政府,不过马尔伯勒和戈尔多芬这两位股肱大臣仍凌驾于内阁之上。之前,双方关于战争的手段意见不一,但战争的目的总是一致的。而此时,战争已成为执政党的政策。辉格党人热情奔放,还是议会斗争的行家里手,在国家最不需要他们的干劲和好战精神时,却掌握了权力。马尔伯勒和戈多尔芬已经同女王疏远,他们必须执行辉格党内阁的决定。托利党人在逆境中闷闷不乐、满腔仇恨,期盼着前任领导倒台的那一刻。哈利才华出众,手段不凡,地位显赫,也受过辉格党打击,自然而然成为托利党的领袖。老一辈政治家罗彻斯特和诺丁汉向他靠拢了。哈利深受女王宠信,又有艾比盖尔的暗中支持。他去接触什鲁斯伯里,此人长期退隐后返回英国政坛,此时便跃跃欲试,野心勃勃,想要扮演有影响力的中间者。

马尔伯勒的统治结束了。从此以后，他只能奉命行事。他在欧洲和军内有突出的地位，只要战争继续下去，两党就都离不开他。他先后效命于辉格党和托利党。辉格党执政时，他是全权大臣和大将军；在后来的托利党政府中他只是大将军。1702年到1708年属于他的黄金时期已过。还有三场硬仗要打，规模之大前所未有；只是马尔伯勒左右不了政策，而军队经过艰苦卓绝的奋战取得胜利恰恰是需要仰赖这个的。

如果我们明白路易十四多年来使“大联盟”的各国君主惴惴不安且饱受劫掠之苦，那么当他们胜利时表现出疑神疑鬼就应该得到充分的理解。如今，法国做出的让步如此之大，盟国的所有合理要求均已得到满足。荷兰的边界屏障得到承认，萨伏依公爵如愿以偿。德意志诸侯国在莱茵河一带也重新巩固了地位。只有西班牙的问题悬而未决，毕竟战事因争夺西班牙王位而起，而马尔伯勒和欧根的胜仗都没有解决王位的继承问题。法国只是在西班牙才比较走运，但西班牙的争端已经自行其是。西班牙人民从上至下纷纷接受安茹公爵的主张，拥护其统治。他们在严酷的斗争中放弃了保持西班牙王位继承连续性的希望，如今只想按自己的心愿选择国王。盟国和路易十四之间的一切问题都迎刃而解了。但是西班牙将何去何从呢？腓力五世宣称，他宁死也不会舍弃支持他的西班牙人民。他甚至想藐视家族首领、“伟大的国王”路易十四的意愿。

在这个节骨眼上，我们无法探知路易十四与腓力五世在亲情和政治上的关系，但盟国的主张是有道理的，如果盟军在西班牙还要继续长期作战，就不能同法国这个看来任由路易十四摆布的国家讲和，好让它卷土重来。不仅如此，荷兰人表明自己不会卷入西班牙的战争。他们有了抗法屏障，实现了既定的目标。英国的辉格党恰恰相反，它要下定决心把腓力赶出西班牙，还提出了“没有西班牙就没有和平”这一不切实际的口号。法国外交大臣、著名的科尔贝尔的儿子托尔西问道：“盟国到底希望我主怎么做？”路易十四答应同腓力断绝关系，将全部法军撤出伊比利亚半岛，甚至交出一些重要的法国要塞作为保证。参加谈判的盟国代表以为，只要路易下一道命令，腓力就会退位。其实，事情可没那么简单。动用军队把孙子赶下王位是路易十四唯一不愿做的事情，他可是把该王国据为己有的。整个和谈计划正是触碰了这块致命的礁石而沉船了。

受到辉格党人密切监视的马尔伯勒看出了潜藏的危机。他认为，最好的办法是同法国讲和，接受交出的要塞作保证和平的押注，西班牙的战事则另寻解决。他拟定了西班牙伟大战役的计划：马尔伯勒从里斯本发动进攻，欧根从巴塞罗那进攻。从事情的发展看，这很有可能是最迅速也最仁慈的路线图。但各方势力各执一端，互不相让。托利党人想要彻底的和平且一刻也不能等，结果却是4年血腥的战争和损失惨重的结果。盟国要求路易负责把孙子赶出西班牙，否则它们便在他交出作保证的要塞和基地上重启战端，这个条款让和谈破裂了。“伟大的国王”年迈体弱，野心凋敝，子民凄惨，本可能屈服了之；可是太子义愤填膺地说，其子的王位绝不能毁在至亲手里。托尔西离开会场后途经坐镇维拉尔的法军司令部时，元帅不屈不挠，恳求托尔西转告国王说，法军定能守卫王国的荣誉。路易十四受到触动和鼓舞，说出了一句千古名言，“我若战，便与敌人一较高下，不与子孙自相残杀”。

马尔伯勒为和平不辞辛苦，但他没有完全运用自己仅存的权力。

他也有担忧的事情，不过大体来说是期待法国屈服。当外交信使说盟国的最后通牒遭到法国的拒绝时，马尔伯勒惊讶地发问："难道没有反对提议吗？"他和欧根作出了最后的努力，均于事无补。盟国找不到失望的发泄口，叫嚷着自己又被路易十四愚弄了一把。盟军军营战鼓齐鸣，最庞大的军队又倾巢出动了，1709 年，屠戮马尔普拉凯战役就此开始。

*　　*　　*

从这时起，战争性质发生重大改变。正义女神突然改弦易辙，支持另一方了。面对无法忍受且咄咄逼人的军事力量，起初各民族、国会和新教教会消极反抗、各自为战，后来渐渐拧在一起，公然以胜利者联盟的姿态展开入侵和征服。从此刻开始，法国与西班牙，形成了反对外国侵略和压迫的民族阵线，两国人民迸发出的爱国热情让人匪夷所思。18 世纪初未曾料想到的一股新力量从深渊处喷涌而出，使虚弱的贵族、筋疲力尽的正规军和崩溃的财政满血复活了。

彼时盟军已达到强盛的顶端。马尔伯勒和欧根在根特南部集结军队，开始围攻图尔内。大规模的激战后，8 月底图尔内城和它的要塞投了降。马尔伯勒接着把矛头对准蒙斯。其间，谈判一直在后方进行，双方仍然认为，他们之间的一些小分歧随时可以消除。突然，一股狂热的战争情绪和怨恨齐头迸发，席卷了双方的政府和军队。他们没能深思熟虑，将谨慎心态抛到九霄云外。路易国王让维拉尔指挥战争时见机行事，马尔伯勒和欧根毫不示弱。可怕的狂热感染了各个阶层。他们恨不得掐住敌人的喉咙，杀之而后快，好早日结束这漫长的战事。

马尔伯勒和欧根迅速调军包围了蒙斯，向南挺进，与维拉尔的

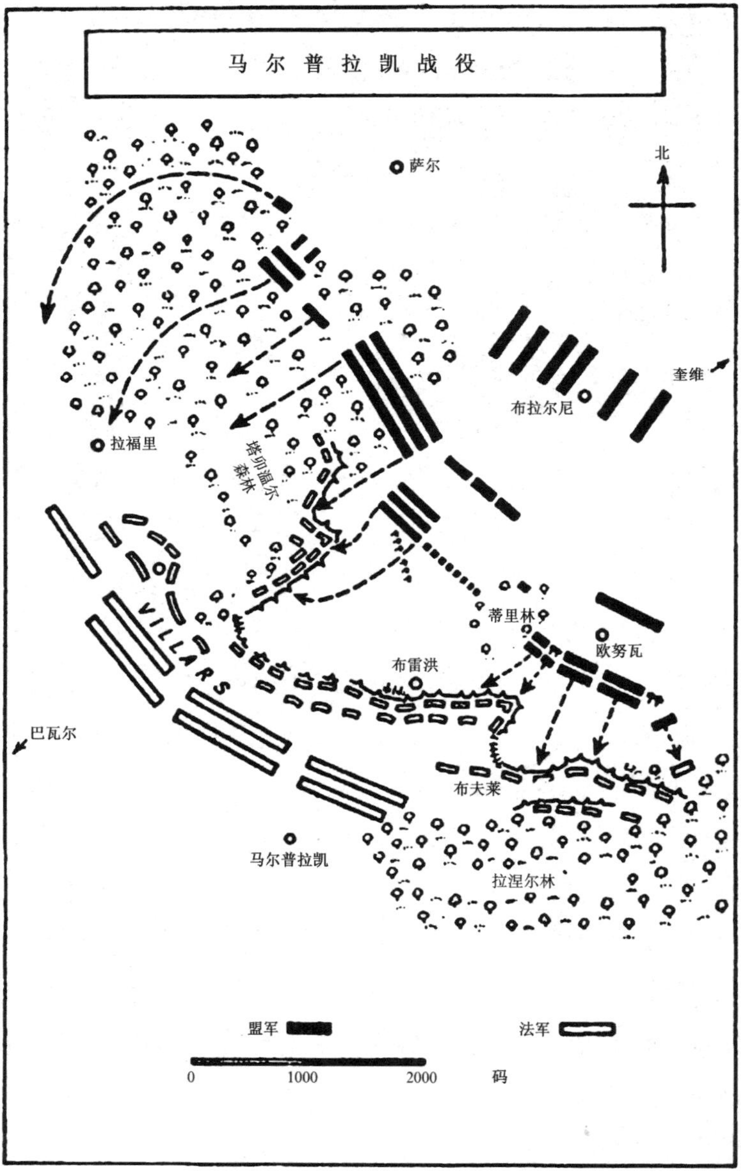

马尔普拉凯战役
北
萨尔
奎维
布拉尔尼
拉福里
塔卯温尔森林
VILLARS
蒂里林
欧努瓦
布雷洪
巴瓦尔
布夫莱
马尔普拉凯
拉涅尔林
盟军
法军
0
1000
2000
码

马尔普拉凯战役

军队狭路相逢，位于树林中的空地，有一个叫马尔普拉凯的村庄，几乎处在法国的边界线上。9月11日，11万盟军进攻约9万法军所在的阵地。两军酣战，几乎互不推让，对对手也毫不留情。马尔伯勒基本上采用了布伦海姆战斗中的战术，先进攻法军的两翼。左翼的荷兰军进攻受挫，伤亡惨重；欧根指挥右翼的军队闯过茂密的森林，到达法国的开阔地带。面对盟军的压力，维拉尔和他的副手、勇敢的布夫莱被迫压缩中阵的部队。这正是马尔伯勒等待的机会。他命令奥克尼指挥英军杀向薄弱的法军棱堡。拿下棱堡，马尔伯勒调出附近整日待命的骑兵队伍，兵力达3万以上，势力强劲。盟军的骑兵部队以"灰衣"龙骑兵和苏格兰灰骑兵为先锋，冲过敌人的战壕，在开阔地带摆好阵势。维拉尔身负重伤，但法国骑兵还是志高气昂地前来迎战，于是双方的骑兵进行了长时间的冲杀。最后，法军败北，其步兵早已节节败退。若干小时后，马尔伯勒写信给萨拉，说道："我太累了，还有点力气告诉你，我们今天血战而归；上午收拾了他们的步兵，下午战胜了骑兵。感谢全能的上帝，我们有权赢得我们心爱的那种和平了。"

马尔普拉凯战役之惨绝人寰令欧洲不寒而栗。盟军损失2万多将士，法军是这个数字的2/3。双方几乎没有俘虏。胜利者在战场上扎营，包围并拿下这次战役的目标蒙斯。所有人都把这场战役当作对和谈失败一次恐怖的审判。荷兰共和国因其精兵遭遇屠杀而大为震动。英国的辉格党人不把战争推到残酷的绝境决不罢休，他们通过讲演，发宣传小册，宣称决定命运的胜利已然在握。但是托利党人谴责他们，谴责马尔伯勒，断送和平的良机，却挣来毫无意义的屠杀，欧洲很久没听闻过这类事情了。确实，马尔普拉凯战役堪称

18世纪规模最大、最血腥的战役。百年后，拿破仑在波罗底诺[1]取得胜利，虽一无所获，但盖过了此战役的风头。

① 俄罗斯莫斯科西郊村庄，1812年拿破仑在此击败库图佐夫率领的俄军。

第 6 章
乌特勒支条约

英国宫廷一有风吹草动，就弄得众人皆知。马尔伯勒失势于安妮女王一事已经传遍欧洲。哈利手腕层出不穷，在艾比盖尔的帮助下，推行了其蓄谋已久的政策，送托利党政府上台，旨在结束人人厌恶的战争。

1710 年，两支大军仍然正面对阵，实际兵力胜过以往任何时候，只是马尔伯勒和欧根无法或者不曾硬拉维拉尔上阵。其实可以认为，马尔普拉凯战役的杀戮让马尔伯勒作呕，国内的怨怼气氛让他心灰意冷，从此他只把打仗当棋局。可以肯定的是，两位将军形影不离，伺机而动，只有形势对自己有利而让维拉尔施展不开拳脚时，这样的战争才是他们想要的。经历了一场激烈的围攻之后，他们夺取了杜埃，随后攻克艾尔和圣维南，打通了利斯河的航道。可这场战役兴师动众、代价巨大，仅仅取得这些战果是不够的。

当马尔伯勒浴血奋战时，安妮统治时期的政治危机逐渐达到顶点。英国国教蠢蠢欲动，托利党的教士四处布道，反对战争及其领导人，尤其反对戈多尔芬。高教会派教士萨谢弗雷尔博士在伦敦布道，猛烈抨击政府，抨击辉格党人和财政大臣戈多尔芬。政府下令公诉萨谢弗雷尔，提出弹劾，这做法极不明智。挺身支持他的不仅有托利党人，还有伦敦的市民。当时的情景把目击者的思绪带回20多年前审讯7位主教的场面。最后法庭以微弱的多数在名义上给萨谢弗雷尔定了罪，让他成为轰动一时的英雄。

安妮女王依靠哈利出谋划策，她感到自己力量已然雄厚，可以洗刷以前辉格党人打入枢密院带给她的耻辱。在一年里采取了一系列动作之后，政府的面貌改变了。森德兰首先被解职，之后的8个月里，安妮女王命令戈多尔芬遣散部下，要他立即辞职，还说，“不过，我将给你4000英镑的年金”。戈多尔芬嗤之以鼻，过着清贫的隐居生活。地位不甚显赫的辉格党大臣们也相继解职。哈利组成了托利党为主的政府，追随他的亨利·圣约翰出任国务大臣。新政府的核心主要是什鲁斯伯里公爵，还得到许多知名人士的支持，他出身高贵、才能超群、野心勃勃。大选如期进行，托利党在下院赢得了绝大多数席位。

马尔伯勒结束第九次战役回到英国时，国家权力已经落入政敌和仇人手中。女王要他强迫萨拉辞去一切宫廷职务。他跪下求情无果。他在得意之时帮助和爱护过的圣约翰，如今以傲慢无礼的施恩者态度向他说教。哈利冷冰冰地向马尔伯勒单脚后退着鞠躬，因为他也要算算旧账。尽管如此，对于敌视的政府和报仇心切的女王来说，马尔伯勒仍是无价之宝。托利党人出任主要大臣之前，以为只要表示出和平愿望，就能够以胜利者的姿态实现和平。他们如今才意识到，马尔伯勒的垮台成全了路易十四的东山再起。他们面前的法国同1709年低声下气的法国相去甚远。“大联盟”的全部成员国因错失良机而追悔莫及。沮丧和去而复返的恐惧使他们再次寄希望于马尔伯勒。荷兰人、普鲁士人和莱茵河地区的诸侯们宣布，他们的军队只听从马尔伯勒的指挥。哈利和他的助手、青云直上的圣约翰此时醒悟到，他们还得发动一次战役。于是，各方人士，甚至是最不友好的人，纷纷敦促、恳求或者哀求马尔伯勒为国效力。失势的辉格党人、得意的托利党人、哈利和圣约翰、安妮女王、荷兰共和国议会、普鲁士国王、莱茵河地区的诸侯们，还有最积极的神圣罗马帝国皇帝，所有这些人都呼唤马尔伯勒出来捍卫共同的事业。虽然后来有人嘲笑他留恋宦海，穷兵黩武，但应召出征是他的职责所在。他和托利党大臣们就保证前线军需达成协议。于是，马尔伯勒连续第十年挂帅出征了。

哈利和圣约翰正火力全开。他们把马尔伯勒派往战场之后，便开始坚定、巧妙而生龙活虎地推行托利党的整个政策。圣约翰派遣一支庞大远征军去夺取法国人的魁北克，但军队指挥不当，出师不利。哈利作为副财政大臣，潜心制订财政计划，准备建立一个大规模的南海公司，由它接管部分公债，另外还通过向南美洲输送奴隶和商品来增加收入。此后掀起了“南海泡沫”。但是，哈利的主要目标是同法国谈和。在不被盟国察觉的情况下，哈利通过秘密渠道与托尔西建立联系。可法国人油盐不进，哈利只得派圣约翰同他们谈判，谈判贯穿整个1711年，英国议会对此一无所知，“大联盟”的所有成员国均被蒙在鼓里。手段虽然卑鄙，目的却是合情合理的。

虽然哈利和圣约翰有共同守护的秘密宗旨，但他们的关系不久就疏远了。到3月份，两人的竞争已公开化。一个法国难民的通敌叛国行为被发现，在枢密院受到盘问时，用铅笔刀行刺哈利。群臣激愤，拔剑刺伤凶手，一周后，凶手因伤势过重而死。哈利受伤无大碍，但他的威望在全国却陡然上升。女王授予他牛津伯爵和莫蒂默伯爵的荣誉称号，任命他为大法官。自戈多尔芬下台以来，这个职位一直虚位以待。这是哈利宦海生涯的辉煌时刻。

*　　*　　*

1711 年，马尔伯勒希望再度与欧根并肩作战，他在杜埃附近集结的军队不下 14 万人。可是 4 月底发生的一桩事件影响了整个战局。神圣罗马帝国皇帝约瑟夫感染天花去世。一直在巴塞罗那坚持斗争的查理大公继承了奥地利王室的世袭版图，当选皇帝是必然的事情。路易十四把维拉尔军队的大部分调到莱茵河一线，意在破坏法兰克福的选举。因此，欧根必须采取相应的行动，在 5 月份率军离开马尔伯勒军营，留下 9 万人马留守在公爵身边对付维拉尔，而后者仍然有 12 万人马在手。

这年冬天，维拉尔修筑了一条复杂的防线，从海边经阿拉斯要塞和布香要塞到桑布尔河畔的莫伯日，由许多工事和水域组成，并称之为“铜墙铁壁”。他亲领的机动部队在前面邀战。整个 6 月，马尔伯勒看似无所事事地度过，实则他在研究如何突破这条坚固的防线。马尔伯勒略施小计，维拉尔就相信对手要在阿拉斯以南发动正面进攻，其规模足以媲美马尔普拉凯战役。

两军对垒，摆好阵势。双方都在期待一场厮杀。盟国将军们非常苦恼。他们担心的是，在国内受挫的马尔伯勒是否会愤愤不平或失去理智，而将他们拖入无情的杀戮中。8 月 4 日，公爵亲自侦察维拉尔的整个前沿阵地，还让一大批军官尾随其后。他标出要配备大炮的地方，指出进攻点。只因他威望崇高，没人敢当面抗议。许多观察家谴责他把战斗计划谈得过于露骨。当晚，维拉尔满怀希望。

他把战线上所有能调得动的部队和大炮都集中了起来。马尔伯勒从未指挥出错，所以士兵们盲目地信任他。然而，高级指挥部忧心忡忡，焦灼不安。他们没有注意到，卡多根将军在大部队视察防线时偷偷溜走了。他们对阵地上没有火炮感到奇怪，因为不知道马尔伯勒在靠近前线的地方调动部队，对他已经将重兵放在杜埃一事也一无所知。

夜幕降临，战鼓终于敲响。传来了拆除帐篷准备战斗的命令。参谋人员匆匆赶来，带领队伍排成四路纵队。不出半小时，全军向左行动。整晚，月色朦胧，士兵们一路东进。他们越过维米岭和阿拉斯之间的丘陵地区，200 年后此处将遍洒不列颠人和加拿大人的鲜血。这是一次强行军,中途只许略作立定休息。但全军上下群情激昂，毕竟这不是一场血腥的战役。看来这位“老伍长”自有妙计。8 月 5 日清晨 5 点之前，军队到达维特里边上的斯卡尔普河边。此处已经架好一座座浮桥。随着天色渐明，他们发现一长列大炮同他们一起前进。

破晓时分，马尔伯勒策马走在 50 个骑兵队的前边，遇上从卡多根那里飞奔而来的一名骑兵。来者通报，卡多根和普鲁士将军霍姆佩施率领 22 个步兵营和 20 个骑兵队，在凌晨 3 点钟穿过阿尔勒的堤道，并且实打实地夺取了敌人的阵地。马尔伯勒这才吩咐他的副官和参谋们到行进的队伍中去，向各团官兵解释他的意图和目前的形势，传达兵贵神速的意思。“公爵大人希望步兵能加快步伐。”随着时间的推移，天色越来越亮，部队可以看见，在右侧大约不到炮火一半射程的地方，法军在沼泽地和桑塞厄河对面，同他们相向前进。不过他们也看出，法军的骑兵先头部队刚好和联军的步兵齐头并进。8月5日，大部分联军渡过桑塞厄河，在敌人阵线之内摆好阵势。千千万万的士兵倒在路旁，精疲力竭，许多人因行军过急而一命呜呼。

到后来，马尔伯勒穿过法军防线，立即构筑阵地。维拉尔的军队三三两两地赶来，无力发动进攻。马尔伯勒本人是否应该发动进攻，这个问题不仅从前有过争议，时至今日依旧如此。毫无疑问，之前布林德海姆之役和奥德纳德之役使他面临的危险更加严峻。但是马尔伯勒不着急开战，他迅速指挥军队向左前进，渡过斯凯尔特河，团团围住布香要塞。全欧洲认为，突破“铜墙铁壁”防线、包围并攻克布香要塞将是军事艺术的杰作。两军兵力相当，维拉尔发动猛攻，企图破坏马尔伯勒的计划。马尔伯勒从佛兰德斯和布拉班特强征了6000名工人，让他们在布香周围修筑一道壁垒，同时为了保护通往斯凯尔特河的交通线而修了两道工事。他亲自参与围攻并指挥掩护部队。在围困布香要塞的日子里，他昼夜不分地穿梭在自己构筑的、迷宫一般惊人的工事里。8月21日，攻城大炮从图尔内运过来，30日开火。马尔伯勒炮轰布香的同时，维拉尔在炮轰马尔伯勒。马尔伯勒包围了布香，维拉尔包围了马尔伯勒，围城者随时有可能陷入战斗且寡不敌众。这次围攻最能反映马尔伯勒的军事才能。9月初，布香投降。势均力敌的法军眼睁睁看着自己强大的守城部队乖乖投降当了战俘。公爵希望继续战斗，因此包围了凯斯努瓦。他的军队不乏实力，然而将领们士气低落。于是，军队进入冬季营房，马尔伯勒回到国内。他统帅“大联盟”的军队转战十年，攻无不克，战无不胜。这样的成绩在战争史上找不出第二个。

* * *

现如今，一直在进行的密谈怕是瞒不住了。和谈的消息一放出，舆论哗然，伦敦各界大吃一惊。哈利故伎重施，控制下院托利党人的大多数，而辉格党人仍然垄断着上院的席位。托利党领袖们相信有了马尔伯勒的支持，和平不是问题。战争期间，领袖们着手调查军队账目，想以侵吞军费的罪名逼马尔伯勒服从他们的意志。如果马尔伯勒本着合作的态度共建和平，强迫盟国就范，或者单独同法军媾和，那么他们就不再追究了，而且他还可以继续得到“宫廷的庇护”。若不然，他们认为自己有能力让他声名狼藉。公爵同选帝侯、汉诺威家族的英国王位继承人乔治关系密切，还得到普鲁士国王和“大联盟”君主们的支持，无论如何也不同意单独媾和。

1711 年冬，英国议会在紧急危机中召开。两大政党就长期战争的所有问题进行交锋。辉格党人利用他们在上院的多数席位，以 12 票的多数通过了一项不利于政府的决议。但是哈利有下院这个坚强的后盾，并充分利用女王的恩宠，毫不手软地倒打辉格党人一耙。他抛出马尔伯勒侵吞公款的指控，蒙女王破例任命 12 名贵族议员，以扭转在上院占少数席位的不利局面。这些行动，打击沉重，收效显著。马尔伯勒被免除一切职务，遭到下院的斥责。马尔伯勒担任英军统帅、荷兰军队副统帅和许多其他职务获得了薪水和津贴，加上他节俭度日、大肆敛财，积累了好大一笔财富。扣在他头上的罪名主要是十年联军司令期间将盟国所交军费的 2.5% 据为己用。

马尔伯勒的辩白以理服人。他拿出安妮女王在 1702 年签发的授权令作辩护。而且，自威廉国王以来，“大联盟”内部就有这样的惯例。马尔伯勒声明，这笔钱（将近 25 万英镑）全部用于军队的特务情报系统。他手下的情报系统比以往任何时候都要完善，这是不争的事实。但这阻止不了下院的托利党人对他这种行为的种种非难，以 276 票对165票的多数通过了对他的指控。政府对这位解职的将军提出公诉，要他偿还巨款。可是在汉诺威选帝侯和普鲁士国王的带动下，所有的盟国君主们在正式文件中郑重声明："他们曾经无条件地为马尔伯勒公爵提供占军费总额的2.5%的特务经费，而且不要求他报账。"选帝侯还说："我们深信，且十分满意，马尔伯勒公爵每年把这笔经费用于对应的特务情报工作……我们赢得那么多场战斗，夺取那么多敌人的工事，突破那么多敌人的防线，都有赖于他对这笔经费的合理利用。上帝保佑我们连连取胜，回过头来想，公爵的情报机关获取了敌人动向和作战的信息，他的功劳才是最大的。"

英国在和约的问题上分为两派。看来英国只有单独媾和了，因为"大联盟"的其他成员国一致驳斥英国政府，说它无权抛弃联盟而自寻出路。傲慢狂妄的伦敦社会跟同样德性的欧洲社会之间没有商量的余地。同时，不服气的法军为其劲敌的垮台而感到振奋，正在积蓄力量。路易十四绝路逢生，臣民们纷纷踊跃赶来相助。1712年，战役迫在眉睫，哈利和圣约翰委任的统帅是声名显赫的权贵奥蒙德公爵，他在加的斯碰过壁；并且他们向荷兰保证自己忠于"大联盟"的事业。神圣罗马帝国的皇帝派欧根去低地国家。欧根曾经访问过英格兰，希望托利党政府对"大联盟"抱忠诚态度，他还公然表示自己与马尔伯勒的友谊是不可撼动的。欧根来到低地国家，掌握的军队相当可观，可以上战场了。伦敦内阁背信弃义的行为惹怒了欧根，他孤注一掷地发动冒险的进攻，包围了凯斯努瓦，并要求奥蒙德前来相助。但不列颠政府单独和谈在即，圣约翰给奥蒙德秘密下了禁令，不许他"参加可能引起战斗的围城行动"，好像这样的战术真的行得通似的。

向来冲锋在前、人人钦佩的英军怀着痛苦羞愧的心情离开了盟军阵营，耳畔是昔日友军的咒骂声。仅有少数英国雇佣军随之离去，大部分雇佣军虽然得不到报酬和拖欠的军饷，却愿意为了“共同的事业”继续战斗。马尔伯勒的许多老兵痛心疾首，气倒在地。荷兰人怒气冲冲，关闭城门，拒绝临阵脱逃的英军。维拉尔加速前进，捣毁欧根在德南的弹药库，并给他致命一击，使得欧根的许多士兵淹死在斯凯尔特河里。欧根兵败如山倒，维拉尔夺取了联军的全部前线据点，攻克杜埃、斯坎努瓦和布香。至此，他抹去了联军在过去3年里取得的战绩，成为这场残酷战争的胜利者。凭着英法签订的军事协议，奥蒙德带领英军往敦刻尔克撤退，此地暂时归他们所有。连续的惨败逼得“大联盟”的所有国家同法国讲和，他们只希望和平的代价不要太大。

*　*　*

所谓《乌特勒支条约》（Treaty of Utrecht），实际上是联盟的各个成员国同法国和西班牙单独达成的一系列协议。帝国则继续单枪匹马地作战。最引人注目的是，成为腓力五世的安茹公爵控制着西班牙和东西印度群岛，根本不理会英国议会长期坚持的无理要求。此事已了，英国政府如愿获得的条款特别有利，法国宫廷承认新教徒在英国继位的合法性，同意把“觊觎王位者”威尔士亲王逐出法国，拆除敦刻尔克的工事，割让北美和西印度群岛的诸多地区，也就是哈得孙湾、纽芬兰、圣克里斯托弗岛以及远征马萨诸塞时所得的新斯科舍。西班牙则拱手让给英国梅诺卡岛和直布罗陀海峡，保证这个海上强国可以出入和掌控地中海。英国从西属南美殖民地获得许多贸易利益，特别是奴隶贩卖权，即在未来30年内独享贩卖非洲黑奴到新大陆的权力，此事则引起另一场战争，这是后话。法国和西班牙都宣布放弃两国王位的合并。而法国王室的许多成员离奇死亡，又让两国王位不得合并的有效性悬在一个弱不禁风的孩子身上，史称路易十五。加泰罗尼亚人响应盟国尤其是英国的号召加入战争，唯查理大公即他们所谓“查理三世”马首是瞻，如今被人以委婉的外交辞令抛弃给西班牙的胜利一方，惨遭报复。

荷兰人手里拿到的屏障有限，不过其外围仍然包括弗内斯、诺克堡、伊普雷、梅嫩、图尔内、蒙斯、沙勒罗瓦和那慕尔。有了根特城，荷兰就可以与西部诸省沟通；有了一些重要的堡垒，他们就可以保卫斯凯尔特河口。普鲁士得到了荷兰声索的盖尔德兰。荷兰堡垒屏障以外的要塞统统归还给法国，尤其是里尔。萨伏依公爵得到西西里，并且阿尔卑斯山脉的边界得以巩固。葡萄牙尽过绵薄之力，获得的奖励是亚马孙河上的贸易权。莱茵河地区的疆界、巴伐利亚和米兰的命运留待以后的战争去解决。以上就是 1713 年春天在乌特勒支达成的协议。对于该此协议的后果，查塔姆伯爵后来宣称，它是“那个时代无法洗刷的污点”。

帝国皇帝查理不满西班牙的投降，整个 1713 年他都没有停止战争；法国人虽已精疲力竭，却夺取了兰道的重要堡垒，再次入侵德意志。1714 年 3 月，皇帝查理不得不签订《拉施塔特和约》(Peace of Rastadt)。根据和约，法国人重获斯特拉斯堡和兰道，但让出他在莱茵河右岸占领的所有地区。巴伐利亚选帝侯重登宝座。米兰公国、那不勒斯和撒丁岛纳入神圣罗马帝国版图。就这样，欧洲渐渐消停，恢复到不稳定的和平状态。这些条件同“大联盟”在 1706 年、1709 年和 1710 年可能得到的条件是不能相比的，但毕竟暂时结束了基督

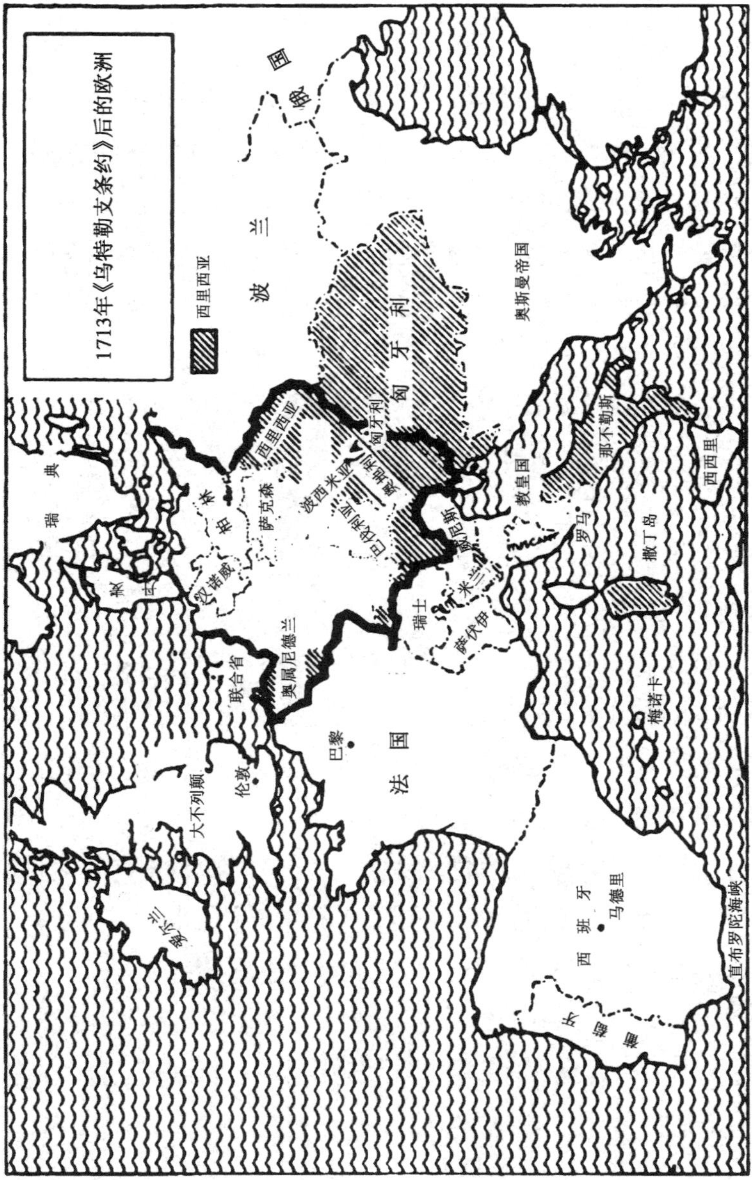

1713年《乌特勒支条约》后的欧洲

教世界长期遭受的磨难。

* * *

托利党穷追猛打，政府用所谓侵吞公款的罪名对马尔伯勒提起公诉，他深受其累，终于在 1712 年末离开英国，主动在荷兰和德意志两地辗转流亡，直到安妮时代终结。他依然亲近汉诺威王朝、英国在野的辉格党和卡多根及其他老部下，随时准备掌握英国军队在低地国家和敦刻尔克的指挥权，率领这些军队到英国去，支持新教徒继承王位。

托利党在执政的最后阶段十分狼狈。跻身贵族之列的博林布鲁克子爵圣约翰与牛津伯爵哈利结下不共戴天之仇。圣约翰行为不检、侵吞公款，哈利毫不手软地提起诉讼；但是，圣约翰贿赂艾比盖尔，在她的帮助下取代了牛津伯爵在女王面前的恩宠地位。痛风和其他疾病拖垮了安妮的身子，数月来她已命悬一线。曾经数之不尽的荣耀摆在她面前，如今却要面对屈辱的风烛残年。她多年来一直受到臣民们全心全意的爱戴，最后却被这场丢脸的内讧所利用。面对敌意和责备的打击，可怜的女王在悲伤中离世。然而，她的精神直到最后一刻也不曾熄灭。女王密切关注撕裂内阁的激烈斗争。无人知晓她是否属意同父异母的哥哥、“觊觎王位者”为继承人。自从内战以来，在英国一直进行较量的两股势力又开始了搏斗，它们的面目和角斗场地有所改变，但主要矛盾则毫无变化。辉格党人以《王位继承法》为武器，得到全国新教徒的支持，它们公开准备以武力对抗詹姆斯二世党人的复辟。汉诺威王朝的选帝侯在荷兰人和马尔伯勒的支持下，集结军队，要做第二个奥兰治亲王威廉。

1714 年的最后几个月充满即将内战的迹象。博林布鲁克子爵风头正盛，但他一无胆量二无能力，玩不起这场致命的权力游戏。“觊觎王位者”的威尔士亲王永不放弃天主教信仰的宣言，断送了他强行登上英国王位的可行性。所有人都该钦佩他可敬的道德操守，特别是因为这大大有利于国家。被迫下台的白金汉公爵疾呼：“天哪！在我有生之年这个可怜的国家究竟要受到什么样的摆布啊！在查理二世年代，统治我们的是一群法国佬；在詹姆斯二世时代，统治我们的是一群天主教神父；在威廉国王时代，统治我们的是一群荷兰步兵；而现在统治我们的是一个卑鄙的宫廷侍女、一个威尔士律师和一个荒淫无度、厚颜无耻、毫无信用的混蛋。”

许多记载一致认为，安妮女王去世，是因为牛津伯爵和博林布鲁克子爵在7月27日的内阁会议上争斗到水火不容的地步。女王早已不能行走，亦无法站立，却很用心地关注着周围激烈的政治斗争。她用手势和含糊不清的声音通知牛津伯爵交出财政大臣的白色权杖。这位慵懒但坚定而多谋的政客曾经打倒马尔伯勒而改变欧洲历史的进程，此时要向洋洋得意的对手进行最后一次反扑。两人隔着桌子，与女王的距离都在6英尺以内，牛津伯爵十分粗暴地向女王揭发博林布鲁克流氓和强盗的面目，看似措辞模糊，实则充满威胁，他明确表示自己会向议会揭发博林布鲁克。安妮深受打击，痛苦至极。她什么都往自己身上扛，可现在竟不知所措。旁人协助着将她抬离了激烈的斗争场所，两天以后，长期折磨她身体的病痛向大脑转移了。

博林布鲁克在斗争中占了上风，一时间如日中天，但这样的情况只持续了两天。7月30日，女王显然命不久矣，枢密院在宫内召开会议。他们正要讨论问题，门开了，进来的是萨默塞特公爵和阿盖尔公爵。两人同是枢密院成员，却都没有接到开会的通知。他们声称，鉴于女王病危，他们有责任出来效劳。这次会议无疑是宫廷大臣什鲁斯伯里策划的，他对二位的爱国之情表示感谢。博林布鲁克就像牛津伯爵一样畏惧挑战。大臣们聚到女王临终的榻前，促请她把牛津伯爵交出来的财政大臣的白色权杖授予什鲁斯伯里。什鲁斯伯里因此会成为政府的实际首脑。安妮女王在大法官的帮助下，用尽最后一丝力气将权杖送出，然后便陷入昏迷。

枢密院的会议一直开到深夜，大臣们采取有力措施，设法保证汉诺威家族的成员继位；还派遣信使四处奔波，招来全国的政府官员和军官履行他们的职责，舰队在辉格党人伯克利伯爵的指挥下动员起来，奉命在英吉利海峡巡逻，监视法国港口，从佛兰德斯撤回军队，下令各地驻军进入战备状态，通知民兵做好准备，提醒荷兰人履行条约的义务。这一切妥当的安排都是为了汉诺威选帝侯能顺利继位成为乔治一世。在这些命令上签名的不仅有什鲁斯伯里、萨默塞特和阿盖尔，还有博林布鲁克及其托利党同僚。后者别无他法。宫廷的传令官和禁卫军也做好了拥戴乔治国王的全部准备。8 月 1 日 7 点半安妮女王咽下最后一口气时，大家确信，英国既不会发生天主教复辟和王位之争，也不会引发内战和法国人的入侵。

英国历史上又一个最伟大的时代就此结束。马尔伯勒的领导和战场上的胜利为这个时代赢得了荣耀。不列颠岛实现统一和强盛。法国失去凌驾于欧洲之上的力量，只有日后的拿破仑方能扳回一局。斯图亚特王朝最后的继承人大大扩展了不列颠国力，虽然她在统治末期乏善可陈且身体抱恙，却也担得起“贤明女王安妮”的千古英名。

第八部　首个大英帝国

第7章

汉诺威王朝

1714年夏末，英国朝野上下都在等待国王乔治一世的到来。到了9月18日，他在格林尼治登陆。这位幸运的德意志亲王不会说英语，对自己的新王国也了无热情。对他而言，同意登上联合王国的王座似乎是在向他的新臣民施以恩惠，是在给英国政客们行方便。作为回报，他希望英国的有钱有势者能为他在汉诺威的领地和欧洲范围内更大的利益服务。国王的职责让他不得不背井离乡，到一个之前只去过一次还不太喜欢的岛国生活。身为王位的指定继承人，多年来，他一直密切地关注着英国政界的派系斗争，关注着党派头目的尔虞我诈，却不理解这背后的种种压力和岌岌可危的各种原则。此刻在泰晤士河畔，他打量着前来迎驾的贵族大臣，充满警惕，不无轻蔑。从此，英国大地上出现了一位不起眼的人物，一个固执无趣、行事呆板的德意志人，他头脑简单，品位低下。作为指挥官，他在先前的战争中慵懒无能，而作为统治者，他又缺乏激发人心的能耐和豪爽慷慨的气度。他想法刻板，好在还有些许的精明。然而英国王位并不好坐，何况他这个亲王又是来自外国。乔治国王不情不愿坐上王位，不温不火地扮演着命运安排的角色。他虽认为头顶的王冠是时运所赐，但始终不曾放松它。

对这位新国王，一些前朝的官员满怀希望，一些人不免惴惴不安，这是人之常情。其中，当数博林布鲁克此刻最为惶恐。安妮女王驾崩时，他还是国务大臣，之后立即垮台，一败涂地。人们都在猜想，如果女王多活上几个星期，他就能为詹姆斯二世党人的复辟搭好桥、铺好路了。这位出色的机会主义者善于见风使舵，如果他的确有所图谋，人们也很难识破他的诡计。他擅长用不容置疑的语言阐述时局所需的任何政策。他总能说中要害，尽管这要害是什么于他而言无关紧要。他也曾孤注一掷，却在关键时刻犹豫不决，败下阵来。他当然不会得到宽恕，很快对他的处置便明确了。乔治一世抵英之前，替国王代行职权的摄政团名单里就已经没有他的名字了。不久，从汉诺威发来的解职令就到了他手上，措辞简单粗暴。他赋闲乡下，漫无目的地徘徊于悔恨与恐惧中。新国王的首届议会要求弹劾博林布鲁克。绝望之中，他向已经流亡归来的马尔伯勒求救，尽管此人曾遭他残酷打击，解职一撸到底。马尔伯勒在会面时彬彬有礼，但故意提醒，博林布鲁克已命悬一线。他暗示说，托利党领导人唯有他将以血抵罪。当晚，博林布鲁克乔装成男仆逃往法国，平日里的斯文已荡然无存。数月之后，他孤注一掷，当上了“觊觎王位者”的国务大臣。但很快，长期与他密谋的圣日耳曼宫廷就让他美梦幻灭。于是他又过了 8 年的流亡生活。我们后文还会提到这个虚伪但备受关注的家伙。此时，博林布鲁克的劲敌牛津伯爵哈利正囚于伦敦塔，未受到应有的惩罚，不过出狱时已颓丧至极了。

*　*　*

17 世纪的政治激情在安妮女王统治末期已经湮灭。辉格党反对托利党的斗争将国家推向内战的边缘。斗争的焦点在于谁来继承王位，是信奉天主教的詹姆斯二世之子还是信奉新教的选帝侯。如今一切尘埃落定，重大宪政问题得以解决。乔治一世和平即位，托利党被打垮，英国在辉格党的长期统治下稳定下来，虽有人不满，但终归诸事稳妥。1714 年后的 10 年，国内大环境迅速发生变化。冷漠的宽容态度取代了狂怒与恶意的争端，重大原则丧失了主导地位，政治感情让位于政治利益，公众生活在物质主义的影响下堕落了，政治沦为辉格党内部争夺权力和封官加爵的活动。

君主制也失去了它的光泽。汉诺威王朝的国王已无法再次宣称君权神授，其地位是来自议会的明确特许。连王室的派头都大不如前。王宫不再是审美、等级和时尚的中心，朝臣们都渐渐显得保守，礼仪古板，穿着过时。宫廷生活全靠一位德意志幼君的锦衣华服和周遭事物撑起门面。德国妇女难听的名字一直出现在当时的回忆录里——基尔曼斯埃格家族、瓦尔莫登家族、普拉滕家族和舒伦贝格家族——她们很快都为自己装点上了英国的爵位头衔和金钱财富。在政治圈里，德国“帮”的影响力人尽皆知，其中有乔治一世带来的谋臣伯恩斯多夫和博特默尔，还有他的私人秘书、胡格诺派教徒罗伯特恩。

安妮女王时代的辉格党领袖人物都迅速退出了历史舞台。该党长期以来的重要组织者沃顿于 1715 年逝世了。曾在威廉国王征战期间为重建英国财政做出卓越贡献、如今获封哈利法克斯勋爵的查尔斯·蒙塔古于同年跟随其同事而去。呕心沥血的历史学家、最为忠诚的辉格党教士伯内特也辞世了。前任大法官萨默斯勋爵瘫痪在床，孤苦无依、苟延残喘了一年。他们之中最伟大的人物马尔伯勒公爵约翰则在布伦海姆和圣奥尔本斯的宅邸中过着优越却孤单的生活，身体瘫痪，久治不愈，直到1722年死去才得以解脱。他的妻子萨拉命中注定要比他多活20年，发发牢骚，提醒我们记住那个全盛时代，但是她仍孤身一人。

新一代政治家登上了舞台——罗伯特·沃波尔、斯坦诺普、卡特里特、汤森，他们将为安妮时代到乔治时代的和平过渡保驾护航。其中，斯坦诺普逐渐成为领衔大臣。战争期间，他曾在西班牙指挥作战，并攻下了梅诺卡岛，如今的主要兴趣点是外交工作。他在国内事务上不那么幸运，政府的差事让他并不轻松。英国默默接受了由议会强加给他们的德国王室家族，但很多地区仍对斯图亚特王朝抱有深厚感情。在伦敦、牛津、英格兰西南部，骚乱频仍，呐喊抗议时有发生。不信奉国教者的住宅和集会场所被视作辉格党新政权的标志，不断遭到洗劫和破坏。威廉国王的肖像在史密斯菲尔德被象征性地烧毁。贝里克元帅是詹姆斯二世和马尔伯勒之姐的私生子，也是“觊觎王位者”的支持者中最能干的一位。据他估计，1715年的英国有六分之五的臣民拥护詹姆斯二世。这当然是夸大之词，不过，尽管政府成功操纵了前一年的选举，仍然完全有可能畏惧民众的情绪。它曾依靠更为冷静的领导和更加出色的组织而大获全胜，却并不幻想控制全国人民的感情。既要迎合那位德籍国王，又要讨好动辄发怒的英国民众，这双重任务令政府的耐心受到了严峻考验。政府进行的首项行动就是让英国参与北欧事务，为汉诺威王朝出头。英国舰队被派往德国北部沿海拿下瑞典港口，这些港口历来都是汉诺威选帝侯们的垂涎之地。英国人纷纷抱怨自己国家的资源被用来服务于德国的利益。辉格党大臣们对此感到紧张，但采取了有效的防备措施。英国驻巴黎的大使不断向他们通报詹姆斯二世党人在法国的动向，后者正在英格兰乃至苏格兰酝酿总起义，当时的苏格兰对《合并法案》(Act of Union)的结果坐立不安,至今依然失望。然而，当暴动开始时，英国政府已然有备无患。此外，路易十四在9月1日的离世又让詹姆斯二世党人备受打击。这位“伟大的国王”一直是他们的保护人和怂恿者，而如今掌管法国大权的摄政王奥尔良则对他们的活动漠然处之。

9月6日，马尔伯爵在珀斯树起了詹姆斯二世党人的旗帜，不出几个星期就有1万人拿起武器，反对汉诺威王朝在苏格兰的统治。然而，他们既缺乏周密的计划，又没有与流亡在法国的詹姆斯二世党人建立可靠的关系。伦敦的政府立刻采取行动。议会通过了《暴乱治罪法》(Riot Act)来遏制英国城镇内的骚乱。一支骑兵部队进驻牛津。出售煽动性小册子和散布煽动性言论的人立即遭到逮捕,《人身保护法》(Habeas Corpus Act)暂停执行。政府还悬赏10万英镑捉拿那位“觊觎王位者”,生死未卜。根据保证新教徒在英国继位的《屏障条约》(the Barrier Treaty)，英国要求荷兰派兵支援。正规军悄无声息地开往北方镇压叛乱。

在英格兰北部，一小批绅士在德温特沃特勋爵的带领下发起了对斯图亚特王朝的支持活动。他们未能与马尔伯爵取得实际联系，却得到了4000名苏格兰人的援助，于是贸然前往南方城乡，低声下气地去征求他们的支持。军事当局请教马尔伯勒公爵，“你们会打败他们的,”他说道，并用拇指指着地图上的普雷斯顿，“就在那里”。

11 月 13 日，他们果然在那里被打败了。

同一日，辉格党人阿盖尔公爵领导的政府军在苏格兰的谢里夫米尔迎敌詹姆斯二世党人的军队。这次战斗并未给叛军带来决定性打击，不过此后他们士气低落，逃兵不断。眼看大势已去，12 月某个天气恶劣的日子“觊觎王位者”登陆苏格兰海岸。他既没带来金钱，也没带来弹药，而是把叛军头目集中起来，用一艘法国轮船载着他们撤回法国。这场战斗失败后，一批人以叛国罪遭到审判，约有 30 人被处死。虽然起义军不堪一击，但英国政府对全国范围内反抗新政权的自发性力量深感恐惧，于是通过了《七年法案》(Septennial Act)，将本届下院的任期延长 4 年，并规定此后议会变成 7 年制。这是英国历史上对议会权力最大胆、最彻底的维护。之后，上院又进一步行动，提出了一项议案，规定国王册封的新贵族人数不得超过 6 人，企图永久维持辉格党在上院的垄断地位。然而此举太过露骨。在已经离开政府、已成为反对派领袖的罗伯特·沃波尔领导下，下院发起了猛烈抗议，他们不是反对削弱王权，而是反对这个永久阻止他们晋升贵族的决定。最终，他们以绝大多数的优势否决了这项议案。

此后，政权开始依靠怀柔手段：广施国王恩惠封官许愿；颁发星形勋章，提供闲职和养老金；灵活使用特工经费；给顺从的依附者在海关谋个差事；为非长子的子弟们在军队或教会里谋个差事；等等。就这样，辉格党控制了议会这台机器。尽管他们内部已经分裂，但对辉格党的寡头政治发起有组织的反抗仍是无望的。前两代乔治国王都专注于欧洲事务，对于英国内部政治漠不关心。博林布鲁克逃亡之后，托利党在议会内群龙无首。1715 年的叛乱使得政府可以更加轻易地将所有托利党成员归为詹姆斯二世党人和扰乱社会秩序分子。除少数几位特权人士之外，大家都被摈弃于政治权力和影响力之外，便转而去从事其他行业或者新的冒险活动了。

*　*　*

金融投机活动受到鼓励。英国政府背负着约 5000 万英镑的战争债务，从世界商业繁荣中获益的想法倒也不无吸引力。早在 1710 年，托利党政府就已特许一家公司在南太平洋进行贸易，并安排它接管了部分国债。这种关系让南海公司资产迅速增加。1720 年，一些董事向政府提出盘下全部国债的计划，当时的国债总额达 3000 万英镑。这个计划很快就散发出欺诈的恶臭味，但是政客们贪婪成性，不肯拒绝，毕竟这是个清除 25 年来全部债务的机会。据说花了 125 万英镑用于贿赂大臣和议员。在这一计划提交至下院之前，财政大臣、辉格党人约翰·艾斯莱比就购买了价值 27000 英镑的南海公司股票。面对金融界对手的崛起，英格兰银行坐立不安，于是开始争夺承销这笔巨额交易的特许权。然而，南海公司出价更高，击败了英格兰银行。1720 年 4 月，相关议案提交到了下院。声名日隆的罗伯特·沃波尔对此进行了猛烈的抨击："这个计划把我们民族的人才从贸易和工业上引开，转而去支持险恶的股票炒作；凭着可以获利的假象，诱使那些不审慎的人破产，为了追求假想中的财富而损失了长久积累下来的血汗钱。"他认为，成功与否都取决于南海公司的股票是否上涨，"这个计划的大方针是极其邪恶的；它要煽动和维持人们的盲目迷恋，承诺他们会从这笔不足以支撑这个计划的资金中分得红利，从而人为地拉抬股价"。然而，面对眼前的私利，议员们都被冲昏了头脑，在沃波尔发表言论的时候纷纷悄悄离开了。4 月 2 日，这项议案以 172 票对 55 票的多数获得通过。5 天之后，它又以相同的优势在上院顺利通过。上院的考珀勋爵将其比作特洛伊木马。

投机的狂热迅速爆发。3 个月内股票从 128 镑涨至 300 镑，数月之后又增至 500 镑。在股票经纪人和炒作者们响亮的呐喊声中，大量的公司孵化而出，其中有真有假。截至 1721 年 6 月，南海公司的股票已达到 1050 镑。沃波尔在他的私下投资中有幸大赚了一笔。伦敦的每一间咖啡屋里，男男女女把他们的积蓄投资给任何愿意接受他们钱款的公司。民众的盲目轻信已到了无以复加的地步。一家公司的创办人发行股票，声称要制造一种名叫帕克尔机关枪的新式武器，“这种机关枪能够发射圆形和方形的炮弹和子弹，将为战争艺术带来一场彻底的革命”，圆形炮弹用来打基督徒，方形子弹用来打土耳其穆斯林。另外一些公司的创办人还邀请人们投资海水淡化、生产永远旋转的轮子以及从西班牙进口公驴改良英国骡子的品种。其中最无稽之谈的莫过于这样一条广告：“我们公司正在进行某个拥有巨大优势的项目，不过不能有人知道这个项目究竟是什么。”这个和蔼可亲的骗子在康希尔设立了办事处专门接受认购。他的办公室被狂热的投资者们团团围住，而他在筹集到 2000 英镑以后，就卷款潜逃了。

政府大感惊恐，开始镇压这些小公司。南海公司巴不得消灭竞争对手，但这些小泡沫刺破后，就出现了暴跌。人们开始疯狂抛售。到了 10 月份，南海公司的股票跌至 150 镑。成千上万的人倾家荡产。买了马车的搬运工人和买了漂亮服饰的侍女们发现自己又沦落到了原来的处境。普通教士、主教、诗人和绅士发现毕生积蓄一夜之间全部付诸东流。每天都有人自杀。民众歇斯底里地疯狂追求财富的背后，隐藏着潜在的贪欲，盲目轻信的人们此时则叫嚣着要求复仇。邮政大臣服毒自杀，他的儿子时任国务大臣，幸亏恰好得了天花才免受指控。首席大臣斯坦诺普由于精神压力过大而一命呜呼。南海公司的董事们遭到逮捕，他们的财产被没收，分给了债权人。下院成立秘密委员会，调查这些惊人交易的性质和起源。南海公司的账目遭人破坏，残缺不全，不过委员会还是查出有 462 名下院议员和 122 名上议员牵涉其中。议会大厅里挤满了一批批狂乱的破产者，政府当场宣读《暴乱治罪法》。大家都对德国妇女的贪婪发出呐喊："我们被这些婊子给毁了——不，是又老又丑的婊子，连最好客的老德鲁瑞剧院里都不会招待她们的。"沃波尔助了一臂之力，提出计划，把南海公司大部分的资本都换成英格兰银行的股本，重组国债。除了南海公司董事们的财产之外，几乎已经没有资产再分给大批的债权人了。梦寐以求的一夜暴富在令人瞠目结舌的惨剧中结束了。在乱局中重塑秩序，这成了第一任英国首相的当务之急。

第8章
罗伯特·沃波尔爵士

“南海泡沫”的丑闻点燃了托利党人的希望。其政治势力东山再起的日子似乎为期不远了。辉格党政府名誉扫地，而流亡国外的博林布鲁克正信心满满地与国内的支持者密谋策划。集才华与刻薄于一身的罗彻斯特主教弗兰西斯·阿特伯里正在同流亡法国的詹姆斯二世党人秘密联络。政府的金融信誉暴露了汉诺威王朝的致命弱点。

在1721年崩盘的大恐慌中，只有一人能维护辉格党的垄断地位。他就是罗伯特·沃波尔，此人已是同代人物中最伟大的一位。他很快被晋封嘉德骑士勋位，下院受此殊荣的人寥寥无几。在马尔伯勒时代，这位每周狩猎5次的诺福克乡绅晋升到陆军大臣的显赫地位。1710年辉格党下野，沃波尔被关进伦敦塔，获释后成为下院辉格党的领袖。他担任副财政大臣已有3年，却在1717年与姐夫汤森双双辞职，以抗议某些辉格党人过分屈从乔治国王汉诺威式的外交政策。沃波尔亲眼见证了“弹劾萨谢弗雷尔”事件给辉格党带来的灾难，不愿重蹈覆辙。政治危机迅速结束，詹姆斯二世党人的阴谋也被迅速又隐秘地扼杀。依据《特别处刑法案》(Bill of Pains and Penalties),

主教阿特伯里没来得及施展他的雄辩之术和编写小册子的才能，就以叛国罪论处被秘密驱除出境。同时，沃波尔没有阻拦博林布鲁克回国。传闻阿特伯里在多佛碰见从法国回来的博林布鲁克,说了一句:“大人，我们现在互换位置了。”

沃波尔成为政府的首脑之后，立即着手重建财政工作。他担任第一财政大臣，或者说是财政委员，因为昔日的总财政大臣一职已经取消，权力移交给了一个委员会。南海公司认购的最后一笔国债由英格兰银行和财政部分摊。沃波尔在1717年设立并启动还债基金，设想每年从政府岁入中提取一部分偿还公债。不出数月，形势好转，在辉格党换了个方式的统治之下，英国恢复了安定。

*　*　*

实业家当政的国家，其政治氛围越发趋向于物质主义。沃波尔意识到，要想让自己的政府存在下去，就得避免可能使国家陷入分裂的重大问题。他知道英国庄园宅第和牧师的住所里的意见充满敌意，于是决定不去触怒它。

沃波尔在任命主教的问题上小心谨慎，让他朋友伦敦主教埃德蒙·吉布森巧妙操刀，借此加强了辉格党在上院的优势。沃波尔没批准全面容忍非国教教派的措施，担心政界会引来宗教争端。尽管沃波尔不愿意就原则问题大肆进行立法，但当支持他的非国教教派入职地方政府部门，违背了《忠诚宣誓法》时，沃波尔还是会加以周全，通过每年颁布《豁免法》(Act of Indemnity)来悄悄保护他们。只要托利党人势力稍有抬头之势，他就给他们扣上詹姆斯二世党人的严重罪名。但其实他本性不坏，纵使握着许多托利党政敌的生杀大权，他也从不用权力制造流血事件。

伯克写道："比起其他长期服侍过王室的大臣，罗伯特·沃波尔爵士更当不起系统性腐败的罪名。"他对追随者的美德无甚幻想；他只知道腐败之风到头来终有碰壁的转折点。与他打交道的人本性上不大会唯利是图，显然他们不是出于利益而是由于恐惧或者愤怒才会孤注一掷地选择投票。危机就像瘟疫，处理它就必须将其源头扼杀在摇篮里。另外，由于拨给德意志命妇年金以及拨给王室丰厚的年俸，沃波尔得以继续享受国王的宠信。

沃波尔志在稳固汉诺威王朝的江山以及确保辉格党在一代人内掌权。国内税收低，让托利党绅士忧心忡忡、时刻关注的土地税通过财政紧缩政策降到了1先令。国债逐渐减少，整顿关税制度、剔除不得人心的税务，这些手段刺激了贸易的增长。沃波尔同法兰西签订协约，奉行严格不介入欧洲政治的政策，从而避免了另一场战事。他像一名护士，细致周到地让国家休养生息，从安妮女王的穷兵黩武中恢复元气。然而，人们怀念过去的辉煌，嘲笑乔治一世时期的暮气沉沉。安定、繁荣与和平政策在他们心中激不起更大的涟漪，许多人准备攻击国内衰败的政治和英国不起眼的国际地位。

沃波尔执政的21年里，有股反对势力一直虎视眈眈，但它与睿智和成功都沾不上边。反对势力来自辉格党内部，他们要么不喜欢沃波尔的执政理念，要么无缘官职而心生疏离，而去同默默无闻的托利党人来往。那些默默无闻的托利党人，太有趣了！他们罗曼蒂克，沉浸在已经失败的事业中，依托这片国土，依托它的历史和它的丰盈，正如博林布鲁克汲取马尔伯勒的力量时赞誉他们是"英国的栋梁"，仍然是民族的核心。他们在野仍然保持着尊严、斗志和热情、传统情怀、旧大陆、以及逐年淡漠下去的幻想，他们心里还有名正言顺的国王。

博林布鲁克表态希望加盟政坛，但是沃波尔拒不让他重返上院。威廉·普尔特尼和约翰·卡特里特等年轻的辉格党人为聪明所误，不被允许在沃波尔所在的路线上一展身手。他们也无力削弱他对下院的控制，因为国王的封官特权掌握在他手里。挑拨二者的关系是唯一的出路。他们拼命拉拢德意志命妇，恭维和金钱轮番上阵。可是沃波尔动作总是先人一步，赶在政敌行动之前就满足命妇们的贪欲。议会中的反对派聚拢在威尔士亲王身边。从汉诺威家族的传统来看，父子之间向来不和，未来的乔治二世也不例外。沃波尔政府依靠国王；反对派们则指望国王的儿子。众人皆对王朝有所图谋。若非威尔士王妃卡罗琳（Caroline）鼎力支持，沃波尔难逃厄运。情况的确如此，1727 年乔治二世即位，沃波尔被打入冷宫一段时间。新王将他撤职，谁知反对派领袖未能组织起有效的政府。临时政府的挂名首脑还得请沃波尔代写乔治二世时代首届议会的开幕演讲词。由于深得卡罗琳的信任，沃波尔官复原职，地位比以前越发稳固。

心怀不满、野心勃勃的内阁成员或许抓住国王关心汉诺威王朝国务一事做文章，这个危险一直存在。他们会拥护国王内心珍视的事业——世代生活的故国，伟大的欧洲舞台，“大联盟”以及马尔伯勒的战争。插手欧洲政治的诱惑大到沃波尔身边的人无力对付。沃波尔野心不大：他只想维护和平，保住职务，玩弄权术，打发岁月。其他人却志在更具挑战性的主题上。为此，沃波尔被迫同他们争吵。姐夫查尔斯·汤森 1729 年末丢了官职，沃波尔随即与纽卡斯尔公爵托马斯·佩勒姆·霍利斯建立密切的关系，公爵禀赋欠佳，做事过于烦琐，好在领地广袤，选票充足。纽卡斯尔公爵之所以当上国务大臣，用沃波尔的话说，是因为“经历过一个能干的人在这个职位上造成的麻烦”，他就捡了个便宜。沃波尔的政敌戏称他是“首相”——这个带着光环的头衔起初是个贬义词。反对派成功的机会似乎是一去不复返了。聚集在博林布鲁克和博林布鲁克《工匠报》的资助者肯德尔女公爵（尚在人间的乔治一世情妇）身边的人年纪轻、才情高，动用一切智慧与挖空的手段，却撼动不了古板、冷静而腐败的沃波尔政府。

不料，一场风暴于1733年爆发。沃波尔建议税收官征收烟酒货物税，取代关税。此举针对的是侵蚀国库收入的大量走私活动。反对派口诛笔伐，国会议员淹没在信件堆里。民谣书籍和小册子偷偷塞进家家户户，全国各地组织起了大规模的请愿活动和群众集会。税收官的专横形象被示众。先编个故事梗概，然后添油加醋。每个英国人的家就是他自己的城堡。现在这个城堡将受到税收官的日夜骚扰，他们会来检查税金是否交齐。军队里到处流传说，烟草将涨价。据一位军官报告，他可以肯定自己的部队会反对“觊觎王位者”，但并不反对货物税。风暴席卷全国，惊动了下院中的执政多数派。他们害怕被驱逐出分配的圈地，因此贿赂不起作用了。唯沃波尔马首是瞻的多数派规模开始缩小；支持者像羊群一样溜出敞开的大门，离他而去。沃波尔败给了这一史上最不择手段的运动，撤回了税改计划。在下院差点发生分裂的事情过后，沃波尔说了一句名言：“这段舞跳不下去了。”他成功地从混乱中爬了出来，没有大肆报复，只是革职查办了帮助反对派的若干军官。激烈批评他的人自讨苦吃，反对派也没捞到长远的好处。

博林布鲁克失去了重掌权柄的机会，便于1735年再次退居法兰西。在野的辉格党人围在新任威尔士亲王弗雷德里克身边。亲王成为反对派的希望，可是反对派充其量只能为这个平凡的家伙增加一些年俸罢了。他们的傲慢使沃波尔感到，人们对他不出彩的管理已经不耐烦了。批评者中叫嚣最凶的是骑兵部队的年轻旗手威廉·皮特，他因参与攻击沃波尔而被免职。1737 年，沃波尔的坚定盟友王后卡罗琳逝世。全国上下包括下院开始有条不紊地反对这位诺福克乡绅长期把持朝政：沃波尔严厉且薄情寡意，他精于算计，中饱私囊（装扮自己的屋宇，尽管是小事一桩），嫉贤妒能，让国家死气沉沉、鸦雀无声。

反对派终于找到沃波尔掌权的要害，就是避开引起国家整体不安的任何争议。他们反对苛捐杂税的运动吸引了沃波尔无力掌控的民众力量，此事为彻底整垮沃波尔指了一条明路。沃波尔在下院和宫廷的小圈子里地位很高，但他的名字让很多人一听就生气，竟没一个人对他有好感。整个国家都不耐烦了。英国人不爱这种缺乏生机、平平无奇的繁荣。商业财富急剧增加，贸易额膨胀，但全国上下仍不满意。有一样东西缺失了：这种肯定不是詹姆斯二世党人的复辟情绪，这种东西肯定比丢官罢职的野心家、辉格党政客的不满还要深刻一点。英国民族的刚强性格和冒险精神在拖沓冗杂的政府统治下受到压制，得寻找发泄口。有时候，下院的会议一路开下去也没有一丝变化。

要推翻沃波尔的统治，只需要制造事端引发全国的情绪，到时候形成碾压之势；那些用贿赂手段没能彻底摆平的沉默议员们纷纷起来投票反对沃波尔。西属美洲殖民地的一系列事件打开了扳倒沃波尔政府的缺口。

* * *

1713年签订的《乌特勒支条约》规定，英国有权每年向新大陆的西班牙种植园输送一船黑奴。西班牙政府的工作效率极低，所以违约偷运黑奴易如反掌，所谓《贩卖黑奴协定》（Asiento contract）被搁置在一边，非法贸易在和平时期稳步增长。西班牙政府终于开始整顿和扩大殖民统治，英国船只在西班牙海域进行的非法贸易受到西班牙海岸警卫队的阻拦和检查。多年来，缉私队以落后的装备在西班牙殖民地海岸镇压偷运黑奴的活动（倒不是为了制止贩奴行为）均以无果告终。所以一旦他们在辽阔的海洋上截得一艘英国船只，就不会以礼相待。贩运黑奴的利润很高，伦敦商人遂向沃波尔施压，要他挑战西班牙的检查权。于是，英国同马德里开始了一系列谈判。

南海公司的董事们对西班牙殖民地颇感兴趣。镇压私运黑奴的行动于他们并无害处，但是《贩卖黑奴协定》规定，他们每年运输一船黑奴并向西班牙国王纳税，这是争议所在。公司濒于破产，董事们要借伦敦反西情绪的东风，免了纳税的义务。他们把1719—1727年短期战争内遭受的损失归咎于西班牙舰队。冲突还牵涉其他问题。遭到扣留和欺压的船只多半来自英国在西印度群岛的殖民地，因为那些殖民地长期在坎佩切湾和洪都拉斯湾采购木材。沃波尔和纽卡斯尔希望和平解决争端。1739年1月，英西双方在马德里磋商，初步达成《普拉多公约》（Convention of Prado）。濒临破产的西班牙也急着避免战争，做出许多让步，沃波尔代表英国商人提的索赔也急剧减少。但反对派通通不买账。南海公司被排除在这个初步公约之外，官方协商靠不住，它就自己同西班牙政府理论。5月份，西班牙终止《贩卖黑奴协定》，拒不支付《普拉多公约》规定的补偿金。

同时，反对派在议会中无端生事，攻击政府与西班牙的谈判。他们高谈英国的荣耀以及伊丽莎白和克伦威尔时代的伟大传统。国内有一股声势浩大的运动，充斥着民族偏见和情绪。一位名叫詹金斯的船长同西属殖民地有贸易往来，他被请到下院，拿出的瓶子里装有他的一只耳朵。船长坚持说，这是西班牙海岸警卫队搜查船只时割下的。被问及“你做了什么？”时，他的回答是反对派事先教给他的话：“我把灵魂交给上帝，我把事业交给祖国。”詹金斯的耳朵立即引得大众浮想联翩，成为引发骚动的象征。无论耳朵是否属于詹金斯还是詹金斯在海港斗殴时失去的，这都不确定，但这只已经萎缩的耳朵能量极大。普尔特尼煽动家们带头叫嚣着，世人戏称之为“爱国者”。反对派们不费心思去研究与西班牙的初步公约，而是直捣黄龙。正如沃波尔的一位拥趸写道：“爱国者连公约的一个字都还不了解就决定破坏它，煽动人民反对它，结果大获全胜。”正如不列颠驻马德里公使本杰明·基恩几个月后对沃波尔说的那样，“反对派发动了战争”。

西班牙人倒可以忽视英国议会中的好战派。但沃波尔和纽卡斯尔却无力忽视了。如果国家要向西班牙宣战，那么大臣们宁愿共赴战场也不会辞职不干。西班牙签订《普拉多公约》之后解散了海军舰队，以示诚意。英国在地中海的军舰得诏回国，可是威斯敏斯特风波以后，诏令在3月份就被收回。面对法国的敌对态度，沃波尔更加惊慌；不过他有条不紊地一点点作出让步。1739年10月19日，宣战令发布了。伦敦的教堂里传来钟声，民众们高喊着口号涌上街头。首相俯视着兴高采烈的人群，生气地说：“他们现在鸣钟宣战，不久就会扼腕惧战的。”一场激烈的大战就此开始，起初的对手只有西班牙，后来法国凭借波旁君主的家族协议卷入冲突。英国同她近邻决战的时刻来临，在而后不满一个世纪里她的近邻将经历查塔姆的辉煌时代、诺斯勋爵的蠢行、大革命的恐怖和拿破仑的浮沉。

正如沃波尔所料，在社会秩序大乱、行政管理失衡后，他的权力正一步一步脱手。海军严重缺员，作战连连失利。攻克巴拿马地峡上的贝洛港是唯一的胜利，归功于反对派的英雄弗农司令。安森上尉率领的小舰队满载切尔西禁卫军，驶入茫茫的太平洋就消失了，并未给西班牙人造成什么损失。安森一走就将近 4 年，其间他环绕地球，绘制航线图，训练出新一代的海军军官。同时，国内情绪高涨，伦敦发生骚乱。威尔士亲王四处奔走，政府的反对派夹道欢迎。他们嘴边挂上了新的腔调，用汤姆森响当当的话来说，就是“去统治吧，不列塔尼亚”。

1741 年 2 月，反对派议员塞缪尔・桑兹提出向国王上书，动议撤销沃波尔的职务。老首相以智取胜，不过这是他的最后一次胜利了。他向下院中的詹姆斯二世党人表态，甚至让其悟出自己支持他们复辟的态度。结果出人意料，詹姆斯二世党人投票支持沃波尔。用切斯特菲尔德勋爵的话来说，反对派内部“四分五裂”。但是根据《七年法案》，大选该举行了。威尔士亲王大肆砸钱买席位，威廉的弟弟托马斯・皮特运作他的竞选活动，康沃郡的 27 个席位落入反对派之手。影响选举的苏格兰伯爵们不支持沃波尔。议员们聚到威斯敏斯特时，“选举请愿书”击垮了政府（当时有争议的席位完全由下院从党派立场出发做出裁决），沃波尔辞职。这是 1742 年 2 月的事情。罗伯特爵士治理英国已有 21 个年头。他在下台前几天独坐数小时，一声不吭，心事重重，回想着唐宁街的岁月。他是进驻唐宁街 10 号的第一位首相。他完成了毕生的使命，让英国和平地确立了新教徒王位继承程序。他动之以情，晓之以理，使民怨沸腾的英国平静地接受了新政权。他建立了一个强有力的组织机构，靠政府封官制度得以生存和滋养。他监督着国家的日常行政，不受国王的干涉。1714 年后，若非重大场合国王就不再亲临内阁主持会议——此事意义重大，虽然事出偶然。安妮女王身体健康之时，常常在肯辛顿宫主持周日晚上的内阁会议。大臣们以个人名义对女王负责，同僚之间的义务可有可无。后来的乔治一世不懂英语，与大臣们用法语或蹩脚的拉丁语议事，大臣们的拉丁语是伊顿公学教的，已经记不得多少了。在失去挂名主席的内阁，沃波尔确立了自己在这个重要行政委员会的主导地位。他想凌驾于诸大臣之上，定下了规矩，由国王罢免不服从的同僚。但他没有构建大臣集体负责的惯例。他倒台以后，针对他的其中一个罪名就是，他企图成为“唯我独尊的首相”。

沃波尔为英国维持了近 20 年的和平。此时他作为奥福德伯爵进入上院。他一意孤行，垄断下院的政权，所有能人志士无不对他咬牙切齿。到最后反对派借他的政策煽动公众各抒己见，这正是他极力想压制的。他是英国历史上第一位伟大的下院领袖，倘若他在英西战争前辞职，也许堪称最成功的领袖。

第 9 章

奥地利王位继承战争和“1745 年战争”

反对派强加给沃波尔的英西战争，很快就演变成了欧洲大战。英国本想在西班牙海域和西属美洲发动海陆殖民战争，却发现自己已卷入欧洲大陆战争之中。1740 年，两位国王的逝世引发了这一战争。在易北河以东，一个正在崛起的普鲁士王国有了新国王——腓特烈二世，即后来的腓特烈大帝。他继承了王位和一支强大的军队，急于动武。他的野心是能扩张自己分散的领土，使其统一成为德意志地区最强大的国家。腓特烈二世有着杰出的军事才华和领导力，却又精于算计，且冷酷无情。很快他便获得了展示自己才能的机会。同年 10 月，哈布斯堡皇帝查理六世驾崩，将自己广阔的领土留给了女儿玛丽亚·特蕾西亚，却并没有让她继承帝位。皇帝得到了所有欧洲大国的承诺，那就是他们会承认玛丽亚有权继承奥地利、匈牙利、波西米亚和尼德兰南部。但腓特烈根本不买账，他攻占了位于他自身国土南部的一块地区，奥地利的西里西亚省。历来嫉妒哈布斯堡家族的法国，一直鼓励和支持着腓特烈，欧洲就这样陷入一场战乱之中，史称“奥地利王位继承战争”。

在英国，接二连三出现的问题让国王乔治二世苦恼不已，相比大不列颠王国，他觉得世袭的汉诺威侯国更亲切。他正确地估算了自己的侄子——普鲁士腓特烈的野心，十分担心普鲁士的下一次猛攻会吞并他自己在德意志地区的庄园。在伦敦，自沃波尔下台之后，乔治国王政府实际上由亨利·佩勒姆掌权，他是第一财政大臣。亨利的哥哥是纽卡斯尔公爵，一直以来担任国务秘书一职。他们靠巨大的领土财富和选举影响力维持着辉格党在下院的统治。他们擅长党派斗争,但却不精于处理外交和军事事务。纽卡斯尔非常了解欧洲,但谨小慎微且人微言轻，国内行使的封官权力于他而言比作战来得重要得多。乔治二世转而求助于佩勒姆的竞争对手卡特里特勋爵。在沃波尔统领下，卡特里特与那些自作聪明的人共患难，他被贬为爱尔兰郡军队总司令。罗伯特爵士的倒台使得他又重新回到了威斯敏斯特的公众视野中，通过支持国王在德国的利益而得宠，压倒了佩勒姆家族。卡特里特希望汉诺威和英格兰能够在欧洲保持并且促进一种权力平衡，觉得自己握有打开欧洲大陆迷宫的钥匙。他会讲德语,并且与德国君主私交甚好。他察觉到了普鲁士的威胁日益凶险,知道法普联盟将会给英国带来难以估量的危害。1742 年，卡特里特被任命为英国国务大臣，为了抵御法国、西班牙和腓特烈大帝的合流，他与玛丽亚·特蕾西亚协商了条约，并与荷兰人扩展了传统协议，答应给予奥地利财政支援，还准备募集一支军队来援助“匈牙利女王”，这是玛丽亚·特蕾西亚的自豪称谓。40 年前，英国曾支持她父亲查理大公赢得了西班牙王位。而现在大不列颠岛再一次跟奥地利王室联合起来对抗法国，这并不是最后一次。

不幸的是，卡特里特既无个人地位，又缺乏政治追随者来贯彻他的决定。他是个人主义者，不善于拉帮结派，单纯依赖着国王的宠信。很快，议会中充斥了对他的敌意，反对派中领头的便是威廉·皮特，他是老塞勒姆（Old Sarum）的一个古老无人区的议员。威廉·皮特的祖父曾经是印度马德拉斯总督，也是著名的皮特钻石的拥有者。皮特从伊顿毕业之后就参军了，他的司令官科巴姆勋爵曾因鼓动反对货物税方案而被沃波尔解职。这很快就宣告了这个年轻士兵军事生涯的终结，他随后跟着自己的司令官恩公加入了反对派。科巴姆勋爵是坦普尔家族的首领，并与格伦维尔和利特尔顿家族有亲。皮特与这批愤愤不平的辉格党密切来往，开始了自己的政治事业。他在支持英西战争的反对派活动中表现聒噪，并且无情地批判了纽卡斯尔的作战部署。

这一切确实令人惋惜，但是最主要的攻击却集中在战争蔓延整个欧洲上，反对派宣称这种屈服于汉诺威王朝影响之下的做法极不光彩，也不负责任。皮特发表了一场使人难堪的演讲，针对为征召汉诺威军队提供补助的提案，这又使得国王对其产生永久性的不悦。在另一场演讲中，皮特宣称如果沃波尔"因其胆怯而出卖了国家利益，那么现任首相则会因其堂吉诃德式的空想而牺牲掉我们整个国家"。这些对于卡特里特的攻击一样不受佩勒姆和纽卡斯尔欢迎。出于对这位杰出同僚的嫉妒，他们只想伺机除掉他，而一旦时机来临，皮特的雄辩和口才会被记住，会被奖励。

3 万英军在马尔伯勒旧部斯特尔伯爵的领导下在欧洲大陆作战。1743 年春，国王御驾亲征，幼子坎伯兰公爵随同一起离开了英国。联军主力一直集中在美因河流域，寄希望于把法军与其德军同盟分离。巴伐利亚也趁乱伺机攻打玛丽亚·特蕾西亚女王，巴伐利亚选帝侯靠着法国的支持，被宣布为神圣罗马帝国皇帝。这个帝国300年来第一次有非哈布斯堡王室称帝，但这到头来只是一段小插曲。诺阿耶元帅率法国精兵埋伏左右，目的是要将敌军与其荷兰基地切断，在开阔地上将其一举歼灭。靠近阿莎芬堡处，在德廷根村，双方军队陷入了恶战。法国骑兵急不可待，对联军左翼发起了进攻。乔治国王的战马脱缰而逃，但他下马仗剑，领着汉诺威和英国步兵冲向法国龙骑兵团。对方落荒而逃，有些人在横渡美因河时淹死了，法国步军也无力回天。4个小时的奋战之后，联军占领了那片区域。联军损失了不到2000人，法军则付出了两倍于此的代价。这是最后一次英国国王身先士卒，他的儿子坎伯兰公爵也同样在这次疾风行动中表现骁勇。一个年轻的军官目睹了这一切，他名叫詹姆士·沃尔夫（James Wolfe）。但是尽管汉诺威家族在战场上敢于厮杀，但缺乏运筹帷幄的才能，德廷根大捷并没有扭转战局。

战事慢慢平息，英国人和汉诺威王室之间时有龃龉，大家均不作为。德廷根大捷在伦敦暂时鼓动了民众士气，但民意却慢慢地坚定下来：反对继续欧洲大战。英国再次成了另一个大联盟的头领和军需官，法国和西班牙之间签署了一份新的波旁家族契约，情报局特工报告说，詹姆斯二世党人在巴黎图谋不轨，伦敦盛传法国要入侵。荷兰军队被快速调防舍尔尼斯。1744年底，卡特里特，也就是如今的格兰维尔伯爵被卸职了。纽卡斯尔再一次控制了政府，但他很难不去执行卡特里特和乔治二世强加在他身上的义务和要求，并且他也没有强大到可以迫使国王起用皮特。正如他对弟弟抱怨的一样，“我们一定不能由于掌权而忘记我们说过的要把格兰维尔伯爵永远赶出去”。

1745 年的战役中，国王封坎伯兰公爵为总督，统帅其欧洲大陆的作战部队。这个年轻的军官因在德廷根战役中的勇猛表现制造了他军事才能优异的错觉。他统帅军队的举动，就如同一个部下说的那样，“用兵极其凶残，令人震惊”。他得去直面当时的名将萨克斯元帅。法军一直集中攻打障碍堡垒防线，这是马尔伯勒征战过的熟悉战场，现在由荷兰人据守。萨克斯构筑了图尔奈掩体，再以方特诺瓦村为中心，在通向蒙斯的路边建立了据点。坎伯兰公爵领着军队呈战斗队形前进，冒着炮火挺进到距法军 50 步处。敌方近乎是英军数量的两倍，近卫掷弹步兵第一团查尔斯·海勋爵中校从前排出列，拿出了一个火药筒举起，向法国近卫部队致意，大声道：“我们是英国近卫兵，希望等我们攻上来时你们还能立正，而不是像德廷根战役里游美因河那样去游斯凯尔特河。”双方队伍里都发出了欢呼声，英国军队向前，距 30 步时法军开火。残酷的齐射也没能阻止联盟步兵的进攻，他们将法军赶出了阵地。几个小时里，法国骑兵试图突破联军的围困。坎伯兰公爵观察着法军的爱尔兰旅投入战斗，感叹道：“上帝诅咒让那些人与我们为敌的法律吧。”与他以往的言论相比，这可谓相当宽容。黑夜降临，坎伯兰公爵让军队整整齐齐地在前往布鲁塞尔的大道上撤退。

德廷根和方特诺瓦的两场战事或许都是无用的，但可以肯定，这是英军在 18 世纪中叶参与过的最值得称道的厮杀。无论如何，英国没有进一步参与奥地利王位继承战争。1745 年 10 月，坎伯兰公爵撤军，去迎战进攻英国的小“觊觎王位者”，而我们的大陆盟军则处处败北。唯一一个好消息是大西洋彼岸传来的，英国殖民者在海军舰队的支持下，攻陷了法国在新世界最强大的要塞。布雷顿海角处有着“北美的敦刻尔克”之称的路易斯堡，扼守着圣劳伦斯河口，维系着加拿大和法国的交通线，曾经花了法国100多万英镑修建。伦敦认识到了这一胜利的重大之处。“我们新收获了布雷顿海角，”切尔斯特菲尔德写道，“这成了整个国家的心爱之物，比直布罗陀还珍贵十倍之多。”

被乔治国王称作“鲁莽愚公”的纽卡斯尔，还处在困惑之中。他毫无任何战争政策可言，把卡特里特从政府里驱逐出去后，用那时候的老话说，现在势必要“扩大政府的根基”。佩勒姆政权是在辉格党家族的支持下建立起来的，是一个虚假的政权，但还是有它的优势所在。亨利·佩勒姆是极好的行政管理者，管理便捷，办事高效，但面对一次欧洲大战，他却不如沃波尔。纽卡斯尔用他自己那古怪异常的方式，把政府工作看作自身阶级的责任，但如何任职却没有清晰的概念。谢尔本伯爵，也就是后来的首相，是这样形容这对兄弟的：“他们具备掌握政府机构的才能，但却无力统治国家，唯有体面、正直，靠辉格党原则来管理这个王国……他们的优势是狡猾、善辩和教化人民；他们知道宫廷的魅力和诱惑所在；他们习惯于行政管理；他们长期以来都组成了党派……佩勒姆先生比他哥哥更能巧言善辩，后者更会哄骗而不是把自己的意志强加于人，还假装自己不那么善解人意呢。”

* * *

自从1707年合并苏格兰成立了不列颠王国之后，苏格兰内部就有诸多的不满。在那山高皇帝远的高地上，英国政府所下达的法令文书几乎难以执行；在苏格兰，人们还保留着对斯图亚特王朝和詹姆斯二世党人的忠诚。苏格兰人生活在山野田间，就像是山间里的部落成员一样，无法无天，部族间还是盛行着远古的对于掠夺和突袭的热情。联合并没有减轻苏格兰人的贫困。“时不时地，”莱基这样写道，“首领们会绑架男孩和男人，将他们作为奴隶卖给美国种植园主来增加自己微薄的收入。世代以来，懒惰捕食者的生活让苏格兰高地充斥着野蛮掠夺的恶习。一个很小的挑衅也会遭来流血的报复，首领和部族间凶猛的争端世代相传。一堆石头用来标记，，此地有苏格兰高地人倒下，子孙后代也就保留了关于争端的记忆。在战争中，高地人常常不留俘虏，他们的野蛮和无情俨然让他们成为邻居眼中的恐怖分子。”[1]

其余的苏格兰地区都遵守长老会教会的严苛制度，一群苏格兰高地首领统治者，无力联合内部、保持和平，却残留着好战情绪和浪漫荣誉的陈规陋习。

1715 年的起义失败之后，詹姆斯二世党人就一直偃旗息鼓，但一旦英格兰参与欧洲大陆战争之中，他们又开始活动。“老僭王”（詹姆斯·弗朗西斯·爱德华·斯图亚特）已经退休了，他的儿子，查尔斯·爱德华亲王深受身无分文的流亡者的爱戴，无论是在罗马还是巴黎，他们都簇拥着他。查尔斯·爱德华那帅气的外表和欢快的风姿使他的霸业更受欢迎。1744 年他寻求了法国政府的帮助，并在格拉沃利讷建立了据点。他想携法国支持去进攻英国的愿望破灭了，但并没有气馁和退缩，1745 年 6 月他从南特扬帆出发，带着一批追随者在苏格兰的西部群岛登陆，由此开始了一场英国历史上最鲁莽和最不负责任的事业。查尔斯几乎没有做任何的准备，他只能在占苏格兰总人口极小的苏格兰高地得到支持。那些部落随时准备战斗，却不愿被领导。军火和军费稀缺，苏格兰低地总是充满敌意，且高地军队又总是被痛恨。市民阶层将他们视为土匪，而城市都已经接受了汉诺威王朝的统治。

乔治·默里勋爵在格伦芬南带领的 1200 人举起了詹姆斯二世的旗帜。约翰·科普勋爵麾下约 3000 名政府士兵集结在苏格兰低地。叛军一路向南进发；查尔斯王子入驻霍理鲁德宫。科普在普雷斯顿潘战场迎敌，却被击溃。到了 9 月底，查尔斯继其父亲顺位，以“詹姆斯八世”的名号，统治了苏格兰的绝大部分地区；但他取得的胜利昙花一现。爱丁堡城堡忠于乔治国王死守不降，还时不时放冷枪。苏格兰民众无动于衷，但伦敦处在恐慌之中；不过，银行挤兑被银行用 6 便士硬币兑付打发了，大部分军队仍驻扎在佛兰德斯。

“幼僭王”查尔斯带领着 5000 人穿过了英格兰的边界。对抗他的是集结了的三大军队。韦德将军屯兵纽卡斯尔，坎伯兰公爵前往利奇菲尔德封锁住了通向伦敦的大道，若对方试图联合威尔士山区的詹姆斯二世党人，则随时可攻打西部。第三股力量在芬奇利公地安营扎寨卫戍伦敦，至今仍然活在贺加斯的讽刺画之中。国王可不喜欢这幅画，他常常将自己想象成一名武士，并觉得取笑士兵是不恰当的。

苏格兰高地人移动迅速，他们向正南方向进发，一路上掠夺盗窃，占领了卡莱尔、彭里斯、兰开斯特和普雷斯顿。随后，英格兰人归顺者少之又少，令人沮丧，他们寄希望于曼彻斯特的增援。进城时一个打鼓男孩和一个妓女在前面开路，四处招人入伍也才带来了 200 人，很多苏格兰高地人在南行的途中开小差回了老家。利物浦坚决支持汉诺威，自费装备了一个团。

那些部落首领坚决要求返回苏格兰，查尔斯听说了伦敦的恐慌，希望渔翁得利，但他弹压不了追随者。乔治·默里勋爵略施小计，诱使坎伯兰公爵离开了前往伦敦的大道，首都门户洞开。但如今已经是 12 月份了，英格兰人有制海权，法国方面没希望了；荷兰人和黑森人正在向英国派兵。伦敦拼命征兵。参加近卫军的，每人可以得到 6 英镑额外津贴。

在德比，查尔斯发出了撤退的信号。两天之后传来消息，威尔士的詹姆斯二世党人准备起义了。冬季行军开始了，奔向苏格兰北部边远地区。英军就像秃鹰一样紧跟，咬住叛军的后方和两翼。撤退中，默里展示出了非凡的技巧，在后卫行动方面，他的部队战无不胜。他们在福尔柯克掉头狠狠痛击了追兵一顿。但坎伯兰公爵有着日耳曼条顿人作战的周全性，他集中所有英军寻求决战，1746 年 4 月，克洛登沼泽地让斯图亚特王朝复辟的机会灰飞烟灭了。斯图亚特家族只能活在人们的记忆里了，成为感伤却无根无据的传奇，讲述着亲民和蔼的国王故事。坎伯兰公爵在战场上毫不留情，也因此获得了“刽子手”的遗臭万年的称号。查尔斯·爱德华随着几个忠仆逃离了沼泽地，化装成女子，弗洛拉·麦克唐纳帮他偷渡到了斯凯岛上，接着他坐船到了欧洲大陆，挨过了永久流放的生活。而那个传奇的女主人公弗洛拉·麦克唐纳，因其在这个过程中扮演了英勇善良的角色，一度被关进了伦敦塔。

英国政府这种无情的镇压恰恰表明了汉诺威政府对其政权的担忧，苏格兰高地人被解除了武装，封建残余被取缔了。詹姆斯二世党人也在英国政治生活中销声匿迹了。韦德如今已是陆军元帅，他把军用道路修到了苏格兰高地深处，在因弗内斯等地建了军营。最终，当七年战争爆发之时，皮特将高地人的战斗热情化为己用，帮他实现帝国梦。在沃尔夫领导下，苏格兰高地的军团在魁北克作战，给苏格兰带来了荣耀，至此也一直处在英国军队的前列。高地传统和詹姆斯二世党人的传奇存活在了沃尔特·司各脱爵士的浪漫小说里，时至今日，仍然还有一个白玫瑰联盟呢。

*　*　*

在叛乱危机发生时，佩勒姆发出了最后通牒，要求必须起用皮特，否则就集体辞职。1746 年 4 月，皮特成了军队主计官，一个在战时薪水颇丰的职位。按惯例，大家直言不讳，主计官可以将薪水余额转入自己账户，从中套取利息。另外，他可以在给盟国士兵上战场发放补贴时拿佣金，但皮特拒绝索要官方工资之外的一个铜板，一时舆论哗然。皮特靠直觉行事而不是三思而后行，赢得了中产阶级、金融城、新兴商业城和乡下世袭地产业主对他的信任和崇敬。皮特，一个天生的演员，通过这一姿态，吸引了人民的注意，而这在政治家里是史无前例的。9 年时间里，皮特学会了日常行政管理工作。欧洲大陆沉闷的战争，在 1748 年签署《艾克斯拉沙佩勒条约》（Treaty of Aix-la-Chapelle），即《亚琛和约》后正式终结了。这一和约并没有解决英法之间的任何事务，唯一的赢家是腓特烈大帝，他随心所欲地参战和退出战争，还保住了西里西亚。

皮特与纽卡斯尔就更新外交政策的必要性进行了旷日持久的认真讨论。他指出忽略普鲁士的危险所在。“我国乃至欧洲，”他宣称道，“如果没有长治久安就毁了；而没有普鲁士的干预，现在的联盟根本无力维持和平。”来自法国的威胁令皮特耿耿于怀，他的思路是在如今担任下属职位时明晰的。佩勒姆很高兴新人就位，“我觉得他是我们招募的人才中最能干的一个，且廉洁奉公”。但是皮特却焦躁不安，无力去左右或是批评他自己参加的政府部门制定的政策。通过偶尔的讽刺抨击，皮特杀进了政府机关，结果发现自己因君主不悦而处处受制。无法通过传统途径取得最高的政治权力，他必须通过唤起国人们的想象力来夺权。可是1748—1754年的和平间隔里，问题错综复杂，恶意密谋层出不穷，戏剧性的举措不可能出台。1751年，威尔士亲王弗雷德里克，这位反对派名义上的领袖去世了。皮特等年轻政客曾寄希望于这个无名之辈继承王位之后能够掌权。王储的去世削弱了一个潜在内阁的团结。1754年，亨利·佩勒姆期满去职，政府不堪一击，摇摇欲坠，皮特陷入了集团政治网之中。他如今已经是高级职位一个强大的人选了，他的政治盟友、科巴姆家族、格伦维尔家族和威尔士亲王残留的圈子在莱斯特府邸聚会支持他。但是国王却对皮特深恶痛绝，坎伯兰公爵也有自己的政治追随者，他成功地将皮特最危险的政敌亨利·福克斯塞进了内阁。

对威廉·皮特而言，政治上风生水起的希冀似乎已经走到了尽头。威尔士王妃的垂怜、纽卡斯尔忙不迭的允诺，抑或自身的政治团体的有限支持，并没有让他得到多少。皮特在自己写给利特尔顿的信中说："总的来说，大凡下院里的威望和分量来自一两个方面，国王的庇护或全国的影响，而全国的影响又一般产生于反对政府公共政策的活动。"他不得不走第二条道路了。他最终突破了政治领域的限制，也就是纽卡斯尔所一直沿袭的沃波尔那套管理国家的方法。而皮特打算重燃马尔伯勒的征战曾激起的英国人民的民族热情。他越过小团体的首领，直接面向全国人民呼吁，最终击碎了当代政客的脆弱结构，给政坛吹来一股强劲的务实之风。但福克斯这个善用政治手段的贪婪政客进入了政府，这让皮特感到很绝望。在下院发表了一场伟大的演说之后，皮特在1755年11月辞去主计官一职。

欧洲四大国摸索了两个月后，一场外交变革发生了。英国和普鲁士之间签署了一份和约，紧接着法国和奥地利也签署了一份和约，因此这是对联盟集团的彻底颠覆。英国发动了与法国的第三次战争，这一次，英方有了全新且强大的盟友，那就是普鲁士的腓特烈大帝，但是威斯敏斯特由那笨手笨脚的政府在主持局面。好战的坎伯兰公爵在战争初期指挥失当，给了皮特一次机会。丢掉梅诺卡岛后，全国群情激昂，面对这一国耻，政府也吓破了胆。坎伯兰公爵的心腹亨利·福克斯突然退休，政府怪罪于海军上将拜恩，是因为拜恩那装备不精的舰队没有替梅诺卡岛兵营解围。拜恩因怯战在他旗舰的后甲板上被枪毙，这是古往今来英国政府最严重的逃避责任丑闻之一。皮特曾经为拜恩向国王求情道:“陛下，下院更倾向于开恩。”“你已经教过我了，”国王回道，“要去别的地方寻求民意，而不仅限于下院。”皮特的时代就要到来了。约翰森博士曾经说过：“沃波尔是君王赐予人民的首相，而皮特是人民给予国王的首相。”但皮特从经验里学到，“全国性影响”缺乏议会支持是不够的，如纽卡斯尔公爵所拥有的那种影响。纽卡斯尔公爵面对群情激奋失魂落魄，知道在国家决定要他负责时，自己所有的关系、所有的封官权限都难以救赎他。两人党同伐异，皮特准备把打杂之事留给公爵处理，公爵也表态准备急流勇退，在皮特非凡成就的荣光和雄辩的口才背后过起了安稳宁静的生活。

第 10 章

美洲殖民地

皮特的上台以及他的运筹帷幄在世界性战争中取胜，将对北美的历史产生深远影响。现在我们必须对过去 150 年北美殖民地的发展一探究竟了。17 世纪上半叶，英国人大量涌入美洲。从法律意义上来说，英国人所定居的殖民地是归属于不列颠政府的特许区域，但殖民地并没有受到殖民政府过多的管辖，所以人们很快就学会了自治。在经历了国内的内乱之后，不列颠政府自顾不暇，就只能弃美洲殖民地于不顾了。尽管以克伦威尔为首的共和政权主张，在整个英语世界，议会权力至高无上，但其法令从未落到实处，而且共和民主的成果在王朝复辟之后荡然无存。但在 1660 年之后，母国政府有了新的明确思想做指导，在接下来的 50 年里，英国历届政府试图在美洲殖民地确保王权的至高无上，在其他海外领地加强王权并充分发挥保护作用，以期获取资金和实力优势。它们成立了专门的委员会来处理美洲事务，在卡罗来纳和宾夕法尼亚也建立了新的殖民地；还从荷兰人手中夺得了新尼德兰。在这些新领地上采取了预防措施，以保证英王的权威，还着力废除或者修改旧殖民地的特许权，但这一切只能造成英国与殖民地议会之间无休止的冲突。这些议会痛恨王权统一对殖民地行政的威胁。大部分殖民地议会是不动产占有者的代表机构，宣称并且享有与威斯敏斯特议会一样的权力、程序和特权。参与这些议会的人，大部分都是在对王权怀有敌意的传统中成长，他们的父辈面对暴政选择了流放，而他们将自己的行为与曾经英国议会同斯特拉福德[①]和查理一世分出来成为上下两院对抗的壮举等量齐观。抵制王权蚕食他们的贸易和种植园理事会，海外殖民地认为干涉行为无疑直接侵犯了原殖民地特许权所保障的权利，也是对殖民地既得利益的粗暴干涉。

长期以来，英国议会并没有参与殖民地与枢密院大臣的冲突中，冲突的焦点在枢密院大臣决心要终止美洲殖民地的自治。1682年，殖民地人民要求枢密院授予一个特许权，允许在西班牙领地佛罗里达边界的空地定居。但枢密院拒绝了，声称英王有令“不准在美洲建立任何新的独占殖民地，也不允许授予更多的权力，以防种植园越来越独立于王权”。詹姆斯二世时期，这种保皇倾向尤为明显，1685年，纽约成为皇家的一个行省，仿照法国在加拿大殖民地的模式，新英格兰诸殖民地联合而成为“新英格兰自治领”，主要是为了联合起来抵抗法国人的殖民扩张，但这一举措遭到强烈的抵制。1688年的英国光荣革命也标志了新英格兰自治领的土崩瓦解。

英国的行动并不全是出于自私。渐渐地，法兰西帝国主义的铁骑就赫然出现在英领地的前沿了。在路易十四的首相科尔伯领导的

---

① 全名托马斯·温特沃斯·斯特拉福德伯爵，17世纪英国资产阶级革命时期君主派代表，是英王查理一世的心腹。1641年因被议会指控犯有叛国罪而处死。

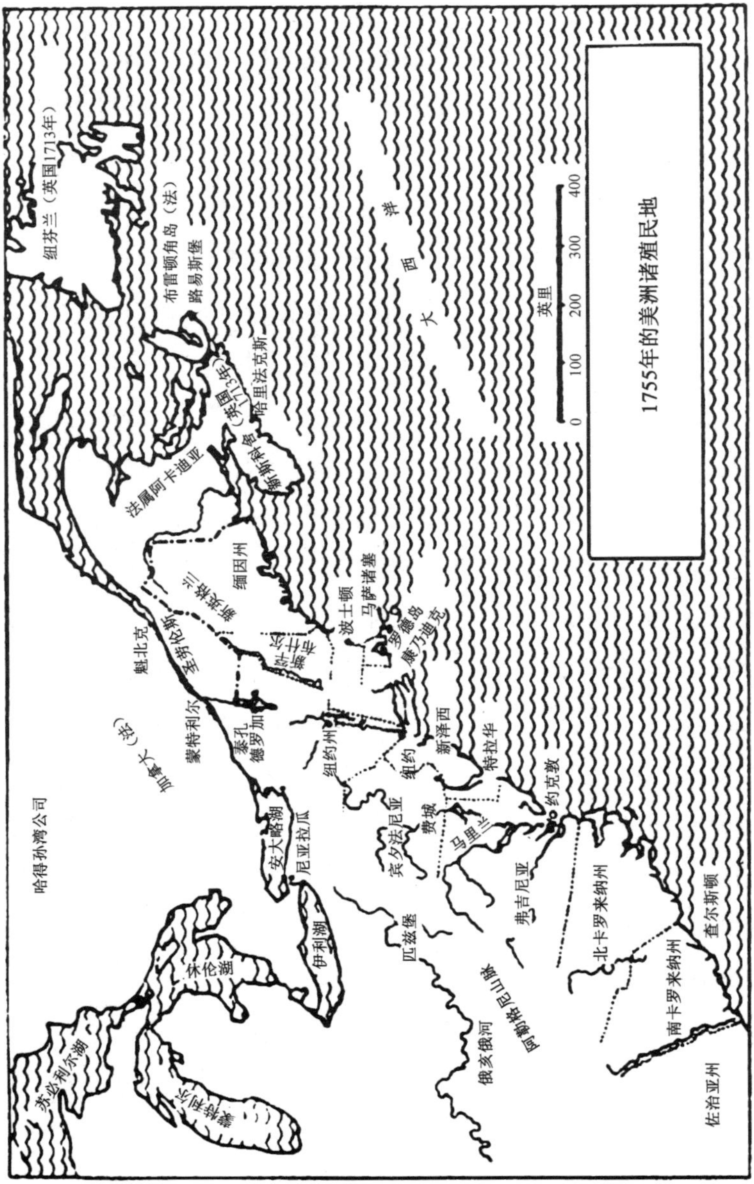

1755 年的美洲诸殖民地

改革下，法国的军力和经济得到了很大的提升，英国政客和商人的海外利益在全球市场中都面临法国的殊死竞争。他们看到在专制政府的中央集权支持下，法属殖民地和商业公司稳步建立。而面对着爱搞派系斗争的议会，怨声载道的殖民地议会和一大批吵吵嚷嚷的委员会，内忧外患的大英帝国如何才能消除这种威胁呢？

这一问题的答案富有务实精神：必须在伦敦对英属殖民地贸易进行规划协调，其中一个目标就是打造英国商船队，提供舰船海员储备，以备战争的不时之需。整个制度基于一系列法律法规，统称为《航行法》（Navigation Laws），也就是殖民地贸易只能用英国货船，由英籍船员负责运送到英国港口。殖民地禁止擅自搞外贸，以免阻滞英国海运的发展。另外，当时的经济理论也支持这些措施制约殖民地自主发展。关于贸易，当时盛行的观点是，贸易是基于自给自足和经济民族主义（也称重商主义）的欲望。一国的财富取决于它的贸易平衡，进口大于出口意味着黄金外流和经济疲软。国家的繁荣需要控制大量的自然资源，在这一方面殖民地对母国就显得十分重要了。殖民地必须生产基本的原料，例如海军所需的木材，并成为母国扩大制造业的消费市场。大英帝国必须是一个封闭的经济体，殖民地的制造业必须受到限制，防止帝国内部出现竞争，并且殖民地之间的贸易往来也要从严管制。简而言之，17 世纪的立法就信奉这种经济观念，在这种体制下，殖民地没有空间独立发展：殖民地必须维持原材料提供者和英国工业品接收者的角色。

但这一制度只是一纸空文，因为 17 世纪没有哪个政府能够在千里之外的土地上执行这一法令。美洲殖民地议会时有抱怨，但仍我行我素，机智地规避英国议会的束缚。1688 年的光荣革命改变了整个局势。迄今为止，殖民地一直把英国议会看作一起反抗英王的同盟军，但英国议会一旦在国内宪法斗争中战胜了英王，总有一天议会自身也会企图实施主权，凌驾于美洲殖民地之上。因西班牙王位继承战争，美洲殖民地与英国议会之间的冲突暂时被搁置了。由于同法国在欧洲大陆进行长期的斗争，英国不得不回避在其他地方碰触根本利益的争端，而寄希望于集中英语民族的资源来应付最主要的冲突，因此放弃在新大陆行使英国政府权威的所有努力。他们听任殖民地贸易和种植园理事会选边站，基本上让殖民地自行其是。

然而这种亲善姿态远远没有收到预期的效果，这里有足够多的理由。不管是从观念还是从传统上看，殖民地都已经与母国渐行渐远了。殖民地新生代已经继承了美洲的种植园，他们在与大自然艰辛搏斗中锻炼成长，在广袤无垠土地上迅猛拓展，从海边一路向西。他们决心保护自己的个体特色和特权。光荣革命的信条以及 17 世纪辉格党人的观点在美洲比在英国本土更加深入人心。美洲人年轻力壮，当他们每次利用资源发展的举措都遇到政策文件的障碍时，他们就不满于英国政府的任何重大举措。另一方面，尽管殖民地人们很快意识到了自身所具有的潜力和财力，但他们并没有很快组织起来。他们仍本能地忠于自己的族类，意识到法国的殖民统治已逼近他们的边界，他们和英国政府一样着急，希望息事宁人。他们甚至还积极参与征服法属加拿大的斗争。只是他们组织涣散，1711 年发动的远征归于失败，但是，美洲殖民地人民不单单嫉妒母国政府，还互相嫉妒，很快就相互攻讦，封闭孤立。

*　*　*

沃波尔执政期间，殖民地仍维持着这一局面，但沃波尔认为应不惜一切代价来防止摩擦。随着时间的推进，殖民地的人越发得寸进尺。18 世纪中叶，美洲殖民地议会对帝国政府的权威进行了猛烈的攻击，一心要使自己成为一个有主权的议会，成为诸殖民地内部统治最高权威，摆脱伦敦政府的所有干预和束缚。几任英国总督与诸殖民地立法机构之间多次斗争，双方都抱怨连连。英王将海外职位作为赐予其臣仆的肥缺和支持者的政府，因此整个殖民地政务都沾染了英国公众生活那种普遍的腐败气息。总督、顾问、法官等官员都由英王任命，遴选时很少顾及殖民地人民的利益。美洲史学家曾说过，“美洲是英国腐败议员和放荡朝臣的医院”。并非所有的英国官员都如此。特别是在美洲北部地区，总督大多来自主要的殖民家族，殖民政府中最能干的人通常来自这一社会阶层。但是殖民地内部也未免尔虞我诈，总督们往往在财政问题上特别有心无力，薪水由殖民地议会定，议员往往不肯投赞成票。长此以往，殖民地官员与议会之间积怨越来越深。经历了日常行政工作的扯皮后，殖民地出现了重大发展，但 1688 年光荣革命彻底改变的英国君主特权制度在新大陆依然盛行不衰。尽管殖民地议会一直试图照搬英国的政治模式，但他们四处碰壁，不仅受到书面宪章法律的制约，还有一些专门海关、机构和海军法庭都能在殖民地土地上行使管辖权。尽管英国政府试图避免对殖民地事务任何公开的插手，但殖民地事情还是越来越糟了。美洲仍被看作为英国提供经济效益的存在，大陆殖民地提供海军军需和烟草，西印度群岛则负责将糖料运到英国的港口。但美洲的实力和人口都在增长，已有迹象表明，殖民地的工业产品即将自给自足，要对英国封闭市场。早在 1699 年，英国议会就明文禁止在新世界设立工厂发展工业，尤其是新英格兰地区，经济发展空间越来越受限。美洲人只能通过将自己的农产品出售给邻近地区，卖给英国和外国在西印度群岛的领地，交换购买日益增多的英国舶来品。这一做法违反了《航行法》的规定，来自英国的经济压力逐年增加，贸易平衡越来越不利于殖民地了。到 17 世纪中叶，殖民地的年度贸易逆差已超过了 300 万英镑，殖民地商人们只能通过非法手段来拼凑足够多的现金。美洲的货币外流让英国在接下来的第一次世界性大战中维持了支付能力，伦敦金融城对此十分清楚，皮特也知道。在位于伦敦市政厅的皮特纪念碑上，仍可以读到他执政期间是如何通过战争来统一和振兴商业的。但这对新世界的影响却是严重的，美洲没有铸币厂，没有规范化的货币，他们滥发的纸币迅速贬值，每况愈下，而且英国商人们对殖民地信贷的不稳定抱怨不已。

*　*　*

18 世纪初，美洲 13 个殖民地的最后一个殖民地建立起来了，慈善家詹姆斯·奥格尔索普对英国监狱里小债务人的艰难处境痛心疾首。深思熟虑之后，詹姆斯产生了将这些人移民到新殖民地的想法。他向英国政府进言后，1732 年，托管理事会成立了，负责管理南卡罗来纳以南的大片土地。翌年，萨凡纳建立起第一个殖民点，一些小的庄园也开辟出来，还公开宣布允许所有的宗教活动，除了天主教。首批定居者就是英国的债务人，但新殖民地使欧洲许多地区的被压迫者有望开始新的生活。一群群犹太人接踵而至，随后是来自萨尔茨堡的新教徒，德国的摩拉维亚教徒，斯凯岛的高地人。名叫佐治亚的这个多语言社区很快就吸引了虔诚的传教士前来。在这里，约翰·卫斯理开始了他的传教活动。

这个地区一开始拥有的道德高尚氛围，很快就被世俗的争吵玷污了。佐治亚的定居者们就像其他殖民地的兄弟们一样，垂涎于朗姆酒和奴隶贸易。社区托管人也对自己的差事感到疲倦，并且还和萨凡纳崛起的商人们长期互生龃龉，最后导致这块土地的特许权被取消。1752 年，佐治亚正式由英国接手管理，这一殖民地也是母国在这片后来成为美国的土地上建立起的最后一块殖民地。来自英格兰的移民人数变得少之又少，新的人是来自其他区域的移民。17 世纪末，这里涌入了一群苏格兰和爱尔兰的难民，他们在家乡所做的工商业被英国议会的立法案扼杀在摇篮之中。这群人在新家形成了强大的仇英情绪，宾夕法尼亚持续有来自德国的移民，人口很快就达到了 20 万。勤奋而殷实的胡格诺派教徒因宗教迫害从法国逃难至此，不同殖民地的人群也相互流动，于是殖民地上生活的各个垦殖区连接了起来，人口很快翻了一番。广袤的西部地区给移民二代提供了家园，因为可以占有大片的土地，也催生出众多的大家庭。与原始环境的接触，也开阔了移民全新大胆的眼界，健壮独立的社会在周围环境的滋润下正在形成它独有的生活和文化。由来自宾夕法尼亚的德意志人和北爱尔兰人领导的西进运动开始了，开拓了一段翻山越岭寻找新土地的漫长旅程。他们由形形色色不同种族的人组成，与印第安人为邻的西部农场有着一群粗犷的开拓者和强壮的自耕农；新英格兰殖民地有着一群自信的商人、律师、乡绅以及商人的子孙。在美洲北部，这个多元的社会靠着一群卖身的奴仆和从英国城镇抓来的壮丁劳工支撑起来。在南方，因每年从非洲贩卖而来的黑奴而变得人数庞大。大部分的美洲人可能还没有意识到，其间欧洲正在发生的事已经开始影响到 13 个殖民地的命运了。

第 11 章

首次世界性战争

1756 年 11 月，皮特初次参加内阁做国务大臣时，腓特烈大帝宣称：“长期处于临产阵痛中的英国，终于生下了一位巨人。”

自马尔伯勒之后，还未见过这种事情。皮特在克利夫兰大街的办公室里运筹帷幄，策划了东起印度、西至美国的战争，并赢得了胜利。整个战争都依赖于这个人的能量，他独揽财政、行政、军事大权于一身；不允许别人与他平起平坐；他的地位完全取决于战场上的胜利，因此树敌无数。他不能容忍内阁同僚干涉他的工作，甚至不许他们出主意，也不同别人协商调停。他干涉财政，因此惹怒了纽卡斯尔和财政大臣。但在执行军事计划时，皮特却慧眼识珠。他撤掉无能的海军、陆军上将，换上了自己信赖的少壮派：沃尔夫、阿默斯特、康韦、豪、凯佩尔和罗德尼。这使得他无往不胜。

但皮特的成功并不是一蹴而就的。他曾反对民众鼓噪着要把约翰·宾上将交付军事法庭的做法。他与同僚格格不入，坎伯兰公爵幸灾乐祸，施加政治影响狠狠整他。伦敦金融城的商人们仍然对政府与普鲁士的结盟心生疑虑。1757 年 4 月，国王将皮特解职。

然而，那时皮特早已声震全国，他收到了英格兰的城镇和市政自治机构发出的深情表态——“金盒子劈头盖脸砸下”。在之后的3个月里，尽管皮特发号施令，处理日常事务，政府工作仍不见起效。直到6月份，一个稳定的战时政府才建立起来，之后4年，皮特的权力达到了顶峰。

然而，皮特并不局限于单一的战场。英国在世界各个角落主动出击，使法国无法集中力量，还打乱法国的作战计划，逼迫他们消耗兵力。皮特曾猛烈攻击卡特里特，因为他在欧洲发起了战争。但是他现在明白了，像他在18世纪40年代所主张的那种单纯靠海军在殖民地作战，是不能彻底解决问题的。除非在欧洲、新世界和东方打败法国，否则法国将东山再起。不管在北美还是欧洲，法国仍然处于上升阶段，是英国强大的海上对手。在印度，如果有欧洲国家能在莫卧儿帝国的废墟上站住脚，那它的旗帜会是百合花而不是圣乔治十字架。与法国的战争将是世界大战，历史上的第一次大战；而战利品将不仅仅是重新规划欧洲国界，还要瓜分要塞城市和加勒比海那些盛产蔗糖的岛屿了。

皮特是否具有这样的战略眼光，他发起的远征是否深思熟虑过，这些都是可以质疑的。此时与往常一样，他的政策像投影，把他锐意进取、支配一切的性格投射在大银幕上。他不顾冷遇与阻力，成功登上议会最前面的位置，如今运气、勇气和同胞的信任终于为他提供了一个舞台，让他施展雄才，也放纵了他的弱点。为了让意志消沉、无精打采的英国振奋、行动起来；为了把举国人力财力整合成一个战争机器，从欧洲多瑙河到美洲密西西比河都感到其威力；为了让波旁王朝黯然失色，让英国国旗在各大洋高高飘扬，实现征服和统治的目的而不计鲜血和黄金的代价——这就是皮特的精神，他还将这种精神传输给英国各个阶层，不管是海军上将，弹药手，富商还是小店主；他也把这种精神灌输给一线部队中最年轻的军官。他们觉得，在皮特的统帅下，失败可以原谅，但优柔寡断绝对不行；他还给参加过普雷斯顿潘斯战斗的苏格兰高地人传播这种精神，而他们正横渡大西洋，准备为过去在卡洛登战斗中大肆屠杀他们兄弟的君主建立一个大帝国。

英国在欧洲大陆只有一个盟友，即普鲁士国王腓特烈大帝，他正面对着奥地利、俄国和法国组成联合势力的包围。瑞典也有旧怨要报，旧账要算。腓特烈派兵迅速穿过萨克森进入波西米亚，试图打破这个包围圈。但 1757 年，他被赶回了自己的地盘；坎伯兰伯爵去保卫汉诺威和不伦瑞克，结果被法国人击败，拱手交出了这两地。俄国军队咄咄逼近，瑞典军队又出现在波美拉尼亚，梅诺卡岛早已陷落，蒙卡尔姆率军从加拿大直逼英属北美殖民地边界要塞。英国从来没有过一开战，前景就如此渺茫。皮特天降大任。他曾告诉德文郡公爵："我知道除了我，没人能拯救这个国家。"他遣走前来保护英国的外国雇佣军，不承认坎伯兰交出的地盘。冬眠的英国行政构架开始苏醒了。到了年底，幸运女神似乎认出了自己的主人，于是改变了立场。腓特烈靠着皮特年轻时曾口诛笔伐的补贴金支持，在罗斯巴赫击溃法军，并在洛伊特恩打败了奥地利军队。

继往开来，皮特及其国家迎来了几乎令人陶醉的辉煌年代。法国人被赶出了汉诺威，在东方阴谋中浑水摸鱼的荷兰人也被克莱武所制止，被迫在钦苏拉（Chinsura）交出他们的船只。英国再度占领布雷顿角。"伟大议员"的名字印在了宾夕法尼亚的匹兹堡的地图上。

法国在地中海和英吉利海峡的两支主要舰队先后战败。这两支舰队如果集中起来，本可掩护法军侵入英国。博斯科恩司令刚刚夺下路易斯堡，就奉命去监视土伦舰队。他在这支舰队溜过直布罗陀海峡时将其截击，5 艘舰艇被击毁，残余舰只逃进加的斯湾，受到封锁，失去了战斗力。3 个月以后，在 11 月一个狂风大作的日子里，霍克司令在一片暗礁密布、不为人知的海域打垮了法国的布雷特斯舰队。在此后的战争期间，基伯龙一直是英国的海军基地，英国水手在法国这块土地上种植白菜，以此消磨余暇，强身健体。但与此节节胜利的同时，沃尔夫在魁北克战败，只能让阿默斯特去完成征服加拿大的使命，而克莱武和艾尔·库特则在印度剿灭法军残余力量，更加辉煌的战利品似乎就要落入英国人手中了。皮特打算夺取西班牙的东印度群岛和西印度群岛，掠夺西班牙每年一次的运宝船队。可是，就在他事业的巅峰时期，世界的和平与安定似乎也近在咫尺时，内阁却不支持他，于是他辞职了。

*　*　*

有必要仔细研究一下这些胜利和失败的情况。在美洲，皮特面临着困难复杂的局面，英国殖民地的总督们早就意识到边疆之外的威胁。法军沿着阿勒格尼山屏障西面的水路前进，同北美印第安人结盟，企图把法国的殖民地路易斯安那同加拿大南北串连。这样一来，英国殖民点就会局限于沿海地区，并停止向西扩张。1754 年，战争爆发了。英国把布雷多克将军从英国派往北美，要他在阿勒格尼山以西重振国威，可是他的军队在宾夕法尼亚被法国人和印第安人打得落花流水。在这次战役中，弗吉尼亚殖民地的一位年轻军官乔治·华盛顿受到了初次的军事启蒙。新英格兰殖民地由于地处哈得孙河谷，容易遭到攻击。于是，争夺哈得孙谷口据点的斗争开始了。殖民地组织涣散，个个都想依靠本地的民兵击退印第安人和法国殖民者的进攻。除了不相信本国政府，它们没有达成任何其他共识。英国在美洲的殖民者已达100多万人，远远超过法国人的数量，可是他们鹬蚌相争、四分五裂，数量上的优势因此消失殆尽。多亏皮特巧妙斡旋，才取得殖民地之间的合作，但在整个战争期间，殖民地商人不顾英国政府的禁令和共同的利益，源源不断地向法国人提供一切必需品。

1756年，英国在美洲大大受挫，各条战线都是如此。大湖区唯一英军堡垒奥斯威戈丢了。1757年的战事同样不利。扼守圣劳伦斯湾的路易斯堡要塞曾在40年代被英属殖民地军队攻克，根据1748年的《艾克斯拉沙佩勒条约》归还了法国，如今英军又前去攻打。这支部队的指挥官劳登勋爵既无能又无进取心。准备进攻时，他在哈利法克斯集中了新英格兰殖民地所能派出的军队，从而使哈得孙河谷向法国人门户大开。谷口处有三座要塞：克朗·波因特、爱德华和威廉·亨利。法军在加拿大总督蒙卡尔姆的率领下，同印第安盟军一起翻过森林密布的山冈，冲过边界，包围了威廉·亨利要塞。那里的一小股殖民地驻军坚守了5天，最后被迫投降。蒙卡尔姆没能弹压住印第安盟友，以致俘虏惨遭杀戮。这幕悲剧深深刺痛了新英格兰人。这是劳登勋爵的责任。英国人没有保护他们，因为新英格兰暴露于法军威胁时，可以保护他们的军队却在哈利法克斯浪费时间。到了7月底，劳登看到路易斯堡坚不可摧，便放弃了拿下堡垒的努力。

于是皮特把精力都放在美洲战争上，整个冬天他一直在钻研地图，向军官和总督们发出指令，并拟定了1758年分3路进攻的战略计划。劳登被召回，由阿默斯特接管他的指挥权。阿默斯特将和沃尔夫准将在哈利法克斯海军的支援下，沿圣劳伦斯河上溯，前去进攻魁北克。另一支军队将在艾伯克龙比指挥下攻占哈得孙河谷入口处的乔治湖地区，在到达魁北克之前同阿默斯特和沃尔夫会师。第三路军队将在福布斯准将带领下从宾夕法尼亚出发，沿俄亥俄河谷而上，去攻打俄亥俄河和密西西比河沿岸法国堡垒群中的杜肯要塞。而海军舰队的任务是阻止法国援军离开法国。

此时，白厅当权者深谋远虑，指挥着这些战役。但在航海还处在帆船的时代，远在3000英里之外监督作战情况几乎是不可能的。阿默斯特和沃尔夫向加拿大北疆发动进攻，于7月攻克路易斯堡。但是从提康德罗加出发的艾伯克龙比被困在茂密的森林中，部队受到沉重打击，前进也受阻。而宾夕法尼亚方面的行动就顺利得多，部队攻克了杜肯要塞，将其改名为匹兹堡。可是英军兵力不足，组织混乱，被迫在那次战斗之后撤退。福布斯在给皮特的一份急件中愤然叙述了当时的情况："起初还自以为弗吉尼亚和宾夕法尼亚的军队堪当重任，但我失望地发现，除了主要军官当中的几个人之外，其余的军官皆是破产的旅店老板、赛马骑师、与印第安人打交道的商人，手下的士兵也无疑跟他们是一路货色，因为这些人本来就是各国来的渣滓，不可能有起色。……"这些话表明了英国军官和美洲殖民者之间缺乏了解，他们的关系逐渐恶化。

各路兵马的行动效果乏善可陈，而皮特仍临危不惧。他意识到必须联合发动从新斯科舍到俄亥俄河的全线进攻，零星地进攻法属地区不会有什么收获。于是1758年12月29日，他进一步向阿默斯特下达新指示，再次强调了必须切断法国的扩张战线。指示中还说："希望安大略湖畔的行动能推向尼亚加拉，也希望能想方设法在那儿立足，制衡当地要塞。这个行动如果成功，将大大有助于永久控制安大略湖，同时也会有效切断加拿大同法国南方殖民地的联系。"

指示中还详细论述了争取印第安盟军的必要性，不过阿默斯特对此并不上心。数月以前，他写信告诉皮特说，一大批印第安人愿意加盟，"他们是一群懒骨头，嗜酒成性，一无是处，不过当我们采取攻势的时候，他们或许有些用处。法国人莫名其妙地害怕他们，人数越多越害怕，这样看来，可能会有些作用"。让英国人庆幸的是，在英法殖民地之间的五大湖区附近占据重要位置的易洛魁六国联盟基本上是友好的，他们和美洲殖民者一样，对法国在俄亥俄河和密西西比河沿线的计划感到吃惊。

根据新的作战计划，来年海军将袭击法属西印度群岛，此外将以更加凶猛的攻势沿着圣劳伦斯河入侵加拿大，尽管英国人在这方面吃过苦头。1711 年战役以来，曾几次试图溯大河而上。沃尔夫报告说，海军对这项任务"非常反感"。这项任务确实冒险，但另一支部队将进行配合，重新沿哈得孙河向上游湖区的法军尼亚加拉要塞进攻。皮特在指示中曾强调这个配合行动的重要性。

这套作战方案成功了，英军在 1759 年威震世界。5 月，海军攻占了西印度群岛中最富裕的产糖区瓜德罗普岛。7 月，阿默斯特夺取了提康德罗加和尼亚加拉要塞，从而把美洲殖民地的边界推进到五大湖区。9 月，圣劳伦斯河的远征军攻击魁北克。沃尔夫趁着夜色亲自到河边侦察地形，唱着格雷的《哀歌》哄骗军官："荣耀之路，唯一归宿是坟墓。"陆海军巧妙配合，沃尔夫让部队在夜幕的掩护下偷偷登陆，沿着偏僻小路爬到亚伯拉罕高地的陡峭悬崖上。在这次战斗中，蒙卡尔姆兵败阵亡，加拿大的关键堡垒收入英军囊中。沃尔夫身受重伤，坚持到稳操胜券时才闭眼。他在临死时喃喃地说："感谢上帝，让我安心去死吧。"

然而英语世界夺取加拿大还需要再打一年的仗。1760 年 5 月，英国驻魁北克的军队围困一冬天之后得以换防了。经过艰苦谨慎的准备，阿默斯特率兵围攻蒙特利尔。9 月，该城陷落，法属加拿大的辽阔地区至此易主。这几年确实硕果累累。

法国舰队无所作为，这是这场战争的明显特点。假如它在 1759 年趁英国舰队集中在哈利法克斯的时候封锁纽约，就能够粉碎阿默斯特对蒙特利尔的进攻。假如它在沃尔夫和英国舰队动身前往圣劳伦斯河之后袭击哈利法克斯，就会破坏整个进攻魁北克的战役。可是现在为时已晚，英国已向新大陆派出了增援舰艇。1761 年，阿默斯特派兵去马提尼克岛。夺取又一个商业战利品之后，伦敦一片欢腾。霍勒斯·沃波尔在一封信中写道："我告诉你，皮特的雄辩征服了马提尼克岛。……罗马人征服世界用了三百年，我们征服全球只用了三次战役，而版图比罗马时代扩大了一倍。"

从此，英语民族在北美可以稳坐江山。皮特不仅夺取了渔业发达、同印第安人贸易频繁的加拿大，而且永远打破了法国要从蒙特利尔到新奥尔良建立一个殖民帝国的美梦，消除了威胁。可是他没有预见到，消除法国人的威胁将会导致英属殖民地彻底脱离大英帝国。

*　　*　　*

正是皮特的胜利促成了他自己的垮台。正如马尔伯勒和戈多尔芬在莫拉克战役之后面临日益强烈的厌战情绪一样，自 1759 年的大捷之后，成为政府内孤家寡人的皮特也遇到愈演愈烈的厌战潮流。对老百姓来说，他是“伟大的议员”，这个孤独的独裁者让他们浮想联翩。他突破了狭隘的贵族政治圈，以自己的实力和口才博得了他们的支持。他还打破传统，把下院作为向全国发表演说的平台。他演说措辞严谨、颇具古风，不仅针对纽卡斯尔公爵的尸位素餐者，而且面向广大的听众。他蔑视党派和党派组织，他的职业政治生涯诉诸的是个体。他强大的工作能力、聚精会神的作风使与之打交道的人都觉得疲惫不堪。他年轻时就患上痛风病，因此在战时政府严峻的焦虑中不得不与病痛缠斗。他很少费时见同僚，一切事务都由他的办公室办理，他自己只是每周同纽卡斯尔和财政大臣开一次例会，为执行他的战略计划筹措经费，为沃尔夫和克莱武拨给军费和援兵，给腓特烈大帝提供补贴。对他的傲慢态度和秘密行动，不仅政府内部有人不满，就连他以前的政治盟友威尔士王妃及其在莱斯特宅邸的圈子也与他为敌。小王储正是在他母亲和她的亲信比特伯爵的反对派观点熏陶中成长起来的。他们原来选中皮特作为老国王死后领导阳光灿烂的日子的人选，现在却视之为开小差的，认为他在 1746 年受聘官职是背叛行为。比特伯爵在这个未来的朝廷中占有亲近的位置，因而是皮特最危险的反对者，正是他煽动社会舆论和报界反对皮特的战争政策。

皮特的处境的确很艰难。他在印度和北美打垮了法国的势力，赢得了西印度群岛的属地。英国似乎已经如愿以偿。唯一剩下的问题就是对普鲁士许下的承诺不得人心。比特伯爵发现，要把这种厌战情绪转变为反对皮特的有效力量易如反掌。在皮特的同僚中，有些人出于正直的爱国之心，怀疑战争打下去是否明智，因为英国现在的战利品多得或许已经保管不了了，国威再次登上了拉米伊大捷之后所处的高位。打仗必须花钱，即使是无上光荣的战争，也会带来不可避免的后果。实业阶级和地主阶级担负着苛捐杂税，而股票经纪人和承包人却大发横财。皮特极力表明，如果不在欧洲击败法国，就没有永久的、舒心的和平安宁，可这也是白费口舌。假如在法国国力耗尽之前讲和，英国必然会重犯托利党人在乌特勒支犯过的错误，充其量只能为下一次较量赢得喘息的机会。皮特痛苦地意识到自己的处境，他的帝国战争政策太成功了，余下的只是为普鲁士提供高额的补贴金而遭万众唾骂。不过皮特知道，要彻底打垮强大的法国，这笔钱不可或缺。

1760 年 10 月，乔治二世驾崩。他向来不喜欢皮特，但还尊重他的才能。皮特也直言不讳："为国王效劳可以说是一种义务，但对于那些有此殊荣的人来说，却是世间能想象的最讨厌差事。"新君的态度就是敌视。乔治三世很明白自己想要什么，去往何方。他想当一位国王，当一位所有臣民都服从和尊敬的国王。在辉格党的长期统治下，下院已经成为不负责任的独裁机构。英国的自由权掌握在一位年轻、可敬、正直、看起来完全英国化的国王手中，不是比在通过拥挤腐败的下院统治国家的某个派系手中保险得多吗？就让他结束家族的统治，自选大臣，支持他们，并且永远结束政治生活中的腐败。可是在这样的君主体制下，像皮特这样的人将如何自处呢？他既不腐败，也不欠国王的恩典，全靠人民的支持和他个人对下院的控制。只要他还掌权，他就会和这个"恺撒"平分天下的。但他身不由己！虽然他对乔治三世本人及其王位毕恭毕敬，但两人心照不宣：皮特雄才大略，国王却才情有限。"幕后大臣"比特勋爵此刻在朝廷炙手可热，纽卡斯尔早就受够了同事盛气凌人的作风，不失时机地密谋推翻皮特。当时有传言，英法双方在海牙举行谈判，但谈判由于皮特拒绝抛弃普鲁士而中断。法国陆军大臣舒瓦瑟尔，正如 50 年前的托尔西，看出时机已到。他意识到皮特的权力地位正在下滑。1761 年，他同西班牙结成紧密联盟，同年 9 月，英法谈判破裂。法国在南北美洲有了西班牙的支持，现在可以在新大陆上重新恢复统治地位了。

皮特希望对西班牙开战会引起 1739 年那样的群情激奋，而夺取更多西属殖民地的机会可能引起伦敦金融城的兴趣。他向内阁提出对西班牙宣战的建议，结果孤掌难鸣。他对同事们发表慷慨激昂的演说："我一定对负责的事情尽心尽职，但绝不插手不掌管的事情。"卡特里特是被他打倒的老对手，如今已经成为格兰维尔勋爵，对皮特严厉抨击："这位先生谈到对人民负责，这是下院的惯用语。他忘记了在内阁里，他只对国王负责。"皮特无奈，只好辞职。

威廉·皮特和马尔伯勒同为 1689—1789 年间的英国伟人。卡莱尔写道："他当了 4 年的'英国国王'，这是世界史上的重要事实。"皮特并不是第一个思考全球战略并把威廉三世的政治观念扩大到世界规模的英国政客，但他是第一个英帝国主义的大人物。皮特还利用社会舆论影响政治，削弱辉格党几大家族的垄断地位。他的英雄时代至此结束了。他对各派势力命令道："要团结全民族。"5 年后，他将重返高位，那是在健康状况不佳的境遇下。在此期间，他以雄辩之才抨击着继任者的政策。

*　　*　　*

纽卡斯尔公爵没了皮特的威望作后盾，很快成了砧板上的肉，政权轻易就落入比特勋爵之手。比特除了拥有大量财富，控制着苏格兰选票，唯一的任职资格是当过王太后的侍从官。自白金汉公爵被暗杀以来，英国政权首次交给一个没有政治经验的人，他和议会的唯一关系只是 20 年前曾经作为苏格兰的上院代表短期参加过英国议会。对此，伦敦暴民以长筒靴子和衬裙组成的图案来表达他们对国王决定的不满。[①]

皮特辞职不到 3 个月，英国政府被迫向西班牙宣战，于是在西印度群岛等地又取得了一系列的胜利。英国舰队夺取了哈瓦那港，该港控制着美洲西班牙领地的贸易航线，也是运宝船队的必经之路。在太平洋，从马德拉斯出发的一支远征军突袭菲律宾群岛，占领了马尼拉。英国在海上和陆上成为外部世界的主人。可是这些战果基本上付诸东流。

在《乌特勒支条约》签订 50 年后，英国同法国签订了新的和约。比特派了贝德福德公爵到巴黎谈判具体条款。公爵认为，英国在地球上占的地方过多，会永远遭到欧洲联合势力和国家的攻击和不满。他主张对法国和西班牙采取绥靖政策，慷慨奉还所占领的土地。皮特则主张一次性削弱敌人的力量。他觉得，如果不把法国和西班牙锁定于不利的位置，就不会有稳固的、持久的和平，可是他无法参加和谈，只能猛烈谴责新和约，说它危害国家安全。

然而，1763 年签署的《巴黎和约》给英国带来了巨大的收获。在美洲，英国将加拿大、新斯科舍、布雷顿角及其毗邻岛屿尽收囊中，还得到了密西西比河上的航行权，这对于同印第安人发展贸易十分

① 长筒靴子代表男人，衬裙代表女人，比喻裙带政治。

重要。而在西印度群岛，格林纳达岛、圣文森特岛、多米尼加岛和多巴哥岛也归属英国。还从西班牙手里接收了佛罗里达，在非洲则保留了塞内加尔。而在印度，东印度公司保留了它征服的辽阔土地，虽然有些通商口岸归还了法国，但法国在印度次大陆的政治野心彻底受挫，此事详见后文。在欧洲本土，梅诺卡岛归还英国，敦刻尔克的边防堡垒也终于拆毁。

史学家们对这份确立英国为大英帝国的和约大加吹捧，自然就忽视了和约的战略弱点。和约充分反映了贝德福德公爵的方针。法国的海军力量丝毫未动，收回了美洲圣劳伦斯湾的圣皮埃尔岛和密克隆岛，也获得了纽芬兰沿岸的捕鱼权。这些地方是法国海军的摇篮，常年雇佣约 14000 名固定人员，商业收入每年达 50 万英镑，可以成为海军基地或者走私法国货到加拿大丢失的那个省。在西印度群岛中，这次战争最富庶的战利品、盛产食糖的瓜德罗普岛也归还法国，一并奉还的还有马提尼克岛、贝尔岛和圣卢西亚岛。瓜德罗普岛非常富饶，英国政府甚至想过保留该岛而把加拿大归还法国人作为交换。上述诸岛也是攻打英国的绝佳军事基地。

西班牙重新得到加勒比海上的战略要冲哈瓦那港，并且收回了对华贸易中心马尼拉。如果英国人把它们留着，那么法国和西班牙的舰队就能一直任其摆布。尽管皮特极力反对，但非洲的戈雷岛还是归还了法国，那是东印度贸易航线一侧武装私掠船的基地。而且，《巴黎和约》没有考虑到腓特烈大帝的利益，所以这位盟友只好自谋生路。腓特烈大帝认为这是一种背叛，为此决不原谅英国。很长一段时间内，普鲁士王国的领袖们对此事耿耿于怀。

这些条款与国内的希冀相差甚远，虽然人们都渴望和平，但议会是否会予以批准，似乎存疑。必须不惜一切手段来保证这个和约获得多数通过，这些手段早已为人们所熟知，各式各样的议会操控手段都被用了个遍。反对政府的上、下两院议员丢掉了他们好不容易获得的职务。皮特抨击《巴黎和约》，预言战争将再次爆发，可是毫无效果。和约以 319 票对 65 票获得批准。绥靖和妥协的潮流占了上风。皮特的工作遭到肆意破坏，但他看法悲观却蕴含历史的真理。他发现和约的条款中埋藏着未来战争的种子。“这次和平并不保险，因为敌人又恢复了以前的强大地位。这次和平也并不理想，因为我们得到的土地少于让出的土地。”

第 12 章

与美洲的争执

乔治三世即位，给英国的政治生活带来了巨大的变化。不论在理论上还是法律上，君主对制定政策、挑选大臣、任免官员和财政支出仍有决定性的权力。数百年来，君主的个人行为在许多其他领域同样有着深远的影响，并受到广泛认同。到了汉诺威王朝登基，英国王权才开始主要由议会的辉格党大臣们来行使。沃波尔和纽卡斯尔拥有的权力远超其他大臣，几乎相当于摄政王。他们及其拥趸能够手握大权近半世纪之久，取决于很多因素。乔治一世和乔治二世都说外语，其观念、教养和意气都与英国人大相径庭，他们的朝廷是德意志人的朝廷。不仅如此，两位国王的兴趣追求集中在汉诺威和整个欧洲大陆。此外，他们的王位是靠辉格党人打下的。时过境迁，如今乔治三世是个（抑或是他自己认为是）土生土长的英国人。总之，他竭尽全力成为一个地道的英国人。他在英格兰受到母亲和比特伯爵的精心教育，后者是个苏格兰人，其政敌认为他是托利党人。乔治三世最早被记录下来的创作，是他年少时写的关于阿尔弗雷德大帝的文章。据传，母亲对他说：“乔治，要做好国王。”乔治则谨遵母训。从长远来看，他在位期间在中心问题上的失策，对英国的最终解放或许是不幸中的大幸。随后灾难接踵而至，议会制度应运而生，沿用至今。但是，这些灾难规模空前，影响深远——乔治三世死时，美洲殖民地已经独立于联合王国，早期的大英帝国已经崩塌，他自己也已精神失常。

即位之初的一派盛世景象，正是恢复王权的良机。一旦汉诺威王朝的王权受到挑战，辉格党人就能斥以詹姆斯党人的骂名把托利党人逐出内阁。但 1760 年，斯图亚特王朝的“觊觎王位者”彻底失败，汉诺威王朝的继承权已无任何争议。乔治三世在反对辉格党专权的保王主义和高涨的爱国主义情绪中登上王位。拥护托利党的大批“乡村党”最终归顺君主，国内曾仇视辉格党家族贵族式独断的人士全都团结在国王及其周围。因此，乔治三世得到许多“国王之友”的拥戴。这些人忠心耿耿，野心勃勃，迫切想要帮他“赶走老帮派”。乔治三世和比特伯爵开始解决这个问题。1761 年，英国各地开始大选，于是纽卡斯尔部分丧失了赐予官职的权力，新国王把许多官职赐给他的支持者们。3 月，比特伯爵被任命为国务大臣。翌年春天，纽卡斯尔遭罢免，此举让他满腹牢骚。新国王即位不到两年，“国王之友”已经把持下院。他们不是现代意义上的政党，但不管国王任用什么样的政府，他们几乎全力支持。王室再次在政治生活中有了一席之地，乔治三世年轻有为，对辉格党人以牙还牙。不过，直到 1770 年他才牢牢掌握了英国的政治机器，此前很长时间都未能找到可靠的股肱大臣。

* * *

乔治三世在位的前十年，议会各派势力相互倾轧，混战不断。

一些派系认清了新形势，一些派系则消极抵制国王的新政策。面对派系首领们的论战，乔治三世愤怒不已、迷惑不解。皮特坐镇在议会，闷闷不乐，但“人脉尽断，无人问询”。不少人认可约翰逊博士看待苏格兰人的观点，而已经触犯众怒的比特于 1763 年初下台。继任的乔治·格伦维尔是个十分固执的律师，有贝德福德公爵做靠山，后者选举实力可见一斑。有一人化名为“朱尼厄斯”在信中写道:“我敢说，他收买并出卖了全国一大半代表的诚心。”格伦维尔不甘屈居“幕后大臣”，但还是恋栈了两年，对于美洲殖民地的疏远，他负有不可推卸的责任。

其他冲突也层出不穷。1763 年 4 月 23 日,《北布立吞人报》(*The North Briton*) 抨击大臣们是“专制和腐败制度的工具……他们把不和谐的精神散布全国，我预言，只要他们不放权，这种精神就不会熄灭”。该报还指责了格伦维尔内阁，称其只是不得人心的比特勋爵的影子。作者暗示,《巴黎和约》的谈判并不光彩，而且其中有诈，国王就是关联方。乔治三世勃然大怒，一星期后，国务大臣下令追捕《北布立吞人报》的作者、印刷者和出版者，这些人均未署名。当局闯进报社大肆搜查，追缴报纸，逮捕了近 50 名疑犯，其中有议会议员、花花公子约翰·威尔克斯，他被投进了伦敦塔。他拒绝回答问题，声称逮捕令不合法，提出议员的豁免权。顿时激起全国轩然大波，没有确切罪犯的“一般扣押令”是否合法，成为涉及宪法的首要问题。威尔克斯被指控煽动诽谤政府罪，褫夺公民权。然而，当他重新竞选议员时，成为全国关注的焦点。思想激进的伦敦人欣赏这种与政府对立的态度，1768 年 3 月，威尔克斯当选为米德尔塞克斯的议员。次年 2 月，下院罢免了他的议员身份，并开展补缺选举。

他再度参选，获得 1143 票，而政府推举的对手只得了 296 票。伦敦人民燃起篝火庆祝，然而议会宣布选举无效。威尔克斯戏仿诗人蒲柏的《人论》印刷了淫秽的《女人论》，因此再次深陷囹圄，却成为伦敦市的偶像。最终,而他在米德尔塞克斯的竞选对手宣告合法当选。威尔克斯于 1770 年 4 月获释，当天伦敦灯火通明，以示欢迎。经过旷日持久的斗争，他当选伦敦市长，重返议会。

18 世纪整个机制的腐败就此暴露在公众的视野中。下院拒绝承认威尔克斯的议员资格，就等于否定了选民的自由选举权，把自己塑造成了封闭的特权机构。不过威尔克斯的事业在英格兰有了最有力的支持者——皮特。皮特已经获封查塔姆伯爵，他曾竭力抨击“一般扣押令”和政治腐败，主张增加各郡的议员席位，以便扩大选民人数和减少自治市里易出现的舞弊现象。他的演讲俨然是 18 世纪议会改革的先声，但历时多年，才有所成效。

人们对“一般扣押令”的强烈谴责,直接导致法官们就个体自由、政府权力和言论自由等问题发表了重要声明。威尔克斯等受害者起诉签发扣押令的官员，法官最终裁定扣押令非法。官员们辩称自己有豁免权，他们是奉令行事。首席大法官卡姆登勋爵驳回了这一冠冕堂皇、阴险狡诈的辩护词，其判词至今仍是法治领域的至理名言:“针对国家利益的观点，政治罪与其他罪行相区别的观点，在习惯法中并无依据，我们的法典中也没有提到这种区别。”如果大臣下令做了违法的事情，那么他和下属应该与平民一样在普通法院受审。闯入威尔克斯家中夺走文件的次长和逮捕印刷商的钦差属于擅闯民宅，应予制裁。他们犯了非法监禁罪，所以陪审团判定给予受害者巨额赔偿时，法官不予干预。威尔克斯从国务大臣手中拿到 4000 英镑的赔偿金，另一名起诉者只被拘留几个小时，还请吃牛排喝啤酒，也领到了 300 英镑的赔偿金。首席大法官说："原告受到的伤害轻微，其本人地位卑微，所以在陪审团看来，与审判时涉及臣民自由这些重大法律问题相比，实在是小巫见大巫。"

这确实是针对恃强凌弱的大臣和唯命是从的官员的致命武器。《人身保护法》确实可以保护臣民免受非法逮捕，至少能保证他们迅速获释，但有关非法监禁的民事诉讼却击中了当局的痛处——中饱私囊，而陪审团可以拥有随心所欲地酌情评定赔偿费金额的权力，可以严厉威慑胆敢以"国家利益"为由冒犯社会舆论之人。这个教训刻骨铭心啊。即便在后来，在同拿破仑斗争的黑暗岁月中，英国政府被迫不择手段镇压真真假假卖国贼的时候，由于受到严格限制和议会的警惕监督，政府也无缘侵犯个人自由。直到 20 世纪两次世界大战期间，大臣才能言出法随，下令监禁本国人。

出版自由和言论自由在不知不觉中逐渐形成，同样是按部就班，只不过成效很大。远在乔治一世继位之前，议会就已拒绝让《许可经营法》（Licensing Act）延期，星室法庭执行的审查制度最后遗迹因此不复存在。从此，无须政府或者任何其他人的允许，英国人普遍地可以用文字形式发表自己的见解。议会此项决定，并非出于其原则的道德制高点，而是因法案事无巨细而造成颇多困扰。因此，英国的出版自由并非有意确立，而是出于一些无关紧要的原因而得到允许。不过，公民可以无须批准而发表看法，并不意味着可以畅所欲言。如果有人发表诽谤性、煽动性、亵渎性或者淫秽的言论，或者有其他违法行为，事后仍要追责，这便是对言论自由的限制，且至今仍存在。言论自由的边界是由众多刑事民事过错的定义划定的，这些定义按照后代的要求不断扩充，扩充后的形式按照判例原则得以确认，却变成向某些方向紧逼式挤兑法律了。如此严酷的法律，常见的补救措施就是检察官应做到明察秋毫，而不是唯法认死理、抠字眼。不过，当群情激奋之时，仅仅如此还不够，例如在 18 世纪实际政治中，面对群体事件，抨击政府的人往往以诽谤罪上了被告席。后来因为陪审团的权力大，是否指控为诽谤罪的才被认定。多年里，在许多审判中，人们力主要求陪审团不仅应该认定被告是否发表了被指控的言论，也要认定此番言论是否属于诽谤。此观点最终列入福克斯的《诽谤法》（Libel Act）。由此在每个案子中，法律条文的字面含义交给陪审团审定。所以在 18 世纪末，可以说“人人可以发表十二位同胞认为无过失的任何言论”。约翰·威尔克斯对此功不可没，历史会认可这一点。

*　*　*

此时，同美洲的争执开始占据英国的政治舞台。七年战争结束，大片领土落入英国王室手中，从加拿大边界到墨西哥湾的整个美洲殖民地腹地归英国所有。对新领土的分割加剧了英国与殖民者的矛盾。乔治·华盛顿等许多人都成立公司，意图向印第安人购买这些边疆土地，但是英国王室公告限购，禁止其定居。华盛顿等人无视禁令，并且写信叮嘱其土地经纪人：“拿下国王份额内俄亥俄河畔最有价值的土地。虽然现在有禁令，不得定居，但我想，过一段时间此事可成。这道禁令除了是安抚印第安人的权宜之计之外，我看不出什么其他意义（请勿外传）[1]。”英国政府想要调控新土地的这个企图，引起了庄园主们的强烈不满，中部和南部殖民地的庄园主尤甚。

乔治三世还决定，让殖民地分担帝国开支并参与新大陆的卫戍。

此项要求可谓有理有据：英国在同法国的战争中出了大部分人力和财力，保护殖民地，乃至维护他们的生存。但是英国政府采取的方法过于鲁莽，收效甚微——对殖民地的进口货物征税，1764 年议会强化了《糖浆法案》(Molasses Act)。这项法案原于 1733 年通过，用于保护西印度群岛的甘蔗种植主，它确立了西印度群岛在帝国甘蔗贸易上的垄断地位，并规定对进口商品征收重税。殖民者们长期逃税，他们需要赚钱还英国债权人的债，而获得硬通货的唯一办法，就是用他们的货物交换法属和西属西印度群岛出口的糖浆。此项新规定对殖民地是沉重的一击。有商人表示："议会强制限购，我们就没有出路了。不知道如何利用我们的船只，因为在本地岛屿没有销路，在外地又换不到有回报的东西。"

大西洋两岸对这结果都不满意。英国政府发现加税未能进账多少钱，而英国商人早就担心其美洲债务人的困境，不希望殖民地金融失稳。间接贸易税收效甚微，格伦维尔和他的副官查尔斯・汤森向司法官员们咨询殖民地征收直接税的问题，得到认可。格伦维尔遂提议殖民地所有法律文件上贴印花税票征税。殖民地驻伦敦代表得到通知后，便写信同美洲各地议会讨论方案。虽然殖民者一直反对缴纳直接税，但是此时却没怎么抗议。1765 年，议会通过了《印花税法》(Stamp Act)。

除了两处，印花税并没有造成沉重负担。法律文件上的印花税并不会带来大量收入，英国每年的印花税总额为 30 万英镑，扩大到美洲殖民地则只增加 5 万英镑。但法案规定对报纸征税，其中许多记者是美洲激进派的极端分子。而殖民地商人也很沮丧，因为印花税必须用金条缴纳，而弥补对英贸易逆差本来就需要金条。这一纠纷激化了美洲的极端分子，使其趁机尝试有组织的反抗。未来的革命领袖脱颖而出，有弗吉尼亚的帕特里克·亨利、马萨诸塞的塞缪尔·亚当斯和南卡罗来纳的克里斯托弗·加兹登等，他们抨击政府政策的合法性和大多数美洲商人的懦弱缄默。一小股有组织的激进势力开始出现。虽然殖民地呼声很高，代表们怨声载道；美洲召开了《印花税法》大会，却意见不一。分发印花税票的人遭到袭击，他们的办公室和家宅遭到洗劫，皆出于少数商人和年轻律师之手，这些人煽动没有选举权的暴民，以达到抵制印花税的目的。英国商人的反对行动卓有成效，他们发现法案危及他们收回商业债款，于是抨击它违背帝国的真正贸易利益、威胁殖民地财力。

*　*　*

乔治三世的性格对事态的影响举足轻重。他是最勤勉的英国国王之一，了无生趣，毫无造作之态，一副安贫乐道的自耕农形象。但是他有汉诺威人的头脑，极度擅长掌握细节，对重大问题、大政方针是成事不足、败事有余。乔治三世一身道德勇气，却顽固不化，使得他的政府作风越来越强硬。他对美洲最终脱离英国负有很大的责任，对于那些害怕强硬政策会带来后果的人，他根本不理解。他坦率地表示，“我极其震惊，发现我的臣民竟然会鼓动某些美洲殖民地人的造反情绪。但我完全相信议会，国家的议会有大智慧，我将始终实行他们推荐的措施，支持大不列颠宪法规定的权力，保护王国的商业利益”。

如今乔治三世已经在格伦维尔朋党的揽权下备受煎熬，看到国内越来越乱，民怨沸腾，不禁大惊失色，终于意识到自己疏远辉格党贵族的做法何其愚蠢，因而寻求和解。1765 年 7 月，善良腼腆的辉格党人罗金厄姆侯爵对乔治的行为深感不安，便开始组阁。他的私人秘书是一个年轻的爱尔兰人，名叫埃德蒙·伯克，此人在文坛上声誉斐然，是公认的优秀作家和演说家。伯克的长处不止于此，他对政治见地颇深，以外国人之超脱审视英国的政治风云和国民性，对局势的分析入木三分，这是那些埋首日常事务、受到传统习惯势力束缚的本地人所望尘莫及的。

1714年以后，政治史上出现政党逐渐衰微的情况。1760年后，国王的亲力亲为以及重大原则问题的出现，使辉格党人陷入无能为力和几大家族对立的境地。国王的统治策略使他们陷入了瘫痪的状态。罗金厄姆一派极有原则，但人数不多，缺乏独立见解，伯克的目的是在这些人中建立一个有效的政党。他可以为其出谋划策，但他必须先说服辉格党人，一个政党能在共同原则的基础上建立并党同伐异。当时盛行的观念是从事政党政治是不太光彩的，从前皮特瞧不起党派组织和党争，更使这种看法根深蒂固，这是伯克不得不铲除的。按照长久以来的传统，不在位的政客不必费神参加议会，应该退隐在乡村别墅等待王室的再次恩典，重新分派官职，论资排辈，尸位素餐。像谢尔本和亨利·福克斯等不同派别的个人主义者始终反对伯克把他们组成政党，亨利·福克斯在给罗金厄姆的信中写道："你认为只有维持徒劳无功的反对派，才能造福国家。我认为除了上台执政，其他都行不通。"

伯克关于政党政策的构想体现在一个一以贯之的纲领中，在野时鼓吹，上台后付诸实践。新出现的问题显然需要一个纲领来解决。伯克对于爱尔兰、美洲和印度的主张十分明确，并且说服他的党派也主张，与殖民地和解，放宽爱尔兰贸易的限制，在印度实行同英格兰一样的道德基础，进行“文明统治”。在国内，他提倡废除大量闲职、遏制腐败，解除议会对国王的臣服。用他自己的话来说，他所缺乏的就是“权力和财力”，这两样只有坚强有力和组织严密的政党可以提供。多年来，伯克一直发出旷野中的声声呐喊，时常怒吼咆哮。他是与古人齐名的雄辩家，是卓越的政治推理家，但缺乏判断力和自控力。他或许是爱尔兰空前绝后的伟人。而亨利·福克斯的儿子查尔斯·詹姆斯·福克斯就是一个判断力和自控力天赋绰绰有余的人，伯克要是向他借用一点，外加一丁点英国式慵懒和反讽，或许还能成为英国最伟大的政治家呢。

罗金厄姆政府执政的 13 个月里，制定了 3 项措施，影响广泛，安抚了格伦维尔在大西洋两岸惹起的敌对情绪。政府废除了《印花税法》，让下院宣布“一般扣押令”以及没收私人文件为非法。同时颁布所谓的解释性法案，再次确定了议会对殖民地征税的权力。但乔治三世意图推翻该权力。彼时皮特身患重病、神志不清，加上国王的婉言相劝以及自身对党争的厌恶，虽然完全没有政治原则的基础，他被劝诱再次挂帅组阁。他狂妄依旧，但权力已是日暮途穷，由于突然受封为查塔姆伯爵,其“伟大的议员”的威望已经今非昔比。实权已被查尔斯·汤森、格拉夫顿公爵和谢尔本勋爵掌控。1767 年，汤森不顾谢尔本的反对，提出对美洲来的纸张、玻璃、铅和茶叶征收进口税，导致美洲民怨沸腾。一旦这样做，殖民地的货币供应量将进一步枯竭，新的税收中即使有结余，也不会兑现其用于支付英国驻军费用的诺言，而是付给英国的殖民地官员作为薪水。这样一来，官员们可能不再依靠殖民地议会，而面对那些蛮横无理的统治者，议会的主要手段就是扣薪水。尽管如此，造反远不是殖民者心里考虑的东西。

马萨诸塞的总督哈钦森智慧过人，认为无法落实征税就干脆不要强征。他还说，再次废除法令，只会“方便某些人看起来要搞的独立图谋”。宾夕法尼亚的约翰·迪金森在他写的当时最喜闻乐见的小册子《农民来信》（*Letters from a Farmer*）中反对征税。信中故意措辞谨慎，说当时希望独立的人寥寥无几。英国议会对殖民地的权威遭到正式否定，但人们依然忠于国王和大英帝国。反对派大多是体面的商人，他们认为通过有组织的适度反抗能使英国政府幡然醒悟。

于是，马萨诸塞议会建议其他殖民地联合请愿，反对征收进口税。现在全大陆的殖民地组织了反抗，地域保护主义障碍有所降低。缔结了“抵制英货公约”，对英国货成功进行了系统性的抵制。但民众的脾气火爆起来。1768 年 5 月，波士顿首富约翰·汉考克的小船“自由号”在海岸附近被皇家海关拦截搜查，殖民者强行把它救出。到 1769 年，英国对美洲的出口额下降了一半。内阁并不十分担忧，只是心烦意乱，遂同意取消进口税，但茶叶除外。这个方案仅以一票的多数获得通过。英国议会以保留每磅茶叶收取 3 便士关税的形式宣布它对殖民地的宗主权。

阴差阳错，笼罩在查塔姆神智上的迷雾突然消散了。1768 年，他因身体原因被迫辞职，格拉夫顿接替了他的职务。他眼睁睁地看到局势已经惨不忍睹，令人惊愕。我们知道，乔治三世和议会的“国王之友”缺乏理智，复仇心切，想把约翰·威尔克斯赶出下院，这种做法实际上践踏了全国选民的权利。化名为“朱尼厄斯”的某人开始鞭笞令他不满的大臣。美洲尚未发生流血冲突，但帝国分裂的迹象已经昭然若揭。经历了 12 年的钩心斗角，乔治三世终于如愿找到了一个俯首听命的首相。1770 年，诺斯勋爵成为首席财政大臣，此人风流倜傥、精明强干、性格温和，在位期间亲历了美洲殖民地的丧失。

一开始一切看上去风平浪静，取消进口税，美洲商人皆大欢喜。到 1770 年中似乎已完全实现和解，当然波士顿除外。塞缪尔·亚当斯是抵制派中足智多谋的组织者，他鼓吹美洲独立，发现斗争已经到了至关重要的关头。迄今为止，大洋两岸的争执实质上是一场贸易纠纷，美洲商人和英国大臣都不赞成亚当斯的看法。亚当斯担心反抗运动会瓦解，英国会重新确立权威，除非挑起更大的事端来。于是他就联合其他激进派动手了。

取消进口税的消息刚传到美洲，便流了第一滴血。英国在美洲的驻军多半在波士顿，他们并不受当地人待见。亚当斯便四处传播他们行为不端的谣言。这些穿着猩红色军服酷似“龙虾”的军人处处受到嘲弄侮辱。1770 年 3 月，一群调皮捣蛋的孩子不停拿雪球砸海关门前的英军哨兵，引起骚动。混乱对骂中，一些士兵开了枪，造成伤亡。这个“惨案”正中亚当斯下怀,却使温和的富人们很紧张，殖民地众说纷纭，莫衷一是。激进派继续斗争。1772 年 6 月，闹事者在罗得岛附近焚毁了英国皇家缉私船“葛斯比号”。

马萨诸塞各地建立了“联络委员会”,到年底,有 75 座城市响应。帕特里克·亨利年轻有为，以他为首的弗吉尼亚煽动者建立了议会常务委员会，以便同其他殖民地保持联络。一系列相关机构如雨后春笋般建立。发动叛乱的机器正悄悄地、有效地运转起来。

可是，激进派仍然属于少数，与英国决裂的阻力很大。迟至 1773 年，殖民地驻伦敦代表中的领导本杰明·富兰克林还写道:“……

我们当中似乎有主张立即分裂的暴力人士，但我觉得我们国家若能稳扎稳打步步审慎，反而随着我们的力量不断壮大，就将快速推进，势必形成满足诉求的态势，而贸然发动战争，我们可能被打残、打趴下。……谈到统治者和被统治者，些许的统治失当和权利侵犯不值得发动叛乱……此外要牢记，这个新教国家值得我们维护，虽然最近不友善，毕竟是我们的母国。她在欧洲天平上的砝码，她的国家安全，很大程度上有赖于我们与她众志成城。”尽管发生了波士顿“惨案”、海上焚船暴行和贸易争端，亚当斯和同党们的煽动却日渐平息。没想到此时，诺思勋爵犯了一个致命的错误。

东印度公司濒临破产,英国政府被迫出手挽救。议会通过了法案，并未引起议员们关注，它授权东印度公司将其大量积压的茶叶直接运往美洲殖民地，不缴进口税，由自己的代理经销。此举实际上赋予了东印度公司垄断地位。大西洋对岸瞬间一片哗然。极端派谴责其侵犯自由，而商人们面临破产威胁。从英国海关运输茶叶的美洲船主们和茶叶销售中介们都将难以为继。殖民地意见统一了，反抗英国，该法案完成了亚当斯的夙愿。

激进派开始自称为“爱国者”，伺机制造危机。1773 年 12 月，首批运茶船锚泊波士顿，闹事者化装成印第安人，上船捣毁了茶箱。塞缪尔·亚当斯的远房堂弟、后来的美利坚合众国第二任总统约翰·亚当斯写道:“昨夜，有三船武夷茶被倾入大海。……绝对是大快人心。我无比敬佩爱国者的这一壮举，威武而崇高。……毁茶行动大胆、果断和坚定，勇敢刚强，必将声名远播，彪炳史册，我不由得将它当作划时代的运动。不过，这次只是袭击了财物。人民的力量再发挥一下，可能会伤到人命。许多人希望港口能浮着像茶叶箱那样多的死尸。其实,无须折损这么多条性命,就可消除我们的灾祸根源了。”

消息传到伦敦后，要求采取强制行动的呼声四起，英国政府内的反动派占了绝对优势。伯克和查塔姆呼吁和解，但无人响应。议会颁布了一系列“强制条例”，终止了马萨诸塞的议会，宣布这个殖民地归王室控制，关闭波士顿港，规定殖民地的法官从此由国王任命。这些条例只限在马萨诸塞实行，只有其中的《驻兵条例》(the Quartering Act)将在所有殖民地推广。各地布告，各个殖民地将驻军维持秩序。英国政府企图以此孤立反抗势力，结果适得其反。

1774 年 9 月，各殖民地议会在费城召开大陆会议。激进派还不能放手行动,代表们还仍然集中讨论商业抵制。他们成立了一个协会,除非废除“强制条例”，禁止同英国通商，并责成各地的联络委员会执行这个计划。大会还发表了《权利宣言》(A Declaration of Rights),要求废除英国议会自 1763 年以来颁布的 13 项贸易条例和法案。这份措辞谦和的文件被发往伦敦,但伦敦却温和不起来。下院中的“蔗糖利益集团”嫉妒殖民地在西印度群岛的竞争；军官们看不起殖民地军队;政府财政紧张,顽固坚持“殖民地服务母国”为天职的信条。这些力量都联合起来，打破了和平的最后希望。这项请愿被鄙夷地驳回了。

局势急转直下。马萨诸塞的军事总督托马斯·盖奇将军企图实施戒严，但力不从心。盖奇精明能干，但是手下区区 4000 人的军队，只能镇守波士顿城内。殖民地的爱国者有 1 万民兵。10 月“安全委员会”成立后，大多数殖民地开始训练和武装起来。他们开始搜集军事装备和火药，从政府据点那里缴获火炮，派员到国外购买武器。英国政府要求法国和西班牙禁止向美洲出售火药，遭到拒绝。荷兰用标有“烈酒”的玻璃瓶装上炸药，运到美洲。

在距离波士顿20英里远的康科德村，爱国者们开始囤积军事物资。此前被英国议会宣布非法的马萨诸塞议会也在那里召开。盖奇决定夺取他们的军火，逮捕塞缪尔·亚当斯和他的同事约翰·汉考克。但殖民者十分警觉，每晚在波士顿的大街上巡逻，观察英军的动向。盖奇召集人马时，信号员就通报给康科德的议会。军事物资分散到北面的一些城镇里，亚当斯和汉考克转移到列克星敦。1775年4月18日，800名英军连夜奔向康科德村。风声走漏了出去，信号员收到诺思教堂尖顶上用提灯发出的警报。巡逻者保罗·里维尔快马加鞭赶到列克星敦，把亚当斯和汉考克从床上叫醒，催他们快跑。

凌晨5点钟，列克星敦民兵70人在村前的绿地上整装待发。日出时分，英军的先头部队出现了，3名军官策马走在最前面。领队的军官挥着军刀大喊：“你们这些叛贼，快闪开！”民军的指挥官命令手下解散。殖民地的委员会忧心忡忡，不能开第一枪，严令禁止与英国正规军交火。但一片混乱中枪声响起了，英军回了一排枪。民兵队伍稀疏下来，出现混战。英军推开幸存者，队伍向康科德进军。彼时乡村已经全副武装，军火大部分已安全转移。英军铩羽而归，民兵们穷追不舍。此时波士顿已经与大陆分隔，成了孤岛。列克星敦和康科德的消息传到其他殖民地，群众纷纷驱逐了各地总督，英国官员下台。在佛蒙特地区“青山汉子”的头领伊桑·艾伦和康涅狄格商人本尼迪克特·阿诺德的指挥下，爱国者部队有战略眼光，成功占领了哈得孙河发源地的要塞。因此英军无法得到加拿大方面的援手，独立战争从此拉开了序幕。

第 13 章

独立战争

1775 年 5 月，来自美洲殖民地的代表们共赴宾夕法尼亚静谧的费城，齐聚在木匠厅召开大陆会议。代表中有德高望重的律师、医生、商人还有地主，他们无一例外对当前形势感到紧张不安，看起来远远不足以形成一个有组织的革命委员会。然而，革命的第一枪打响了，还有人为此牺牲流血。即使如此，人们依旧对妥协抱有一丝希望，因为他们害怕会招募来一个军事政权，像克伦威尔的铁甲军那般骑在自己的缔造者头上为非作歹。他们除了所要反抗的制度之外，并没有什么共同的民族传统，缺乏组织，工业落后，没有财库，没有给养，没有军队。难怪许多人仍寄希望于同英国求和。相反，爵士威廉·豪将军正带领着英国军队横渡大西洋，一阵屠杀同胞的腥风血雨即将袭来，武装斗争迫在眉睫了。

波士顿是这场反抗运动的中心舞台。新英格兰约 16000 位商人和农场主将盖奇率领的唯一一支驻扎在美洲大陆上的英国军队包围了。城内冲突此起彼伏，爱国者与士兵还是和保王党都合不来。军营外挂满了嘲弄的标语，闹得满城风雨。5 月 25 日，克林顿将军和伯戈因将军随同豪将军一道，率援军扬帆驶入波士顿港。英军总数接近 6000 人。

盖奇兵力大增，趁势发起进攻。北边，隔水相望处有一座小半岛，沿狭窄地峡可通向内陆。这里，站在布里兹山、邦克山山顶便能鸟瞰全城。一旦殖民地居民占领这两个高地，便可将英国佬炮轰出波士顿。6 月 16 日傍晚,盖奇决定先发制人占领山顶,但次日清晨，发现对岸高地出现了一排防御工事。爱国者军队收到来自波士顿的情报，连夜掘壕据守。

不过，他们似乎处境危急。英国舰队随时可能从港口炮击过来，或者派兵由半岛的地峡登陆，截断他们与根据地的来往。但他们没有采取上述任何一种战术。盖奇决心炫耀武力。他麾下有英军最强的队伍，与同乡士兵们一样，都对之前战败的殖民地居民嗤之以鼻。他决定在山上正面进攻，让挤在窗前屋顶上的所有波士顿人都能见证英军齐步踏平叛军阵地的壮观场面。

17 日下午，天气炎热，豪将军按照盖奇将军的指令，督促 3000 名英国正规军登陆上岸。他让士兵整齐列队，发表了演说："你们势必将这些农民赶下山，否则我们在波士顿将无处安身。这次我打头阵，你们前进时一步都不许超过我。"英国红衫军排成三行，缓慢地朝着布里兹山顶行进。鸦雀无声中，波士顿全城人观察着这一切。距壕沟大约 100 码处，前方仍然一片寂静。但到了 45 码处，老式猎枪一阵枪林弹雨撂倒了排头兵。尖叫声和咒骂声响起。壕沟的防弹堤后面有人喊道："扬基佬都是胆小鬼吗？"豪将军白色丝绸马裤溅满了鲜血。他召集士兵，但一阵铅弹再次袭来，他们不得不四处逃散，被赶回了军舰上。豪将军的声名岌岌可危，却想起此刻山顶上弹药也快耗尽了。正规军发动第三次进击，这次排成纵列，将农民们从战线上驱散。已是黄昏时分，半岛上靠近波士顿的查尔斯镇陷入一片火海。红衫军中超过 1000 人倒在了山坡上。驻守在山顶的 3000 名农民中，死伤约 500 人。大大小小的马车整夜拉起英军伤亡人员运往波士顿。

这场血腥激烈的战役在各个殖民地引起轩然大波，在影响力上已经和 86 年之后的著名布尔溪战役相提并论。叛乱者成了万人歌颂的英雄。他们英勇抵抗训练有素的部队，歼灭了三分之一的敌人，用鲜血洗刷了扬基佬是懦夫的传闻。英军赢了那个山包，但美洲人赢得了荣耀。此后，盖奇再也没有发动攻击。10 月，他被召回英国，颜面扫地。豪将军接任司令。大西洋两岸，人们预感一场殊死搏斗即将上演。

对爱国者们来说，当务之急是拉起一支军队。马萨诸塞早已向费城的大陆会议呼吁援助，共同对抗英军，任命一位总司令。布里兹山战役前两天，大陆会议加以批准。关于总司令人选，大家各抒已见。他们对战场上首当其冲的新英格兰人既嫉妒又厌恶。主要基于政治原因，于是决定选一个南方人。在一群身着深褐色服装的代表中，亚当斯一眼相中一个穿着制服的人，他便是弗吉尼亚弗农山庄乔治·华盛顿上校。这个富足的农场主曾参加过 18 世纪 50 年代的法印战争，解救远征中惨败的布拉道克残兵败将。他是大陆会议中唯一有参战经验的，尽管之前参加的都是边疆的小战役。如今授权他统帅美洲招募得起来的所有兵力。完成这种伟大的历史使命需要强大的决断力，而华盛顿天生就具有这种品质。

殖民地有 28 万能够扛枪的人，但华盛顿领导独立战争时，招募到士兵的数量从未超过 2.5 万人。殖民地之间相互嫉妒，同时又缺乏装备和组织管理，行军过程中捉襟见肘。对他来说，当务之急是为波士顿衣衫褴褛的一帮人整顿纪律，并提供弹药。为此他耗上了 1775 年秋冬两季的时间。大陆会议却决定发动进攻，向加拿大派出一支由本尼迪克特·阿诺德和理查德·蒙哥马利两位带领的远征部队。在美国历史上，阿诺德遗臭万年。蒙哥马利曾经在乌尔夫手下服役。他们仅带领 1100 名士兵，沿着英军 1759 年的行军路线前进。蒙哥马利占领了无人防守的蒙特利尔。接着他与阿诺德在魁北克碉堡处会合。阿诺德一路上经历千难万险，已经溃不成军。隆冬时节，大雪纷飞，他们向亚伯拉罕高地发起进攻，这里防守的是盖伊·卡尔顿爵士带领的百名士兵。最终蒙哥马利战死沙场，阿诺德腿骨粉碎。落败的幸存者越河而过，依然坚守在寒风彻骨的军营中。春天，圣劳伦斯河解冻之际，从英国赶来第一批援兵。爱国者队伍死伤过半，一路艰辛跋涉，最终返回缅因和泰孔德罗加要塞。因此加拿大躲过了革命风暴。在法裔加拿大人看来，英国王室统治下的生活总体上还满意。不久，加拿大便成了收容许多无法放弃效忠乔治三世的美国难民的庇护所。

与此同时，豪将军依旧困于波士顿。他对于报复行动畏首畏尾，至少在战争的头两年里，他还寄希望于和解。豪将军及其部将均属辉格党议员，党内一致认为这场与殖民地的战争毫无胜算，他们也深以为然。沙场上的他雄姿英发、能谋善断，是个当之无愧的好将领，但他此时却犹疑不决，从不主动出击。他想重振雄风，好好镇服这些美洲人。欲达到此目的，需要大批英国援兵。然而援兵只影未现，而波士顿亦非战略要地，最终豪将军在 1776 年春弃城撤离，转移到

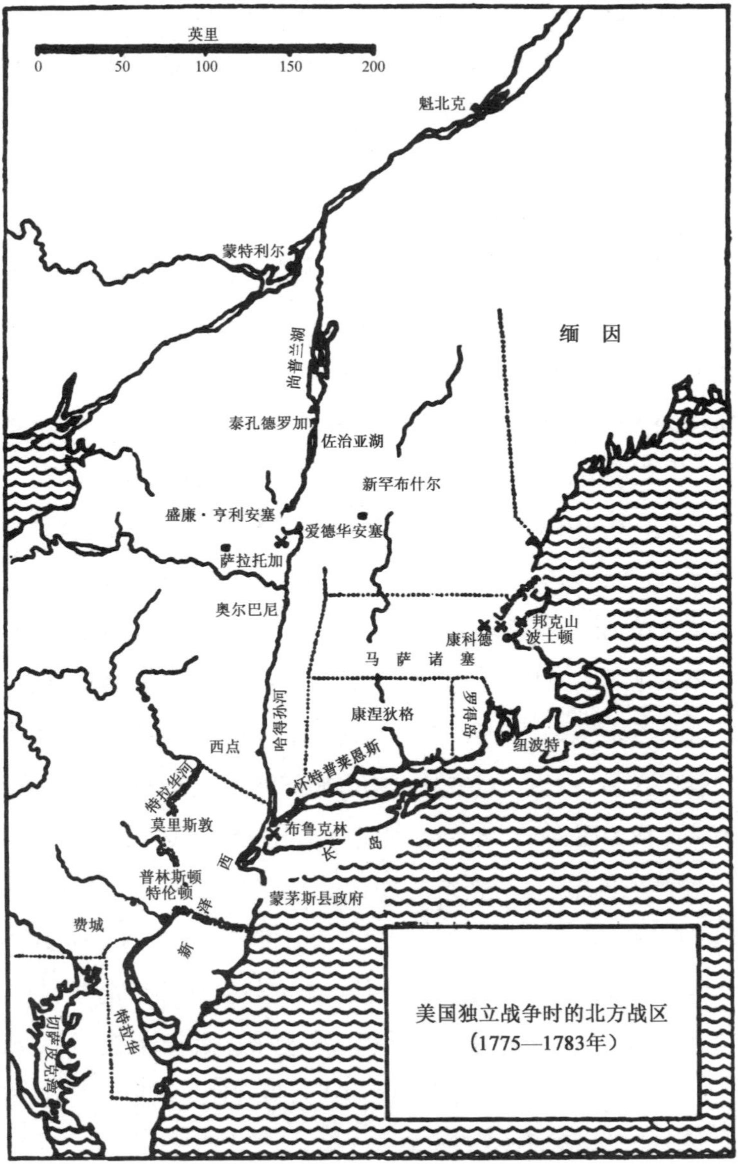

美国独立战争时的北方战区（1775—1783 年）

大西洋沿海唯一的英军基地——位于新斯科舍的哈利法克斯城。同时，亨利·克林顿将军率领一支小部队南征去支援查尔斯顿的保王党，希冀团结中部和南部殖民地。然而，爱国者反抗行动日渐激烈。尽管大陆会议中的温和派目前仍反对正式发表《独立宣言》，英方撤军波士顿激起了群众更坚定的抵抗运动。除非爱国者进入现代国际政治上所谓的交战状态，否则无法从海外获取军用物资，仅靠私运是难以保证急需的基本物资。保守派政客逐渐服膺激进派。英国激进派人士托马斯·潘恩刚抵美洲殖民地，就发表了一本名为《常识》（*Common Sense*）的宣传小册子，成功地宣扬了美洲殖民地独立的可行性，其影响力远远超过诸如亚当斯的知识分子的文章。

不过，是英国政府的举措进一步切断了英国与美洲殖民地的宗主关系。1776 年初，英国颁布《禁止法》（Prohibitory Act），严禁一切与反叛殖民地的通行来往，宣布全面封锁美洲海岸。同时，英国国内招兵不足，就从德国雇佣黑森兵（Hessians）派往大西洋彼岸。此举引起美洲殖民地强烈抗议，激进派气势大涨。6 月 7 日，弗吉尼亚代表理查德·亨利·李在费城提出如下决议："这些联合一致的殖民地从此成为而且按其权利必须成为自由独立的国家；它们已经解除一切效忠于英王室的义务，从此完全断绝且必须断绝与大不列颠王国之间的一切政治联系。"但是 13 个州中仍有 6 个反对立即发布《独立宣言》，一来害怕英军会大举入侵，二来外无国家缔结盟约。很多人认为，公然反抗英国是自毁前程，自绝于广大支持者。最终成立了一个委员会，托马斯·杰斐逊起草了一份文件。1776 年 7 月 4 日，美洲大陆会议一致通过《独立宣言》。

这份具有重要历史意义的文件宣告反抗的理由，列举了大不列颠国王 28 条“反复重演的伤天害理、巧取豪夺”的行为。文件开篇广为人知、永垂不朽：“在人类历史事件的进程中，当一个民族有必要解除其与另一民族相连的政治桎梏，并按照自然法则和上帝的意旨在世界列强中取得独立与平等的地位时，对于人类舆论的真诚与尊重，要求他们必须将不得已而独立的原因予以宣布。”

> 我们认为以下真理是不言而喻的：人人生而平等，造物主赋予他们某些不可转让的权利，其中包括生命权、自由权和追求幸福的权利。为了保障这些权利，人们建立起被管辖者同意的政府，政府由此获得正当的权力。任何形式的政府，一旦破坏这些目标，人民就有权利去改变它或废除它，并建立新的政府。新政府所根据的原则及其组织权力的方式，务必使人民认为，唯有这样才最有可能保障他们的安全与幸福。

《独立宣言》主要重申了促使辉格党反对斯图亚特王朝末期统治所坚守的原则，这在当时引发了 1688 年英国光荣革命。此刻，它已成为爱国者运动的象征和聚焦点。其直接结果是保王派的人数上升，因为他们被如此辉煌的反抗动作吓坏了。但美洲殖民地的意旨已经昭告天下，中间派被迫作出抉择，开弓没有回头箭。

*　*　*

在此期间，英军一直在哈利法克斯等待英国增援，酝酿战略。能否控制哈得孙河谷决定着军事成败。若能一举拿下这条水路及其守卫的要塞，那么新英格兰就会同拥有 2/3 的人口以及大多数食物和财富的中部和南部分隔开来。首先要占领位于河口处的纽约，然后豪将军可以北上征服要塞，与从加拿大前来的一支部队会师。接着在舰队的协助下南行，一举压垮大部分分布在河边的南部殖民点。此战略看似天衣无缝，美洲殖民地又没有海军，英国能封锁住大西洋海岸。但英国海军早已没有查塔姆手下海军将领时的雄风。援兵可以横跨大西洋，但新英格兰武装民船大肆破坏英国登陆作战，骚扰运输船，洗劫军需品。1776 年 6 月，豪将军进军纽约，开始攻打纽约城。7 月，豪的弟弟海军上将理查德·豪浩浩荡荡从英国带来 500 艘军舰和援兵。豪麾下现在约有 25000 士兵，其规模堪称新大陆之最。另一方的华盛顿严阵以待。天花、逃兵现象削弱了美洲的兵力，最终纽约城周围仅集结了约 2 万士兵。从史坦顿岛上的英方军营里放眼望去，隔着海湾可以看到长岛山嘴上以及东河河岸布鲁克林高地上的美军前沿阵地。8 月，豪将军发起进攻。牢记布里兹山战役（史称“邦克山惨案”）的教训，这次他谨慎地避免采取正面进攻。他声东击西，佯攻长岛阵地，然后以主力迂回美军左翼，从敌人后方偷袭，一举奏效，华盛顿被迫撤回纽约城内。然而，英方军舰深受逆风影响，华盛顿的军队才得以安全横渡东河逃窜。

面对灾祸，华盛顿向大陆会议呼救。要想守住纽约似乎不可能，弃守又伤爱国者的士气。大陆会议同意华盛顿无须再战，撤离纽约。在经历哈莱姆高地遭遇战后，华盛顿军慢慢北撤。此刻，豪将军胜利唾手可得。他已经掌控纽约，还上溯哈得孙河 40 余英里长。如果他像 88 年后格兰特将军紧随李将军那般智勇双全，穷追不舍，那么一定能够俘虏整个殖民军。将近一个月了，华盛顿军安然无恙。10 月底的怀特普莱恩斯激战中，爱国军再次被击溃，这次英军同样没有乘胜追击。华盛顿将军急于探明豪将军是要上溯哈得孙发起进攻还是通过新泽西攻往费城。豪将军决定攻打费城。他一路南下，攻下纽约附近的要塞，费城的代表们作鸟兽散。千千万万美洲殖民者涌向英方军营以表忠心。爱国军唯一的希望似乎只有翻越阿勒格尼山脉，集体转移到一片新陆地，正如19世纪布尔人为了逃离英国统治而进行大迁移那样。华盛顿甚至也有这个打算。“那样一旦失败，就退到弗吉尼亚的奥古斯塔县。那时候我们人数上有优势,便能安身，甚至尝试掠夺性战争。如果不敌，只能越过阿勒格尼山了。”[1]同时，他横渡哈得孙河，挥戈南下驰援费城。

英军紧随其后，迅速占领新泽西。爱国者运动眼看就要失败。但华盛顿依旧保持高度警觉，百折不挠，最终幸运女神眷顾了他。英军难以理喻地轻敌，很快遭受惩罚。新泽西城镇杂乱地分布着英军的前哨基地。华盛顿决定在豪将军横渡特拉华河之前袭击这些分散的基地。他选中了特伦顿村，此地是由黑森佣兵守备的。圣诞节当晚，爱国军一路杀进防守薄弱的特伦顿村。雇佣军死伤106人，而他们仅折损2名军官和2名士兵。幸存的佣兵被俘，送到费城游街。此次打击的影响远远超出其军事意义，是独立战争的关键时刻。豪将军的部下康华里勋爵企图在普林斯顿进行报复，结果铩羽而归。华盛顿紧随其后,威胁敌方的交通线。1776年末,英军在新泽西过冬，两次战役失利，最终只能困在特拉华河以东。而英方的军官却在纽约上流社会逍遥。与此同时，美国第一批外交官本杰明·富兰克林和塞拉斯·迪恩渡过大西洋向法国申援。

我们不可以误导后代，让他们认为英国人民一致支持对美洲殖民地的战争。伯克就不抱幻想，他在邦克山战役之后写道：“目前采取的措施无人赞赏，无人指望正在准备的举措有好收获。舆论对此漠然置之，一副事不关己的模样。……商人背叛了我们，也背叛了自己。……其中的核心人物与敌方暗通款曲，被各种汇款和肥缺喂饱了。他们不知疲倦地逼人封口。……这些商人全部或者大都嗅到了这场战争有利可图。铜臭味，臭不可闻。战争的确在一定程度上替代了商业。运输业容量激增，货运业务空前火爆。各种给养物资的大订单，让商业世界兴高采烈。所以在所难免的萧条时期，商人们甚至将独立战争当作了资源，而非一场灾难。”英国的实权政客不仅谴责陆海军管理不善，也干脆反对用武力镇压暴动的殖民者。

每每英方在战争中失利或惨败，总有一些国人幸灾乐祸。英国政府的一位支持者写道：“国家在战役中失利，有些叛徒反而以此为乐，这种行为真是令人发指。他们不加遮掩。几个星期前，有一位支持爱国者运动的公爵告诉我，一些船只在北美沿海因风暴失事，1000 名英国海军全部遇难，无一幸免。说这话的时候，他眉飞色舞。……在下院，常常听到有人将那些乡巴佬称为‘我们的军队’。”这种奇怪的言论只会火上浇油。实际上，要不是反对党的牵强附会大大掩盖了国民的真实情绪，诺斯勋爵政府早就垮台了。尽管如此，他在战争期间掌控了下院的大多数。并不是所有的反对党都那么鲁莽极端，但在国王眼里，他们都是叛国。乔治三世也更加顽固，更加专注于战争。温和派向他谏言，他充耳不闻。两党中有人像殖民地的保王党一样，预言并谴责其政策后患无穷，祖国和殖民地之间的内战致使人心惶惶。国王拒绝接纳这些人进入政府。甚至诺斯勋爵对战争也不热心，但他效忠于国王，和当时大多数政治家一样观念保守，认为大臣的职责是秉承御旨行事，因此才迟迟没有辞职。虽身为第一财政大臣，但诺斯并未亲自掌管内务，而是让国王和各部门大臣来管理日常政府工作。乔治三世不知疲倦地监督战争各项具体组织工作，但他与各大臣之间又不能做到配合默契。大臣们皆是平庸之辈。当时的海军部长官是威尔克斯的酒肉朋友桑威奇伯爵，此人声名败坏。但最近的研究发现，英国当时的海军实力比陆军要强大得多。

英军的作战策略从未如此破绽百出。每一条军事准则和信条都遭到违反或忽视。“寻敌而歼之”是合理规则，“集中兵力”是明智方略，“目标一以贯之”是基本的常识。英军兵力包括纽约的豪将军部和蒙特利尔的伯戈因部。敌方是华盛顿军。目标是消灭华盛顿军，杀死或活捉华盛顿。如果能逼他决战沙场，而士兵枪炮一致对着他，那么英国势必取胜。但是众党派各持己见，以至于这些不言而喻的真理笼罩在迷雾之中，令人莫衷一是。豪将军仍然坚持占领大陆会议的所在地及政治反抗力量的源头——费城。另一方面，伯戈因则热衷从加拿大南下攻进哈得孙河谷的上游，纽约部队再来配合突袭，双重夹击下一举攻下控制哈得孙河的要塞。一旦掌控了哈得孙河，新英格兰便孤立无援，很快就会投降。伯戈因在 1776 年深秋获准休假回国，向伦敦政府陈词。乔治三世首肯其计划，亲笔批准。伯戈因计划从蒙特利尔穿过森林密布的边境地区，夺取哈得孙河源头附近的泰孔德罗加要塞。同时，纽约的一支部队将向北进攻，拿下刚在法国工程师的帮助下加固的西点要塞，然后在奥尔巴尼与豪将军会师。

这便是伦敦决策者的计划。协调各方行动的重任最后落在陆军大臣乔治·杰曼的肩上。他的军事生涯收尾得不光彩，但其从军经历不一定真实地反映其才干。20 年前，他曾在明登战役中拒绝率领骑兵冲锋，军事法庭宣判他不适合服兵役。但是杰曼深受年轻国王的器重，便摇身一变成为政治家。政府明知豪将军的打算与伯戈因完全背道而驰，他计划南下攻打费城，却不劝阻他。政府既没有命令豪将军与伯戈因在奥尔巴尼会师，也没有给他增兵。一位美国史学家写道："于是军事奇观出现了：一名部将去伦敦，其战斗计划获得国王审批；国王的大臣对一位将军下达完整指令，而对另一位与其共同作战的将军只字未提;后者因此自行独立拟订作战计划……"[2] 伯戈因一回到加拿大，就给豪将军写了至少 3 封信，描述他们将在奥尔巴尼会师的计划。但由于豪将军没有收到英国的确切指令，他不可能无凭无据地放弃自己攻打费城的计划，他还是坚持了自己的作战路线。豪将军企图与华盛顿决战未果，遂决定留下亨利·克林顿爵士率 8000 名士兵驻守纽约，而自己则在 1777 年 7 月率领主力乘船抵达切萨皮克湾。英军此刻兵力分散在 500 多英里长的战线上。伯戈因在加拿大，豪将军在切萨皮克湾，而克林顿则在纽约，违背了"集中兵力"这条原则。

* * *

华盛顿为保住费城，离开新泽西边界的冬季营地莫里斯敦，急速沿西南方向追赶。他之前在纽约没有认真交战就放弃，这次在大陆会议首府可不能故伎重演。军队纪律涣散，人数波动不定，他只能希望拖延英方的行军速度。9 月初，豪将军率 14000 名英军逼近。华盛顿军人数旗鼓相当，他率领大军在布兰迪万河北岸列阵，封锁通往首府的道路。豪将军发现对方装备落后、决策低效、情报迟缓，因此又采取了声东击西之计，这招之前在长岛特别奏效。11 日清晨，豪将军兵分两队：留下一支精兵负责正面进攻，自己和康华里勋爵带着部队向上游行进，渡河后向华盛顿右侧扑去。整个战术配合得天衣无缝，最终敌方乱作一团。河对岸的英军越过河面，驱逼着正面的全部美军。日落时，华盛顿全线撤退。拉法耶特侯爵是美军中一名来自法国的青年志愿者，他如此描述:“路上拥堵无序:逃兵乱窜，大炮、行李遍地狼藉。”可是与长岛那场战役一样，这次豪将军依旧不肯乘胜追击，俘虏敌军。此刻的他志得意满。9月26日，豪将军手下的前卫军突入费城。在费城北面的日耳曼敦又一起混战，英军继续突进，很快首府沦陷。

但是，伦敦政府的北方战场作战计划开始流产了。伯戈因带着几百印第安人和7000名正规军（其中一半是德国人）穿过加拿大的森林，期望与来自纽约的英军会师。几经艰难跋涉，伯戈因终于抵达泰孔德罗加要塞。美军见了立即撤走，甚至顾不上拉走大炮。伯戈因急切南进。只要豪将军抵近西点要塞，那么英军就稳操胜券。但是，豪将军此刻在哪里呢？那天，伯戈因继续向下一个美军要塞行进，而豪将军已经从纽约扬帆南下。相关人员都认为，豪将军一攻下费城，就会火速赶回纽约，与来自加拿大的远征军队会师。但他没做到，结果伯戈因为此付出了沉重的代价。

伯戈因进军途中，新英格兰民兵聚众抵抗。伯戈因曾是受人爱戴的骁勇指挥官，然而乡下道路难行，他屡遭袭扰，最终军心涣散，士兵流失。如果豪将军前来救援，那么伯戈因仍有胜算。克林顿守备部队减少了一半，因为豪将军先前要求他增援。尽管如此，克林顿仍旧北上，攻下了西点下面的两个要塞。然而秋风秋雨来了，伯戈因被困在了萨拉托加。而新英格兰的民兵日益壮大，渐渐朝他们逼近。伯戈因距奥尔巴尼才30英里，到那里本可与纽约纵队会合，但他已经寸步难行。接下来是多日的林间艰苦缠斗，不仅给养不足而且众寡悬殊。美洲人在自己的地盘有独特的作战方式，主要是各自为战。他们藏在灌木丛后，躲在树上，重创了欧洲所能募集的最精锐之师。伯戈因军的正规训练和阵形排列都施展不开。美军一逃兵带来了克林顿北上运动的消息，但为时已晚。德国人不想继续战斗了，1777 年 10 月 17 日，伯戈因向美军司令霍雷肖·盖茨投降。大陆会议违反投降条件，将伯戈因大部分官兵关押起来，直到签订和平条约。伯戈因重返英国，猛烈抨击政府，内阁也予以回击。

此刻，旧大陆涉足这场争斗之中，支持安抚新大陆。尽管萨拉托加战役在美洲军事上不足轻重，但在法国立竿见影。法国人原则上与英国和平共处，但实际上一直为爱国军供应武器，法国志愿军也在爱国军中服役。本杰明·富兰克林和塞拉斯·迪恩一直都在凡尔赛敦促法国公开结盟，但双方均犹豫不决，拖延了一年。法国内阁一边支持海外自由独立事业，一边又在国内压制这种趋势。很多美洲民众则害怕法国会在对英宣战前索取高价。现在，疑虑全消。没有法国的给养，爱国军就无法生存，而大批法国民众也一直对七年战争的失败耿耿于怀，想要一雪前耻，热情高涨。法国海军强大了，英国海军却在瓦解。路易十六一听到萨拉托加大捷的消息，就下定决心正式公开结盟。伦敦一片惊慌失措。辉格党反对派一直以来都警告政府不要对殖民地太过苛刻，英国内阁遂制定了一套宽容大度的和解方案，但为时已晚。1778 年 2 月 6 日，大陆会议还未来得及评估新方案，本杰明·富兰克林就已经与法国签了盟约。

新一轮世界战争打响了。此时，英国没有一个盟国，在美洲又有一支军队被俘虏。现在德国也没有军队可以雇用了。英国国内一片恐慌，昔日担心外国入侵的心理又抬头了。内阁失去了民心。除了国王乔治三世外，痛苦中煎熬的全国人民都寄希望于查塔姆伯爵。4 月 7 日，查塔姆拄着拐杖拖着病体去了议会，发表了他毕生最后一场演讲，怒斥反对派要求召回驻美英军的言论。他向来主张和解而非投降。骨瘦如柴的他，像一具缠着法兰绒绷带的僵尸，步履蹒跚。议会里鸦雀无声，预感到死亡即将临头。查塔姆怒不可遏，目光犀利，连珠低语，他表示“反对肢解这个古老而又高贵十足的君主国”，并向全国警告法国干涉和雇佣德军的危险性，最后鞭笞同胞们的不人道：“先生们，假若我这个英国人是一个美洲人，只要外国军队登陆祖国，我绝对不会放下手中的武器——绝不，绝不，绝不！”查塔姆嘲讽入侵威胁论为无稽之谈。他在反对派领袖里奇蒙公爵致答词之后，挣扎着还想再说一番话，但中风晕倒了。5 月 11 日，查塔姆与世长辞，死前他的儿子威廉正为他诵读荷马作品中有关赫克托尔的庄严葬礼以及特洛伊深切绝望那段。乔治三世反对为查塔姆设纪念碑的提议，可见国王为人心胸狭隘。他说，为查塔姆建碑就等于“公开冒犯我本人”;但伦敦金融城我行我素。伯克为查塔姆碑文题词“上帝赋予伟人美德，其民族才得以跻身大国”，这是贴切的悼念。在诺斯勋爵执政期间的英国，这样的伟人实在是凤毛麟角。

第 14 章

美利坚合众国

1777 年，华盛顿在费城北面的福吉谷避冬。每次作战后都有大批士兵脱队，如今他只剩 9000 人马，春天到来前又丢失 3000 人左右。由于衣物和营地后勤匮乏，士兵们在寒冬腊月里忍饥挨冻，怨声载道。而驻扎在 20 英里外的费城，近两万装备精良的英国军队在舒舒服服地休整。如今正值社交忙季，由于大批保王党的存在，豪将军和他的下属在费城过得相当舒心愉快。英国未采取任何行动攻击爱国军。当华盛顿为士兵们接下来的补给而一筹莫展时，豪将军却在费城载歌载舞，狂饮豪赌。和在长岛、怀特平原和布兰迪万河这三次战役中的做法一样，他拒绝乘胜追击，一举歼灭敌人。兴许是因邦克山战役的伤亡惨重而气馁，豪将军仍希望招安，所以原地按兵不动。英国政府可能已经对他厌战的态度有所耳闻，所以当法国与造反者结盟的消息在新年伊始传到英国时，就接受了他的辞呈。

继任豪将军职位的是纽约前司令官亨利·克林顿爵士，他对作战持有截然不同的看法。在他看来，在这样一块武装力量分散的大陆上，欧洲的两军对垒以及包围和夺取市镇的战术绝不会占任何优势。他认为，解决方案是占领和夺取整个国家。同时他也做出了重大的战略调整，决定放弃进攻北方，挥军南下，一点点蚕食侵吞。这里聚集了大部分人口和财富，也是大陆所能提供的各类给养的主要储存地。这里保王党众多，必须加以鼓动，将他们组织起来，因此需要一个新的基地，而纽约距离太远，克林顿便虎视眈眈盯着查尔斯顿和萨凡纳。这一切本可以大书特书，如果克林顿将军能够将计划付诸实施，可能会卓有成效。而现在一股新的力量介入并瞬间打断了这个宏伟的计划，后来证明对于计划是致命的。萨凡纳距纽约 800 英里，行军需要 50 天。英国仍保有制海权时，英军的行军速度远比爱国者陆地行动要快得多，但是现在由于法国及其舰队的介入，一切都改变了。制海权在此后将主导并决定美国的独立斗争的走向，克林顿很快就得到了制海权面临威胁的强烈警示。

1778 年 4 月，12 艘法国战列舰从土伦出发，舰上有 4000 名士兵，配备有护航驱逐舰和 800 多支枪。克林顿得知法国人接近的消息，意识到当务之急是阻止他们夺取纽约大本营。如果法国人占领了港口，甚至封锁哈得孙河口，他在大陆的处境将异常危险。于是，6 月 18 日，他放弃了费城，带领 1 万人马迅速横穿新泽西。华盛顿的人马经过春季扩军，现已招募到大约同等军力，沿着平行路线追击。两军在蒙茅斯县政府前展开一场混战。克林顿大败叛军，但伤亡惨重，直到 7 月初才到达纽约，刚好赶上时间。他到后不久，由德斯坦率领的法国舰队已临近萨凡纳，但有前任总司令威廉·豪的二哥——海军上将理查德·豪率领的英国舰队前来迎敌，双方在港外周旋长达 10 天。法国企图占领罗得岛，但未能得逞，理查德·豪将军运用一系列战术，挫败法方的所有干预行动，此战现在还受到美国海军历史学家的高度赞扬。秋天之际，德斯坦弃战而逃，朝西印度群岛进发。克林顿立即设法调兵到圣卢西亚牵制法国人。德斯坦行动缓慢，无法阻拦英军，因此这个战略性岛屿便归英军所有。

这些成功却无法掩盖一个赤裸裸的事实：克林顿针对南方的战役被推延了一年，而此时英国的制海权已经动摇。法国舰队控制了英吉利海峡，阻碍英国向纽约运送士兵和物资。新英格兰的武装民船则发起了一场有利可图的斗争抵制英国贸易。美洲的军事行动渐趋渐缓，直至停止。尽管克林顿的3000人马于12月29日占领了位于佐治亚的萨凡纳，但通过南方保王党基地来制服叛军的计划却遇阻失败了。这些地区的保王党与爱国军之间爆发了激烈的内战，克林顿却爱莫能助。1779年，僵局继续了一年，主战场一度从新世界外移。美洲的双方军队均已伤筋动骨，美军受制于大陆会议政府财政混乱、信用薄弱，而英方则是缺乏增援。英国政府恐于敌方入侵，只得将打算增援克林顿的军队留在英伦三岛。法国人意识到，通过在公海上袭击英国，就可以在美国得到他们想要的利益，相比于支持叛军，这个做法更符合凡尔赛独裁政府的胃口。除了几名志愿兵，此阶段他们没有向大西洋对岸的盟友输送任何军事或海军协助；但储备的弹药与军服能使爱国军免于崩溃。6月，世界性战事冲突进一步扩散、深化，另一个欧洲大国参战。法国利用外交手段将西班牙卷入战争。英方力量进一步被削弱，地中海的海军通信濒临险境，几个月内直布罗陀海峡被围。英国在新大陆也腹背受敌，一方面英国被迫监视西班牙，以防佛罗里达遭到入侵，另一方面，新奥尔良港的武装民船则一直在加勒比海袭扰英国的商船。

一艘武装民船在欧洲水域上上演了十分精彩的一幕。苏格兰裔的美洲船长约翰·保罗·琼斯从法国人那里得到一艘东印度的旧商船，在法国造船厂将它改造成一艘军舰，命名为“博诺姆·理查德号”。9月，琼斯船长协同通晓各国语言的船员，带领3艘较小的船只，驾驶着他那“难忘的舰艇”进入北海。在弗兰伯勒角，他拦截住一支来自波罗的海的商船队，立即攻击了护航的英国战舰“塞拉皮斯号”和“斯卡伯勒号”。随后商船逃脱，“塞拉皮斯号”和“博诺姆·理查德号”于23日晚开战。英国战舰在构造、设备和枪炮方面异常出众，但琼斯将他的船抵近敌舰舷边出手。两艘船整晚都在一起厮杀，炮口几乎面对面，船员用排炮、步枪和手榴弹互相攻击。不时两艘船都着起火来，琼斯的3艘小船围着火海，朝两艘战舰发射排炮。英方和美方船长进行了一番殊死搏斗。黎明之时，“塞拉皮斯号”的火药库发生了剧烈爆炸，船上枪炮被毁，船尾的人全部丧生，英方被迫投降，而“博诺姆·理查德号”也已经支离破碎，于两天后沉没。这次事件在法国和美洲社会上引起震动，琼斯也因此名扬四海。

*　*　*

这段时间，华盛顿的军队仍然无力行动，除了监视克林顿，他们能做的少之又少。这些年来，保住军队是华盛顿对爱国军事业的最大贡献。关于这一点，没有其他美洲领袖能做到。12月，克林顿决定再次尝试制服南方的战略。他决心占领查尔斯顿，于是在26日率领8000名士兵朝南卡罗来纳进发。西印度群岛的法国舰队被海军上将罗德尼击败，得知这个消息，克林顿异常兴奋。由于天气恶劣，直到3月底才开始主要的围困行动。1780年5月，查尔斯顿沦陷，此为美军最大的灾难，5000名爱国军投降。接着局势开始不利于克林顿，他曾经获得了一处宝贵的基地，但同时也面临一场民众的战争。他发现自己面对的不是正规军，而是无数游击队，这些游击队干扰通信，谋杀保王党。显然，占领和征服该国家需要庞大的军队，但海上大国又介入了。有传言说，法国军队再次越过了大西洋，克林顿赶紧回到纽约，留下副指挥官康华里在南方好自为之，不过这远远不够。华盛顿派了一支军队对抗康华里，其指挥官是取得了萨拉托加战役大捷的盖茨。康华里在卡姆登战役中击败盖茨，并向北卡罗来纳挺进，一路击溃游击队，但他走了之后乡下又爆发了武装起义。在这里他没有可以攻击的要害，努力的唯一成效是破坏了一些农作物，免得叛逆者把这些农作物卖到欧洲换取弹药。

在北方，克林顿发现自己再次身陷险境。另一支法国舰队已经到达，这一次他行动太迟，未能阻止他们登陆。在罗尚博伯爵的率领下，5000 余名法国士兵于 7 月在罗德岛的纽波特上岸。华盛顿警惕万分，在哈得孙河谷的怀特普莱恩斯安营扎寨。本尼迪克特・阿诺德 1776 年领导远征加拿大，在萨拉托加战役中成绩斐然，如今在西点守卫要塞。法国人随时都可能从海岸进入内陆并与他会师。克林顿的基地和避难所纽约，似乎失守了，但敌军内部的背叛行为暂时缓和了英方的危急处境。长期以来，阿诺德对爱国军的行为一直不满。他最近娶了一位保王党夫人，并且他债台高筑，最近因盗用政府财产受到军事法庭的谴责。盖茨在卡姆登战役中失利的消息加深了他的不满和怀疑，他现在提议以两万英镑的价格把西点要塞出让给克林顿。如果丢掉西点要塞，华盛顿不仅会丧失对哈得孙河谷的控制，而且可能会全军覆没。克林顿抓住这个阴谋，将其视为可以在北方东山再起的机会，遂派出一个名叫安德烈的年轻少校乔装前去商谈投降事宜。

1780 年 9 月 21 日，安德烈驾驶一艘单桅帆船沿哈得孙河上游进发，深夜在离斯托尼波恩特不远的西岸与阿诺德碰头。在这里，阿诺德把壁垒、军备储存、兵卫力量的草图，万一遭受攻击时的命令以及最近在西点举行的军事会议记录都交给了他。安德烈在回去的路上途经两军之间的无人地带，落入巡逻人员之手，被交付给最近的美军指挥官。士兵在其靴子里发现了情报，指挥官不相信阿诺德会背叛，要求西点方面对此作出解释。阿诺德弃营而逃，其妻紧随其后，在乔治国王的军中他被授予将军头衔，指挥一支英军部队。20 年后他在耻辱和贫穷中死去。安德烈则以间谍身份被处决。他给华盛顿写了一封措辞优美而不失庄重的信，要求对自己执行枪决代替绞刑，但并未奏效。他是个长相标致的小伙子，穿着猩红色制服站在绞刑架上，自己把绞索套在脖子上，吸引了不少人的视线。他的英勇无畏触动了围观的人群，让他们潸然泪下。虽然战争点燃了怒火，阿诺德的背叛也激怒了每一位爱国者，却没人愿意行刑，最后，一个无名人士涂黑面孔给他行刑。40 年后，安德烈的尸体被移到威斯敏斯特的修道院。

尽管阿诺德的背叛行为被及时发现，却还是严重影响了爱国军的情感和团结，虽然这种影响是暂时的。他们处境十分艰难。众多美国人坚决反对战争，全国的保王党人士公开或秘密支持英方。南方受到内乱的严重打击，美国人杀美国人，每个人都怀疑自己的邻居。难道同样可怕的局面也会吞噬爱国军一直为独立事业而奋斗的北方吗？如果西点的司令官是个叛徒，那么还能够信任谁呢？爱国军命运逆转茫然无措，这种焦虑和恐惧也随之加深。罗德尼上将率领一支庞大的舰队兵临纽约，将法国人封锁在纽波特，直至竞选季结束。随后他再次发起攻势，这次的打击目标是西印度群岛，荷兰人在这里给爱国军运送武器弹药，牟取暴利。他们的贸易中心是背风群岛上的圣尤斯泰希厄斯岛。秋天有消息传来说，荷兰加入了反英联盟，罗德尼奉命夺取该岛。1781 年初他完成该任务，准备运给华盛顿将军的大量弹药和商品落入英国舰队手中。

*　*　*

现今克林顿和康华里之间的战略分歧给英方和保王党的事业招致了灾难。长期以来，克林顿强制将康华里拴在查尔斯顿，这引起后者不满。据克林顿判断，控制南卡罗来纳是南方战争的主要目标，深入内地须由海军先控制海岸。另一方面，康华里渴望向纵深地区推进。他认为北卡罗来纳的美洲游击队妨碍英军彻底占领南方，如果不将他们制服，英军将不得不退到查尔斯顿城内。在他看来，弗吉尼亚是爱国军独立运动的中心腹地，应集中全力将其征服占领。因此，第一步是占领北卡罗来纳。这个设想无疑是错的。查尔斯顿是南方的军事枢纽，而非弗吉尼亚。它是南方唯一的重要港口，在那里他能够获得物资供应，并且能截断叛军的补给。他不仅可以控制佐治亚南部，而且可以在北卡罗来纳和切萨皮克湾建立一些据点，如华盛顿当时写的那样，“保持拥有四百英里海岸线的局面，进而可以借口向欧洲各国索赔，这对美方非常不利”。[1]但是自卡姆登战役以来，康华里在军事上声名大噪，英国政府支持他的计划，而计划成功与否很大程度上取决于南方的保王党。尽管在之前的战役中他们一直出师不利，华盛顿提名其手下能力最出众的纳撒尼尔·格林指挥南方爱国军，但康华里还是决心向内陆推进，因此也把自己推上了毁灭之路。

1781 年 1 月，康华里朝北卡罗来纳边界进发。17 日清晨，前锋部队与考彭斯的美军发生冲突。英方战术简单，伤亡惨重。康华里见识过爱国军边民的枪法，深知自己部队枪法不精，因此转而利用军刀和刺刀进行冲锋。爱国军司令把那些组织不良、纪律涣散的民兵布置在他们身后的布罗德河畔，防止逃散。华盛顿一直怀疑这支部队的价值，他曾说过任何民兵组织都不会“拥有抵抗正规军的必要素质”。但这一次，经由大陆军的鼓舞，他们重创了英军。

康华里依旧向前行进，已经远离基地，格林的军队仍在活动。康华里唯一的希望是抓住格林决战，将其打垮。3 月 15 日，双方在吉尔福德县政府附近交战。事实证明美洲民兵不堪一击，但格林的主力部队训练有素，他们伏在栅栏后面，沉重打击了英方的正规军。英方在军官的率领下一再攻击美方防线。一名英方军官的战地日记这样写道:“我军即刻发起冲锋，井然有序，动作迅速，边前进边射击。离敌军防线不足 40 码时，才发现整个部队把武器架在栅栏上，这种栅栏在美洲十分常见。他们目标明确，枪法精准。”[2] 最终勇于献身、纪律严明的英军将美军驱逐出阵地，但并没有对其形成致命打击。爱国军部队仍然很活跃，而英军离乡甚远，损失了近 1/3 的兵力。康华里别无选择，只能折回海岸向海军寻求增援。格林撵走了他，爱国军收益甚多。不到 8 个月的时间里，他们在荒凉的沼泽地区转战 900 多英里，以一比三的劣势收复了除萨凡纳之外的整个佐治亚地区和南卡罗来纳的大部分地区。他输掉了几场战役，但赢得了这场战争。现今格林放弃北卡罗来纳的大片土地，迅速挥师南下，发动全境力量同英国人战斗。

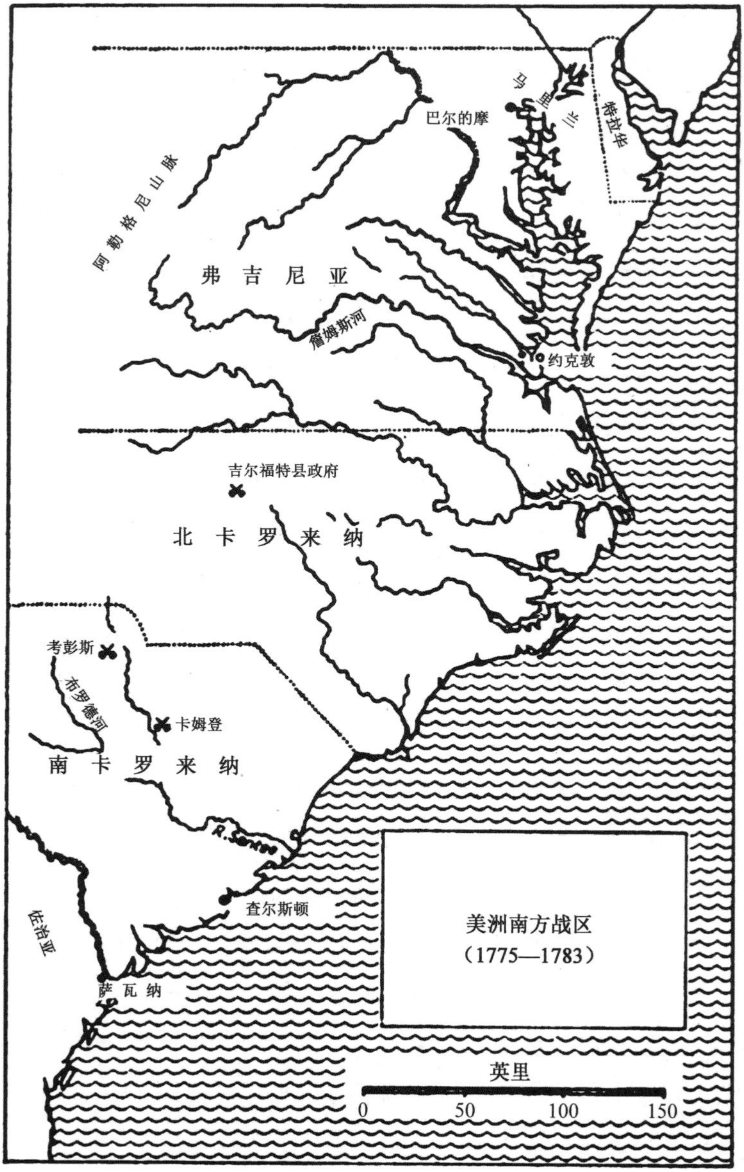

美洲南方战区（1775—1783）

在这里，爱国军和保王党（分别被当地人称为辉格党和托利党）之间的内战进一步加剧，半夜偷袭，缴获牲畜，谋杀伏击以及现代爱尔兰常见的暴行时有发生。格林自己写道："南卡罗来纳的辉格党和托利党之间不共戴天，导致双方境况悲惨不堪，每天都有人为此白白牺牲。辉格党人势要剿灭托利党人，托利党人亦如此。在这里，数千人死于这种方式，残暴程度日甚一日。如果不能停止杀戮，数月之内这里将人烟稀少，辉格党人和托利党人都不能存活。"格林开始进攻南卡罗来纳的英军孤立据点，康华里继续向弗吉尼亚进军。每到一处他便大肆破坏，但受到拉法耶特和一支薄弱的爱国军武装力量激烈而巧妙的骚扰。

这几个月里，克林顿一直守在纽约，康华里越来越近，克林顿才可能撤离北方基地，集中全部英军兵力保持对南方殖民地的控制。如果成功了，爱国军可能会遭受重创，因为大陆会议已经破产，华盛顿的军队也几近分崩离析。但是法国舰队再次扭转了局势，这一次是一劳永逸的。

美军的绝望境地被透露给了西印度群岛的法国海军司令官德格拉斯。7 月，华盛顿同自纽波特来的罗尚博在怀特平原会师，德格拉斯来信通知华盛顿，说要袭击弗吉尼亚海岸。他呼吁华盛顿尽最大努力将整个爱国军武力集中在该地区。华盛顿抓住这次机会，采取丝丝入扣的战术迷惑克林顿，他从哈得孙河谷撤出部队，与罗尚博会合，并肩南进。

在此期间，康华里由于供给线不断延长缺乏给养，便朝海岸进军，希望与克林顿在海上直接碰头。8 月，他抵达位于切萨皮克湾的约克敦，开始挖壕固守。他在接下来几个月的行为，至今仍然遭到众多非议。小镇的陆地一侧没有自然屏障，他也不去攻击周围聚集的敌人。美法联盟的战略堪称战争中相机而动的典范，双方相距甚远却能密切配合。约克敦城外约有 9000 名美军和 8000 名法军，德格拉斯用 30 艘船封锁了海岸，康华里在接近两个月的时间里坐以待命。9 月底，围攻约克敦正式开始，法国的攻城大炮摧毁了康华里的土建工事。防御崩溃之后，康华里孤注一掷计划突围。最后，英方仅剩一门大炮可以发射。1781 年 10 月 19 日，大约 7000 名英军全部投降。这一天，克林顿和英国舰队从纽约启航，得知噩耗又折了回去。

就此主要的战役结束了，制海权再次发挥了决定性作用。如果法国没有封锁海岸，英国的消耗战可能会成功。

11 月，德格拉斯完成任务，返回西印度群岛，华盛顿只好孤军奋战，应对身在纽约的克林顿和加拿大入侵的威胁。还有两年，美洲才能实现和平，但在此期间没有发生任何重大军事行动。

* * *

英军在约克敦的投降在英国引起震动，对时局产生了决定性影响。诺斯勋爵闻讯，一改和蔼可亲沉着冷静之常态，在房间里踱来踱去，激动不已，高声叫喊：“哦，上帝呀，一切都结束了！”

下院出现强大的反对势力，伦敦发生暴乱集会。一项批评海军管理不善的议案提交之后，政府的多数力量瞬间土崩瓦解。议会仅以一票的优势否决了停止美洲战争的提案。3 月，诺斯勋爵通知下院，他将辞职。国王写道：“这毁灭性的一天终于来了。”直到最后一刻，诺斯勋爵都保持着尊严。在下院任职 12 年，他作为一个失败者离开了。1782 年 3 月的一个晚上，下院议员们在雨中等候马车，他们看见诺斯走下台阶，进入预先接到通知并在等候的车里。诺斯对他周围那些浑身湿透且满怀敌意的议员深鞠一躬，说："先生们，这就是密谋的好处。"说完便乘车快速离去。

国王乔治三世经历失败，万分痛苦，情绪异常激动，扬言要退位回汉诺威。举国上下群情激愤，不给他成功举行大选的希望，他被迫与反对势力达成协议。漫长的独立战争期间，罗金厄姆和伯克耐心等待着诺斯政府的垮台。现在时机已来，罗金厄姆与国王达成协议：殖民地获得独立，削减国王的政治权力。乔治三世被迫接受，罗金厄姆上任。从此，他和他的同僚谢尔本勋爵竭尽所能从第一个大英帝国大厦崩塌的废墟中救出断瓦残片。

第 15 章

印度帝国

18 世纪，英国在印度的地位发生了革命性变化。其东印度公司起初不过是个贸易企业，到如今发展得越来越快，掌控着这个幅员辽阔的帝国。1700 年前后，常驻印度的英国人口不过 1500 人，这还包括妇女儿童和过往逗留的水手。这些人分头住在几个贸易据点里，并将其称作工厂，只顾经商，不过问印度政治。百年之后，英国总督率领成千上万的官员和军人控制了这块辽阔区域；这一重大变化在某种程度上是英法斗争的结果。英法连年战争，战势席卷全球。在美洲，法国帮助美国独立战争受益良多，英国屡遭惨败。可在印度的情势则有所不同，英法在欧洲相安无事时，却在那儿继续交锋。若欧洲干预的时机尚未成熟，英法之间的战火绝不会在印度大肆蔓延开来。伟大的莫卧儿帝国正在解体。整整两个世纪，帖木儿的穆斯林后裔们在世界上握有现今美国一半大小的地盘。他们以德里为中心，兼有办事干练的总督支持，以一种东方的方式保持和平，次大陆 8000 万人的生活秩序井然，而接下来 100 年里就再也没有这样的平静。18 世纪初，曾不可一世的王朝因王位之争而动荡不安。北方波斯乘虚而入，进犯边界，德里被洗劫一空。莫卧儿总督们叛乱，自称拥有帝国各邦的主权，觊觎王位者揭竿而起，与篡位者相互倾轧。在印度中部，凶猛的马拉塔战斗部落组成松散的联盟趁机突袭掠夺，导致帝国陷入无政府状态，一时腥风血雨。

迄今，有英、法、葡、荷的商人在印度争抢做买卖，但只要“莫卧儿大帝”仍统治着德里，他们倒也公平竞争，和气生财。此时，东印度公司已是风生水起，坐拥125万英镑的资产，年分红达到9厘。1668年，查理二世以年租金10英镑将孟买租赁给东印度公司，而今孟买人口已是先前的6倍，超过6万人。1639年，英国人建立并驻防马德拉斯，使其成为东海岸主要的贸易中心。1686年，东印度公司在胡格利河入海口兴办工厂，从此曾荒无人烟的加尔各答蒸蒸日上，成了繁荣稳定的商业中心。法国印度公司以本地治里区为中心，做得也是顺风顺水，但不同于它的英国竞争对手，该公司隶属国家部门，实际上并不是一家私有企业。而这两家公司宗旨一致：发展商贸，谋取利润。两国都不曾考虑过获取土地的规划，东印度公司董事们长久以来就不愿坐拥土地，事实上，他们不愿对贸易据点以外担负任何责任。然而，1740年前后，时局迫使他们改变态度；马拉塔人对东南海岸长达500英里的卡纳蒂克省的纳瓦布（Nawab）帝国总督展开了屠杀，对马德拉斯和孟买构成了威胁；他们长驱直入，直至孟加拉国腹地。因此欧洲商人们无法再置身事外，若不与印度统治者结盟，他们就得独自作战，要不就得走人。事实上，大多数荷兰商人已撤到富裕的东印度群岛，而葡萄牙人在这场竞争中早已落伍。英、法两国决定留下，成了战场上仅存的欧洲玩家。

追溯历史，法国每一次陷入危机，总会有伟人出现，这一次便是约瑟夫·杜布雷。他于1741年就任本地治里总督，早就预见法英终将一战，并认识到印度要有一位新的统治者。莫卧儿帝国已是穷途末路，马拉塔帝国看上去还不能取而代之，那么法国为何不吞下这块诱人的肥肉呢？所以在奥地利王位继承战争爆发后，杜布雷果断行动，呼吁卡纳蒂克的纳瓦布总督在其管辖区域停止敌对行动，因为大部分法国商贸站都在那儿。得到准许后，他着手进攻马德拉斯。其英属总督请求新的纳瓦布总督对法方保持类似的中立，可是却忘了送上适当的贿赂，而杜布雷则承诺一旦攻克马德拉斯，就将城市双手奉上。纳瓦布可以袖手旁观,高枕无忧。5天的狂轰滥炸后，1746年9月10日，马德拉斯宣告投降。部分守城的英军逃至附近的圣戴维堡，其中就有21岁的年轻职员罗伯特·克莱武。

然而，杜布雷取胜后，却拒绝将马德拉斯交给纳瓦布，并在年底前打退纳瓦布的屡屡进攻。随后他便袭击了圣戴维堡，可届时欧洲传来消息：拿破仑战争结束，各国签订了亚琛和约，要求法方将马德拉斯交还英方，换取英方将新斯科舍的路易斯堡割让给法国。于是，这场印度的重大斗争刚一开幕就惨淡收场了。

* * *

克莱武大梦惊醒，他看在眼里，怒火中烧，但他前半生并没有显山露水,来预示他是扭转国运之人,将为英国建立起对印度的统治。他出身于什罗普郡集镇的小乡绅家庭,年少时浑浑噩噩,读书不争气,先后转过三四次学,成绩都不理想。他还纠集一帮小无赖,招摇过市,对商贩勒索敲诈，若是不给便要去砸窗玻璃。18岁的时候，东印度公司派他这个小职员到海外，年薪5磅，外加生活费40磅。这个不受管束、没啥前途的下属，对于账房的工作氛围以及每天的例行公事极度厌烦，据说还曾两次因手枪卡壳自杀未遂。后来他成为军官，在东印度公司的军队里服役多年，在英属印度终以无与伦比的军事才能彪炳史册。经历了马德拉斯围城战和圣戴维堡保卫战，他迷恋上了战争。1748 年，新的动乱给了他掌握领导权的机会。

印度王位的觊觎者们夺取了德干的莫卧儿总督权，并征服了加纳蒂克。而杜布雷仅凭屈指可数的法国士兵和两三千印度军队便把他们驱逐出去，随后将自己的傀儡扶上王座。英国人支持的穆罕默德·阿里一路被赶到了特里奇诺伯里，被层层围困。由此，法国一举控制了印度南方。显然下一击便是针对英国，事到如今，任何和平贸易，或是所谓的不干涉印度事务的念头都破灭了。显而易见，东印度公司不战则亡。这时克莱武被任命为军官，并向特里奇诺伯里进发，目睹穆罕默德·阿里已是危机重重。英军若能将阿里救于水火，并将其扶上王位，一切就好办了。可是要怎么做？现今，特里奇诺伯里被围，法印联军人数众多，英军寡不敌众，装备简陋，军官匮乏，所以才会让年仅 25 岁的克莱武统领军队。克莱武审时度势，认识到特里奇诺伯里之围不可解，立刻决定围魏救赵。卡纳蒂克首府阿尔科特的军队，大多被派去围攻穆罕默德·阿里，此时正守备空虚。若此时攻克首府，围攻的军队就得被迫撤回。于是，克莱武便率领 200 名欧洲人和 600 名印度军，连同 8 名军官倾巢出动。军官中，有 4 名和克莱武一样曾是公司职员。他们一举攻破此城，小股人马开始疯狂备战，以防敌军复仇。果不其然，印度君主见首府沦陷大惊失色，立马抽调前线大队兵马去进攻克莱武。战役持续了 50 天，克莱武的人数不及敌方的 1/20，几乎弹尽粮绝。可是他亲自上阵点炮，小小队伍击退了敌军的夜袭；一位马拉塔酋长对他倾慕不已，扬言前来援助英军，从而解了围。杜布雷垮了，产生了多米诺骨牌效应。1752 年，克莱武连同英国来的正规军人斯特林格·劳伦斯，击败了法军及其扶持的篡位者，并将穆罕默德·阿里扶上王位。卡纳蒂克转危为安。次年，克莱武成婚，可身体欠佳，便返回英国。他从印度统治者手里发了笔横财，人们婉称其为“礼品”。而杜布雷则苟延残喘，于 1754 年被召回国，9 年后因失宠在穷困中死去。在印的英法领导人结局对比悬殊，英方军官名利双收，而法国人却大多命运悲惨。

在英国，克莱武拿出部分财富从政，企图代表康沃尔郡的一个“有名无实的市镇”进入议会，结果未获成功。于是他于 1775 年返回印度，恰巧印度东北地区一场新的战役一触即发。迄今，英、法、荷三国在富饶的孟加拉省展开贸易往来，相安无事。温顺、聪明而勤劳的当地人基本上躲过了南方因无政府状态而导致的哀鸿遍野的苦难。靠近恒河口的加尔各答也获益颇丰。有来自西北的穆斯林冒险家夺权执政十四载，维持了太平；但他 1756 年去世后，王位传给了侄子苏拉贾·道拉。此人生性恶毒、残暴贪婪，担心（不无道理）最近爆发的史称“英法七年之战”也许会波及自己的领地，将他变成像德干省诸王一样的傀儡，便要求英法双方拆除防御工事。法国人居于加尔各答上游的昌德纳哥尔（Chandernagore），这让他稍感宽慰；而英军意识到英法一战迫在眉睫，于是无视道拉的要求，在河畔扩建工事以防法军突袭。再加上另一些摩擦，苏拉贾·道拉被惹恼了，于 5 月便兴师问罪。

他集结了一支配有欧洲炮手的大军，向加尔各答进发。现代学者澄清了麦考利谴责总督和英国当局给扣上的胆小无能的帽子；事实上，通往城市的向岸陆地未筑工事，加之指挥不当，情形混乱；水路疏散演变成恐慌逃窜。少量驻军和大部分英国平民英勇奋战，无奈 3 天之后大势已去。太平日子太久了，如今却是厄运来袭。敌人亮起休战旗，突破防线后，146 名欧洲人缴械投降。他们被塞进了 20 英尺见方的牢房中过夜，拂晓时仅有 23 人存活。胜利者掠夺了东印度公司的财物后扬长而去。“苏拉贾·道拉未曾想到，”埃尔顿勋爵写道，“他与英国打交道却让英国成为印度的新主宰。黑牢惨案彻底打消了英国人企图单纯经商的幻想，他们内心燃起了复仇之火，终于决心战斗了。”[1]

8 月，加尔各答沦陷的消息传到了马德拉斯。董事们还未知晓欧洲英法战争已经爆发，但是跟加尔各答一样听到了些风声，法军将从海上和德干同时发动进攻。因此董事们将全部海军和几乎全数陆军交给了克莱武。1757 年 1 月，克莱武率领 900 名欧洲士兵和 1500 名印度士兵收复加尔各答，驱逐了苏拉贾·道拉的 4 万大军。但是迫于同法国作战的压力，克莱武只得撤退；可他坚持攻打昌德纳哥尔，这座城可不敢落入法军之手。所以 3 月份在赶回马德拉之前，他拿下了昌德纳哥尔。驻军英勇抵抗之后逃离。克莱武走了好运，因为苏拉贾·道拉残暴不仁，众叛亲离，自己的臣民都受不了，一批朝臣决心废除他，拥戴米尔·伽法为新君，而克莱武同意相助。6 月 23 日，他在普拉西与苏拉贾·道拉狭路相逢，此时克莱武军已扩至 3000 人，包括不到 1/3 的英国士兵；但人数却只有敌方的 1/17。身后胡格利河正值汛期，毫无退路，敌方又在开阔的平原上聚成半圆围堵他。克莱武便沿着芒果林部署军队，准备迎敌。这场力量交锋，决定着印度的未来。炮轰持续了 4 小时，此时，苏拉贾·道拉察觉到军中有变，轻信了那些准备背叛他的人的建议，下令撤退。克莱武决定放走苏拉贾·道拉，随后发动夜袭，可是一名下级军官违命出击，英军势如破竹，掩杀勇不可当;敌方惊慌逃散，溃不成军。几天后，米尔·伽法的儿子杀死了苏拉贾·道拉。克莱武仅折损 36 人，就取得了普拉西战役的胜利，成了孟加拉的主宰。

使命尚未成功，克莱武还需努力。虽然米尔·伽法未曾参加所谓的战斗却被拉上了宝座，但是省内到处都是来自北方的穆斯林战士，王位觊觎者比比皆是。附近的奥德邦也非友善之辈，法军也依旧活跃，就连荷兰也是蠢蠢欲动。克莱武将他们一一击败，就算英国人无法统领印度，也要务必在当地找个友好的统治者。那时盛行间接统治，毕竟直接统治容易造成混乱和流血伤亡。1760 年 2 月克莱武再次回国时，英国成了唯一留在印度的欧洲强国。短短 4 年多的时间里，他扭转了印度局势。虽然法国获准保留了他们的商贸站点，可影响力不复从前；9 年后，法国的印度公司解散了。此时，克莱武已聚敛了 25 万英镑的财富，他随当时的风气，靠贿赂进入议会，还买了个爱尔兰的爵位。可是，他在印度的使命还未完成。

*　*　*

现代人不应误会英国在印度扩张的性质。英国政府从未主导印度的冲突，虽然克莱武人才难得，首相皮特有理由器重他，并用手头资源尽可能去支持他。可首相对印度局势并无重大影响。况且，他当时还在应对一场世界性大战，再加上路途遥远，联络不便，局势复杂，皮特干脆让克莱武全权处理，并有求必应，满足于口头策应。东印度公司是个贸易机构，其董事由商人组成，他们想要的是红利，决非战争，不愿军队在土地兼并上多花一分钱。但是次大陆政局动乱，迫使英方不断违背初衷和主张，去控制更多的领土。最后，无意间建立起了跟前朝莫卧儿帝国一样强大却更为稳定的帝国。将此称为“帝国主义扩张”，简直是无稽之谈。毕竟，“帝国主义扩张”意味着蓄意抢夺政权。事实上，倒不如说，在印度，英国人建起帝国是“无心插柳柳成荫”。

克莱武的胜利，解决了不少问题，却也引发了不少的麻烦。在他离开后的一段时间，英国人在印度干了些前所未有的肮脏交易。东印度公司以盈利为目的，只要局势稳定、贸易繁荣，根本不懂也不在乎印度是如何统治的。公司罢黜了年迈的米尔·伽法，拉个傀儡上位；傀儡不服管教，公司就再次掀起腥风血雨，将他打垮，随后将孟加拉王座标价拍卖。职员收入甚微，半推半就地接受起贿赂，私收老百姓礼品并赚起了可耻的好处费，而公司对此也是默许纵容。可是腐败和非法牟取暴利的丑闻传回了英国。公司董事会突然发现，他们不仅失了红利，而且还坏了名声；于是便向克莱武求助。1764年6月，克莱武最后一次前往印度，担任印度总督，帮助东印度公司管辖全部领地。他大刀阔斧改革，专横强制，其意义却比普拉西大捷更为深远。改革甚是成功，并受到了莫卧儿大帝的青睐，邀请克莱武去做德里以及整个北印度的英国都护官。但是克莱武拒绝了，因为他始终认为东印度公司无力担负起统治帝国的责任。5年前，他还曾上书首相皮特，建议由王室接管东印度公司对印度领地行使主权。可是该建议被忽视了近一个世纪。与此同时，为了酬谢东印度公司的财政补助，莫卧儿帝国将管理岁入的权力割让给了公司。司法权仍留在印度统治者手中。但是这种权力分工难以为继，不久带来严重问题，可是总的来说还是前进了一步。英国人掌控了财权，并且“现在权力归属于唯一的安全处所”（克莱武语）。1767 年 1 月，克莱武又回到了英国，民众信息不灵通，吹毛求疵，在下院责问克莱武。克莱武辩护，指出，是他的努力才让东印度公司的董事会“得到了一个超过欧洲任何一个国家的幅员辽阔的大帝国，每年进账 400 万英镑，并实现了相当规模的贸易”。对于个人积累的财富，克莱武的慷慨陈词在当时家喻户晓：“难道我当时处事的分寸不该受到褒奖吗？想想普拉西大捷之后我的地位吧，帝王都要看我心情行事，富庶之城我予取予夺，大银行家争先恐后博我欢颜，金库只为我而开，珠宝黄金，数不胜数。议长先生，此刻我倒是对自己的节制深感震惊。”结果下院一致通过决议：“罗伯特·克莱武爵士，劳苦功高，为国立下汗马功劳。”但是这项决议并没有抚平克莱武的壮怀激烈和痛苦煎熬。几年后他便自杀身亡。

*　*　*

不久，克莱武就被另一个伟人接替，名为沃伦·黑斯廷斯。与克莱武不同，他出身贫穷，但祖上曾在伍斯特郡拥有大片地产，后来奥利弗·克伦威尔战争迫使其曾祖父将戴尔斯福的家宅变卖。所以，孩童时起，黑斯廷斯就梦想有朝一日收回房子。他年幼时丧母，由叔叔带大，送至威斯敏斯特上学。在那儿他钻研古典文学，因成绩好，老师们希望他去大学深造；但叔叔拒绝了，并把他送到印度，那年他只有 16 岁。

当克莱武如日中天时，黑斯廷斯不过是东印度公司的一名小职员。克莱武最后一次离开后，翌年，黑斯廷斯成为加尔各答执政理事会成员。该职位责任明确但有限，让他看清了公司存在肮脏混乱、积重难返的问题：职员们不断牺牲雇主和当地居民的利益，中饱私囊。马拉塔人占领了德里，威胁到了奥德和马德拉斯，甚至一直和平安宁的孟买也被卷入了内战。1769—1770年，孟加拉有三分之一的人口死于饥荒。岁月艰难，黑斯廷斯坚持清苦朴素的生活。他渴望名誉和权力，希冀有足够的钱财赎回戴尔斯福的家宅。至于聚敛私财还是让他人去做吧。他本性并不贪得无厌。1772年，黑斯廷斯升任孟加拉省总督，孟加拉虽被突袭劫掠，但还是富庶。于是他决心做两件事：一是保持公司红利，二是让英国人收税。但至此，英国舆论似乎相信了关于克莱武的流言蜚语，议会还差一点谴责了他。东方归来的富裕冒险家既为印度的新帝国树立名声，同时又抹黑它。他们富可敌国却又过于傲慢，看不起先前的阶级；可是他们又被贵族视为暴发户，自然也难以融入贵族社会，这些在印度发财归国的欧洲人被称为“纳布波”(Nabobs),其实就是先前提到过的“纳瓦布”，无非叫法不同而已。他们遭到了英国各阶级的妒恨。作战果敢，纪律严明，在阿尔科特之战和普拉斯之战所向披靡，一雪“黑牢”之辱，可如今却被人遗忘。但是这却是合乎情理的，因为许多“纳布波”都忙于聚敛财富，根本无暇援助克莱武。年迈的查塔姆曾言：“印度满地是‘邪恶’，到处恶气熏天。”嫉贤妒能、愚昧无知、意气用事汇在一起，民众怨声载道，改革势在必行。这些怨言并非空穴来风，9年来，公司职员从孟加拉居民身上搜刮了近300万英镑。而恰巧是诺斯勋爵促成了改革。

诺斯尽力而为，座右铭是“锁住大亨”，在黑斯廷斯担任孟加拉总督的第二年，他就说服议会通过《管理法案》(Regulating Act)。其中的措施并非一无是处，它统一了英国在印度领土的行政权。“大总督”坐镇加尔各答，统一管辖孟买和马德拉斯。沃伦·黑斯廷斯出任第一任“大总督”，年薪25000英镑。为防止滥权，此职位徒有虚名。明文规定孟加拉纳瓦布、公司董事会和“大总督”三权制约，并且议会享有否决权，以限制“大总督”。黑斯廷斯斗争数年，以求打破权力枷锁。他最大的竞争对手便是新同僚菲利普·弗朗西斯。相传此人是威尔克斯动荡时代，撰写恶狠狠抨击国内政府的《朱尼厄斯信札》(*Letters of Junius*)一书的作者。他一直明里暗里与黑斯廷斯作对，可是大总督知道轻重缓急，并践行宗旨。他虽性情急躁，却学会了耐心等待，沉着冷静。英国政府一度想召他回国，恰巧手下两名极为无知的反对派执政理事会成员去世。不久后，法国见美洲英属殖民地反叛，蠢蠢欲动，想要恢复在印度的势力，于是再次对英国宣战。黑斯廷斯终于摆脱了枷锁，自由行动。权力解放可谓恰逢其时。

1778年，法国舰队直逼南部海岸，卡纳蒂克到处都是迈索尔邦海德尔·阿里的人，马德拉斯的英国总督被手下贪官监禁，孟买正同马拉塔人厮杀。在黑斯廷斯当权6年间，一切都恢复原样了。手下海军实力弱于法国，虽然打了不下于5次战役，却难以抵挡法军在马德拉斯海岸登陆。马德拉斯政府遭清洗后重整旗鼓。参加过普拉西之战的艾尔·库特爵士依然是英国驻印最优秀将领，他被紧急派往南方，并于1781年在波多诺伏大败海德尔·阿里，翌年又打败其子迪普·苏丹，随后又同马拉塔人举行了和谈。到了1783年，敌人只剩下法国困兽犹斗。可是《凡尔赛条约》签订后，法国的希冀也破灭了。英国失去了美国殖民地，却在印度建起了另一个帝国。

一系列行动耗资巨大，可黑斯廷斯难以从英国获取财物的援助。美洲、欧洲以及海上战争已将英国拖垮，他只能就地取材。孟加拉居民十分富有，受到英军保护才相对安全；他们理应缴纳保护费。于是，黑斯廷斯毫不留情地索取钱财，筹集资金去援救孟买和卡纳蒂克，防止孟加拉又陷于火海。可是黑斯廷斯和东印度公司的批评者，很快指出他筹集的200万英镑资金只有三分之一用于战争，剩下的钱财不知所终，大家心照不宣。可是，黑斯廷斯其人并不在意钱财，回国时也没有腰缠万贯。1785年，他离开印度，当地人对他怀有感激。不同于当时其他的许多英国人，黑斯廷斯操着一口流利的当地语言。他喜爱与印度人交往，这点还受到了克莱武的斥责。虽然他以自己的血统和祖先为傲，却从未受到种族肤色歧视和宗教观念的影响而首鼠两端。

起初，黑斯廷斯受到了英国民众的欢迎与尊敬。他的成就和胜利总算慰藉了一下英国在美洲的屈辱和灾难，东印度公司更是千恩万谢。他奉调回国前一年，小皮特颁布了一项《印度法案》（India Act），规定由内阁领导控制委员会，并接管东印度公司的政治权力。黑斯廷斯一度反对。虽然大总督摆脱了加尔各答执政理事会的枷锁，那是诺斯考虑不周定下的规矩，可是任命权却转到了皮特的好友顾问亨利·邓达斯手中，他直接兼任控制委员会主席。事实上，一群雄心勃勃、正直廉洁的苏格兰青年开始填补并加强印度英属行政区的职位空缺。多亏了克莱武与黑斯廷斯，他们不必靠收礼受贿便能维持生计，皆大欢喜。可是议会也不会轻易忘记那些查塔姆所谴责的“冲天恶气”。英国的“纳布波”冒失莽撞，粗俗可鄙，还喜欢炫耀钱财。黑斯廷斯一回国，议会的调查就尾随而来。虽然并没有证据表明他个人有贪污受贿行为，可是他目中无人，在和各党派政客打交道时，完全不讲策略。伯克、福克斯和谢里登牵头，议会决定让他放血。还有菲利普·弗朗西斯，为报加尔各答决斗中的一箭之仇，更是居心叵测煽动黑斯廷斯的仇敌加紧进攻。传统的弹劾武器再现人世，矛头指向黑斯廷斯。1788 年 2 月 13 日，在威斯敏斯特大厅，审判开始。案件审理了 7 年多，黑斯廷斯在印度的执政情况都被详细审查，既有指责和误解，也不乏支持与赞扬。最后他还是被无罪释放。许多起哄也是有失公正，不明觉厉，但此案审判过程向公众，向全世界宣告了英国人民拥护伯克的主张：印度应根据“欧洲、非洲和亚洲乃至全人类均可找到的法律加以统治，即根据我们内心根深蒂固的、存在于有判断能力的人感情中的平等和人性论原则”加以统治。

为自己辩护花的钱几乎让黑斯廷斯破产，幸而东印度公司给他足够的财产，让他赎回戴尔斯福家宅。多年后，他在下院就印度事务作证时，下院向他致敬。他再未担任任何职务，但是比起那些法国老对手而言，他确实幸运不少；毕竟那些人要么早已脑袋搬家，要么穷困潦倒。而且后人帮他洗清了辉格党的诋毁，还他清誉。

*　　　*　　　*

写到这，顺便跳过一段历史，先来讲讲英属印度之后的事儿。拿破仑战争期间，英国国力迅速扩张。在法国大革命前夕，东印度公司管辖区域仅限孟加拉省和马德拉斯港与孟买港周围狭长的海岸地带。滑铁卢战役结束后，东印度公司统治着除西北部分地区外的全部次大陆。

在英国征服印度的历史中，对沃伦·黑斯廷斯的弹劾是一个转折点。主宰权不再掌握在籍籍无名而才华横溢的公司职员手中，他们抓得住权力，而且无愧于这些权力。大总督一职也交由原本声名显赫的、出自英国高贵门第的人士：直面约克敦投降事件的康华里侯爵、韦尔斯利侯爵、明托勋爵、黑斯廷斯侯爵、阿默斯特勋爵以及达尔豪西勋爵。这些人虽无名义上的头衔，实则皆是摄政总督（Viceroys），他们不为金钱利益所动，无法忍受伦敦政府的胡乱指挥，又与英国统治阶层交好，便宜行事，毫无后顾之忧。事实上，他们确实有很多事儿可做。1785 年，马德拉斯腹地的卡纳蒂克被一个印度地方纳瓦布所掌控，在武力和财力上都获得了英方支持。海德尔·阿里从莫卧儿人手中夺来了延伸至西海岸的迈索尔地区。可是其子迪普·苏丹觊觎吞并全部印度南部，对迈索尔地区滥施淫威。在半岛的中南部，海德拉巴的君主，理论上是德里傀儡皇帝治下的诸侯统治着德干地区，政权摇摇欲坠。再往北到处是马拉塔人，戎马世家，骁勇善战，武装轻便，铁骑追风赶月，进攻神速，来去无踪。自古以来，他们就是伊斯兰教莫卧儿帝国的劲敌，渴望建立帝国，统一印度。唯有孟加拉受英国庇护，并靠着岌岌可危的缓冲区奥德，才得以免于战乱。

不久，康华里不得不着手对付迪普，18 世纪 90 年代，他进攻迪普，占领了大半个迈索尔，迪普被迫交出半数领土。在法国路易十六被送上断头台的那年，一个无足轻重的小人物接替了康华里的职务，并试图休战。但是印度统治者聘用法国军官，以欧洲模式训练军队。1798 年，韦尔斯利侯爵被委以解除危机的重任。此时，拿破仑在埃及大获全胜，正寻求在东方建立帝国，于是开始帮助迪普招募大军，由法国人训练。英法战火再一次笼罩印度。担心法国海军从其所控制的印度洋海岛毛里求斯发动进攻，韦尔斯利雷厉风行，立即向迪普提出所谓的“附带条约”，要求迪普解雇法国军官，遣散军队，并向东印度公司缴纳保护费。迪普决心一战，可1799年就被打回了首府塞林伽巴丹，并被杀死。韦尔斯利趁机吞并迈索尔外围地区，并将剩下的还给被海德尔·阿里强占地盘的几个印度王公。但是这些政权好景不长。当法国人染指东方的野心随尼罗河之役的失败而付之东流，韦尔斯利也将注意力转移到了卡纳蒂克。当地政府暴虐无道，经济已经破产。1801年，韦尔斯利发放年金将其纳瓦布打发走，并将卡纳蒂克纳入马德拉斯管辖区。同年，他又开始对付奥德，这里情况不尽如人意。其纳瓦布虽受英军庇护，但对手下士兵的哗变、以及欧洲冒险家的贪婪剥削与抢劫也只能听之任之。韦尔斯利也向其强加了“附带条约”，要求将除勒克瑙近郊之外的大部分领土割让给英国，以换取英军的庇护。此外，还要遣散除公司认可外的所有欧洲雇员，并且听从公司安排来实行统治。

最后，韦尔斯利着手解决马拉塔人的问题。几年前，他们占领了德里，挟持了莫卧儿皇帝，并要求孟加拉向皇帝进贡。如今，他们闹起了内讧。其酋长逃了出来，向韦尔斯利求援，英国人帮他打回都城浦那。其他人因此向英方宣战，双方激战，最后在阿萨耶等多处被韦尔斯利的弟弟即后来的威灵顿公爵打败。同样，韦尔斯利也向他们强加“附带条约”，要求他们交出奥里萨和德里省的大部分地区。“7年之间，”一位著名史学家写道，“他改变了印度版图，发动他的同胞不断扩张，直至50年后，杀到与阿富汗交界的山下才停了下来。……从表面上来看，这些扩张似乎野心勃勃，手段强硬，但事实上，每次扩张都是有利于当地居民的。18世纪的印度酷似5世纪的欧洲。韦尔斯利坚信，唯有英国统治，印度才能免于无政府流血，暴政专制。他将信念付诸行动，并没有装腔作势。罗马帝国灭亡后，欧洲一度沉寂几百年，老百姓渐渐才得到安宁生活。但在印度，英国当局仅用 50 年就稳定了社会。”[2] 对此，东印度公司有不同看法，董事们只想做买卖，而非征服；他们对韦尔斯利充满敌意，骂声不断。终于，1805 年韦尔斯利辞去职位。

明托勋爵接替了韦尔斯利的职位，却被明文禁止接纳任何新的领地管辖。一段时间内，他原地踏步，但长此以往也做不到一直如此。韦尔斯利实施的绥靖政策不继续下去就得宣告流产。并且他强迫印度统治者们遣散的一群当地军人，心有怨气，且无所事事，并拉帮结派，整日干起敲诈勒索的勾当。与此同时，马拉塔人将英军的暂缓行动当作懦弱的表现，便开始支援这些绑匪抢劫印度中部地区。以至于 1814 年，出任大总督的黑斯廷斯侯爵不得不动用军队镇压。马拉塔人想取代莫卧儿帝国的最后希望眼看破灭了，于是他们揭竿而起，结果却是一败涂地。首领被打倒，浦那公国被纳入孟买管辖区。于是，东印度公司无意间就地主宰了印度四分之三的地方，成了霸主。

第九部　拿破仑

第 16 章

小皮特

罗金厄姆侯爵一直等待组阁的机会，但当 1782 年 3 月机会终于来时，他只剩下 4 个月的寿命。康华里在弗吉尼亚约克敦投降一事，对英国舆论产生了重大影响。黑暗笼罩着这个野心勃勃的岛屿和它那固执的君王。英国孤立无援，没有一个盟友，置身于一场世界性大战中，一切都不称心：法国舰队威胁着英国的印度洋交通联络；他们的联合舰队活跃在英吉利海峡，并封锁了直布罗陀；他们用的金钱点燃了印度次大陆上马拉塔人卷土重来的希望；梅诺卡岛沦陷；华盛顿兵临纽约城下，美洲大陆会议得寸进尺，扬言绝不会与英国单独媾和。虽然海军上将罗德尼在桑特海峡大获全胜，重新夺回西印度洋海域的制海权，9 月理查德·豪解了直布罗陀三年之围，但在世界其他地方，英国势单力薄，不成气候。这一切正是乔治三世的一意孤行才让大英帝国沦落到这般境地的。

罗金厄姆于 7 月辞世，谢尔本伯爵受命组阁。罗金厄姆和埃德蒙·伯克一直重视组建一个能在当今重大问题上形成统一意见的内阁，从而以便根据集体的决定向国王提出对策。但谢尔本无意遵从这种设想。于是这个计划就被废弃了。谢尔本力求任用观点和派别截然不同的政客组成内阁。但是，数年来，由于乔治三世领导他们遭遇一次次溃败，英国整个政治架构在个人效忠方面已经瓦解。现在，新首相广纳贤士，却招致所有人的怀疑。谢尔本才华出众，能言善辩，思想开明，然而，他像之前的卡特里特一样，受到各个派系的猜忌。国王倒与他合得来，全力支持他。然而英国政界三足鼎立，攻讦到没有和解的余地，也没有一方足够强大可以独立组阁。谢尔本已得到了查塔姆一派的支持，包括查塔姆之子小威廉·皮特（the young William Pitt，后任谢尔本政府财政大臣）。但诺斯执掌着的一派势力仍然不容小觑。他心痛自己效忠君主 12 年却受冷遇，仍指望着能重掌内阁。第三派以查尔斯·詹姆斯·福克斯为首。福克斯才华横溢，慷慨正直，曾猛烈抨击诺斯政府，但后来变卦了。至于伯克，他缺乏家族势力，在实战上也无杰出的政治天赋，当他的靠山罗金厄姆去世后，也就没有什么影响力了。

对谢尔本的敌意日渐高涨，传播甚广。尽管如此，他仍施展了极佳的谈判技巧，以承认美国独立为基础顺利结束了这场世界大战。法国政府如今濒临破产。其援助“美国的爱国者”只是为了肢解大英帝国，除了少数理想派如拉法耶特外，无人希望在新大陆创建一个共和国。路易十六的大臣们早就警告过他，美国独立可能会动摇他的绝对君权。西班牙就直接反对美国独立。其参战主要是因法国承诺帮助西班牙重夺直布罗陀，条件是使用西班牙战舰抗击英国。但是英国在北美的 13 个殖民地叛乱会祸及西班牙的海外殖民地。直布罗陀并未得手，西班牙则要求在北美获得巨大补偿。尽管大陆会议承诺让法国领导和谈，但美国赴欧代表团意识到处境危险，背信弃义与英国秘密签署初步的和平协议。和查塔姆一样，谢尔本梦想着通过做出巨大让步继续保住整个帝国，他意识到，承认美国自由是唯一可行的政策。无论如何，福克斯已在下院公开宣布，明确了英国的立场。

和谈中最重要的问题是阿勒格尼山脉和密西西比河之间这方西部土地的安排。长期以来，弗吉尼亚和中部殖民地的投机者在这块地方很是活跃，而且他们在大陆会议中的影响力也不小，受到炙手可热之人如富兰克林、帕特里克·亨利、李氏家族以及华盛顿本人的支持。而以塞缪尔·亚当斯和约翰·亚当斯为首的激进派新英格兰人对这块西部地区并无直接的兴趣，不过他们同意，除非英国承认北部殖民地在纽芬兰海域的捕鱼权，否则他们会敦促英国完全割让西部土地。

谢尔本政府一点也不仇视美方觊觎西部。难点在于美加边境。富兰克林等人居然要求割让整个加拿大省，但是谢尔本知道，这样做会导致自己的政府垮台。经过数月的谈判，双方终于划定了一条边境线——从缅因边境到圣劳伦斯河，逆流而上，穿过五大湖，到五大湖的源头。这条线以南，密西西比河以东，佛罗里达边界线以北，成了美国领土。这绝对是该条约最重要的成果。谢尔本尽显政治家风范，他的让步阻止了英美爆发更多的边境战争（只一次例外）。唯一吃亏的是加拿大的皮草公司，它们的生意本已从魁北克省做到了俄亥俄河沿岸；不过这只是小小的代价。而同意新英格兰地区拥有捕鱼权则满足了北部各州的要求。

作为回报，英国政府则试图了结两桩纷争——美国商人还清战前累计拖欠英国的债务以及美国保证境内10万名左右美国保王党人的安全。谢尔本力争这两点，但美国一毛不拔。他们再清楚不过，自己稳操胜券，英国政府是不敢因这些小问题而中断谈判的。协议中仅规定“两国债权人在追索债款时不得有合法延误”以及美国国会应该“严肃诚挚地建议各州归还保王党人的土地”。只有南卡罗来纳对后者持理解态度，而四五万名“联合帝国效忠者”被迫迁往加拿大重建家园。

法国也与英国和谈。1783 年 1 月，双方宣布停战，同年晚些时候在凡尔赛宫签订了最终的和平协议。法国仍然保有印度和西印度群岛的属地，拥有了纽芬兰海域的捕鱼权，重新占领了非洲沿海塞内加尔的奴隶交易点。最重要的产棉岛多巴哥也割让给了法国。但除此之外，法国也没有得到多少实质性的东西。不过，法国的主要目的达到了。美洲的 13 个殖民地脱离了联合王国，英国在世界的地位看来已大不如前了。

西班牙被迫与英国一并和谈。它对美洲的野心泡汤了。它的唯一收获是得到了东佛罗里达的两块英国殖民地；但这是以英国仍把持直布罗陀为代价的，而直布罗陀才是西班牙的主要目标。西班牙征服了英国战时在地中海的海军基地梅诺卡岛，在和平协议中仍然保留着这个岛。荷兰也因自己的盟友倒戈被迫与英国媾和。

就这样，当时有些人眼中的“世界大战”结束了。一个新的国家，民族之林中的一个新秀在大西洋彼岸诞生了。首个大英帝国没落了。英国受到重创。

英国从兵燹中脱身是谢尔本的功劳。在不到一年的时间里，他靠一纸和约，给世界带来和平。而他的卓越功绩只有小部分人买账，这是个不争的事实。谢尔本任职 8 个月后于 1783 年 2 月辞职，后受封为兰斯多恩侯爵，承袭这一爵位的后代从此在英国政治中有着举足轻重的影响。谢尔本政府被诺斯和福克斯的联合政府所取代。有人说，这样的同流合污就是在那个寡廉鲜耻的时代也太过分。福克斯是靠对诺斯政府激烈的人身攻击出名的，就在5年前，他还公开宣称与诺斯结盟是天大的笑话，一刻都不可能。但如今这样的局面，让英国人瞠目结舌。谢尔本政府有任务在身因而得以维系，但福克斯–诺斯政府毫无立足基础，不到9个月，便倒台了。直接原因是福克斯起草了一份法案，意在改革对印度的治理模式，初衷是好的。他的设想是在伦敦设立一个政治委员会，一定程度上控制执掌亚洲大面积疆土的东印度公司。他的政敌很快指出，这样做会让这个政治委员会握有大量的任免权，会滋生不可想象的腐败，只有与政府亲近的支持者才有望受益。因此，除了福克斯的亲信，所有党派都反对该提案。

这时，国王就抓住机会除去这个荒唐的政府，以重获民心。这场灾难穷尽了党派和个人之争，如果能找到合适的人选，乔治三世就有机会了。下院中只有一人未掺和到过去的党争中。如果他缺乏在议会中得势的传统要素，那么他至少也与这个名誉扫地的政府毫无瓜葛。威廉·皮特，伟大的查塔姆伯爵的公子，正是不二人选。他曾是谢尔本政府的财政大臣，受人尊敬，名誉清白。1783年12月，乔治三世授命皮特组阁，毫无疑问这是国王漫长的统治中对国内事务做出的最英明的决策。旧的议会机制失灵，新的联合势力取而代之，接下来的20年将见证它的明智。

*　　*　　*

美洲殖民地的叛乱，击碎了18世纪英国人的自鸣得意。人们开始研究这场灾难的根源，“改革”一词甚嚣尘上。很明显，是政治体制的缺陷导致北美殖民地脱离英国，美洲殖民者攻击母国的言论萦绕在那些质疑英国宪政完美性的人的心中。适当改革议员选举制度的呼声渐起；不过，这时的鼓动还是温和、体面的。改革派的主要目标是增加有权选举议员的自治市数量，这样可以减少政府腐败的可能。甚至还有人谈及普选和其他新颖的民主代议论。但是头号改革派是像约克郡的克里斯托弗·怀威尔一般的大地主或乡村牧师，或者如埃德蒙·伯克那种成熟老政客。他们统统同意，议会没有也无须精准地代表英国民意。对他们而言，议会代表的不是个人，而是“利益集团”——土地利益集团、商业利益集团，甚至劳动者利益集团，不过他们强烈倾向于将土地作为不可或缺的国民生计之本。这些富有的理论家对于泛滥的政治腐败如丧考妣。这种现象部分归咎于辉格党的体制，它倚靠王权授予官职来控制政府；部分归咎于新兴的商业和实业阶级用钱买得议会席位。君不见，东印度公司利益集团的“纳布波”出现在了威斯敏斯特大厦中，金钱开始左右政治。这既扩大了腐败的范围，又威胁到地主阶级对政治的垄断。于是统治阶层的改革既不激进也不全面。这在 1782 年的伯克《经济改革法》（Economic Reform Act）中有所体现。此法规定，至今参与组织选举的政府官员的某些阶层不得参选。这比伯克本想出台的政策更温和，没有试图对公民权进行大刀阔斧的改革。当人们谈及英国人民的权利时，他们指的是自诩为国家主心骨的强大的自耕农阶级，大家正是希望这个阶级在各郡的影响越来越大。早期很多想要保持农村利益集团的政权和平衡的改革方案都是纸上谈兵。18 世纪英国的个人主义还没有教条化。英国人一向很讨厌首要原则的说教。约翰·威尔克斯大胆并成功地维护了公民的合法自由，但是所有的分歧在于一个细小而实际的问题——一般搜查令的合法性。潘恩煽动性的小册子在一些阶层中广为传阅，但在议会中关于抽象人权的言论鲜有耳闻。英国的改革浪潮不见天日，卷入了地方偏见的漩涡之中。

然而，想要在一个以土地为本的社会建立公正的政治体系的梦想正变得越来越不实际。在 18 世纪后 40 年间，进出口总额增长了一倍多，人口增长了 200 多万。英国的工农业悄然进行着一场革命，其影响远远超过了那个时代的政界骚乱。蒸汽机在工厂和铸造厂提供新动力源，且厂家激增；新建的运河网以低价将煤运到新的工业中心；新的炼铁法使得铁的产量增长为原来的 10 倍；新道路坚实又耐用，延伸到各个地方，使得英国各地联系更为紧密。一个空前庞大而自信的工业社会诞生了。城市工人阶级迅速增长；圈地运动兴起，农耕技术提高，使小地主渐渐消失；制造业异军突起；殷实的中产阶级出现，必须在国家的政治体制中找到他们的一席之地。这一切使得原来改革派的要求显得不合理了。社会正在经历一场巨变，地主阶级于 1688 年获得的政治垄断地位就难以为继了。

人们的情感和知性生活也发生了深远的变化。美国革命迫使英国重新自食其力，反躬自问，往日的自大、变态暴露无遗，在众目睽睽之下是站不住脚的。约翰·卫斯理掀起的宗教复兴运动打破了理性时代的刻板。卫理公会派的运动一呼百应，它以向贫穷的底层人民广施恩惠为己任，加速了 18 世纪英国旧世界的解体。不奉国教者（Dissenters，长期支持辉格党）发家致富，影响力与日俱增，重新挑战在宗教中一家独大的英国国教。虽然不能成为议员，也没有选举权，但这些人思维活跃，形成了一股才华横溢、积极进取、不满现状的势力。简而言之，上述种种就是威廉·皮特24岁出任首相时面临的乱世困局。

* * *

皮特上台的那次选举在18世纪是策划最精心的。据说是人民不愿有个受乔治三世摆弄的傀儡政府才蜂拥而起把皮特捧上台的。但其实是乔治主动找到皮特，竞选机制是由国王的人建立的，坐镇幕后的是财政部长约翰·罗宾逊，而整场选举却交由这位年轻的政客处理。1783年12月，罗宾逊与皮特在莱斯特广场的一处属于皮特亲信之一亨利·邓达斯的房产中会面，共商大计。罗宾逊详细汇报了选区情况，并向皮特保证能够获得下院中的多数席位。3天后，国王解散了福克斯–诺斯联合政府。在随后的选举中，威廉·皮特受到了大部分人的支持，直到跨世纪以后。这个计划合情合理，英国社会一般都认可，选举结果真正代表了国家意志。

皮特的支持者分很多派——皮特个人的追随者；乔治三世交付于他的“王室党派”；独立的乡绅派；东印度公司利益集团，他们因福克斯曾企图扼制其政治权力而与旧政府疏远；以邓达斯为首的苏格兰议员。其支持者基本代表了广泛的民愿。皮特无意成为第二个诺斯。托利党支持他是因为他显然在救国王于一个有恃无恐的政府之中。而辉格党记得皮特曾拒绝在诺斯政府内任职，他还曾倡导议会体制改革。皮特与垮台的、丢尽国家颜面的、搞垮国家财政的“老派”毫无关系。再加上他父亲的赫赫威名，这位严肃、老成、雄辩、清廉、勤政的年轻人登上了权力的宝座。

即使在这般年纪，皮特也鲜有亲信。不过有两人在他的一生中至关重要——亨利·邓达斯和威廉·威尔伯福斯。邓达斯是个诙谐幽默、与人随和的务实主义者，骨子里透着18世纪的政界风气——议会席位待价而沽，一心沉迷于官场权力，幕后操纵，精致的怀疑论者。他手握苏格兰的选票，东印度公司也效忠于他，是个不可或缺的盟友，也正是他团结了这个新生的多数派。虽然皮特为人刚正不阿，但为获得支持也十分仰仗这台18世纪的政治机器。

威廉·威尔伯福斯则是皮特在剑桥求学期间的好友，也是皮特唯一信任之人。他笃信宗教，坚持崇高的理想，守护着这位年轻首相的良心。他是对18世纪英国的自鸣得意存疑的新一代。以他为核心的一派被尊称为“圣贤派”。他们在下院形成了一股紧密团结的势力，首要的政治目标便是废除奴隶交易。他们吸引了狂热的新福音派（Evangelical），或称“低教会派”（Low Church）。查塔姆之子威廉·皮特正是平衡邓达斯和威尔伯福斯矛盾特质的人选。

该时代一流的雄辩家福克斯和伯克是皮特的政敌。他们大肆空谈改革。但正是皮特在邓达斯的辅佐下，踏踏实实地重建务实的政策。他的支持者派系纷杂，这限制了他的改革范围。要顾及的利益集团众多，扼杀了他早期的希望。他没能立法禁止奴隶交易。威尔伯福斯和他的“圣贤派”频频受挫于布里斯托尔和利物浦的商人们，后者也是政府的支持者，而且皮特不愿疏远他们。而皮特的改革力有不逮，让众人怀疑其改革的诚心：直到福克斯再次上台才废除了奴隶交易。但是威尔伯福斯容不得他人说一句怀疑皮特的话，听到总要反驳。自始至终，他都信任皮特的在议会中的决断。

其后几年，皮特不啻需要很大的耐心。他的支持者们顽固、爱猜忌，不时处于失控状态。美洲的殖民地一丢，改革爱尔兰政府迫在眉睫，但是他的支持者毁了他的计划。皮特和邓达斯着实打了一场硬仗，才说服下院通过了一份关于成立“控制委员会”的印度议案。法案与当年福克斯提出的东西大同小异，但成效更差。这套制度硬撑到60年后印度兵变[①]。由于邓达斯马上接手了这个委员会，手中握有任免权，就极大地巩固了他的政治地位。1785年4月，国王和自治市议员们又熄灭了皮特的另一个希望——一项改革议会的措施。

就这样，从一开始，皮特就为18世纪的政治机器所困。他未能废除奴隶交易，未能解决爱尔兰问题，未能使议会更具有全国代表性。而在上任之初的数月里，他唯一的成就就是颁布了《印度法案》，而这个法案却使腐败有增无减。他很清楚改革合理应当，势在必行，却总是倾向于向反对势力妥协。

* * *

当时最可行也最迫切的问题便是整顿并理顺改造国家财政，这也是皮特最突出的政绩。他创立了明智、清廉管理财政的传统，沿用至今。皮特内阁与经济商业思想的一场革命齐头并进。1776年，亚当·斯密发表的《国富论》迅速在知识界名声大噪。皮特深受此书影响。首个大英帝国已颜面扫地，几乎从地图上消失。第二个帝国正在加拿大、印度、新西兰和澳大利亚（库克船长刚刚绘制出鲜为人知的南半球大陆）悄然兴起。但是帝国经济要成为一个紧密的整体、殖民地在贸易问题上要永远臣服于母国、它们与其他国家有商业往来要受到严格的限制等观念被证明是灾难性的。提出贸易自由原则的时机已成熟。亚当·斯密坚定、辛辣的论断驳倒了重商主义。

---

① 1857年印度民族大起义，印度称为印度第一次民族独立战争。

皮特深信不疑。他是英国第一位相信自由贸易的政治家，他的托利党支持者一段时间也接受了这个观点。臃肿的关税壁垒制度，如今第一次被系统修改。那时共有 68 种不同的关税，一些物品要交许多单独的累加税。1 英镑肉豆蔻缴纳或应缴纳 9 种不同的税。1784—1785 年，皮特终于能对这混乱的局面进行一些整顿。他对关税作了大范围修订，初见成效便是走私锐减。

深入的改革稳固了财政收入。现代的“财政预算”机制便是皮特的发明。通过广纳英才，他重组了财政收支机制，建立了审计处，废除了财政部诸多闲职。那时，国家财政状况十分糟糕。1783 年底，议会批准的 4000 多万英镑军费去向不明。政府失信，内阁不受待见。国债已达 2.5 亿英镑，是沃波尔时代的 2.5 倍有余。皮特决定制造财政盈余，以减轻沉重臃肿的国债负担。

为此，1786 年提出了一项议案。每年将拨出 100 万英镑买股票，股息用于偿还国债。这就是著名的又备受抨击的偿债基金（Sinking Fund）。这项方案依赖于每年都要有财政预算盈余，但后来几年没有这样的盈余时，皮特不得不借高利贷补足。他之所以这样不惜代价，是基于社会心理因素。根据偿债基金的数额可以判断国家财政是否稳定。偿债基金充实，就会给伦敦金融城的财主们以财政稳定的印象。随着贸易复兴，经济越来越繁荣，当时看来是天文数字的 1000 万英镑 10 年就还清了。

1786 年，海关和国内税务局合并，贸易部重组，以现代形式设立。但皮特最突出的成就也许是与法国签订的《伊登条约》（Eden treaty）——首份新经济原则下的自由贸易协定。皮特派遣一位年轻的得力干将威廉·伊登前往巴黎，说服法国降低对英国棉织品的关税，英国作为回馈也将降低法国葡萄酒和丝绸的关税。葡萄酒和丝绸自然不会对任何英国制品构成竞争威胁，但是兰开夏郡棉织品的大量出口使得法国东北部纺织制造业损失惨重，深受这项开明措施所害的法国实业阶级不满情绪高涨。

随后，欧洲爆发的战争和革命把进一步重建和改善英国经济的希望撕得粉碎。这对于皮特个人而言也是个悲剧。他的才华主要体现在商业管理上,他最伟大的奏折就是他的财政报表。他最精通数字，头脑过早发育，没有柯勒律治所谓的"智者成长时的笨拙和长成智者的希望"。他发现人际交往是桩难事，身处权力顶峰也让他脱离群众。1784—1800 年，他就在伦敦狭小的政界和位于帕特尼的私宅两点一线地穿梭。他不知道伦敦大都会以外的民生状况，甚至不与下院议员私下来往，也不参加政治俱乐部。

皮特对于 18 世纪英国的经济变化洞若观火，但是对于国外政局动荡的先兆却很迟钝。他坚持不干涉他国内政，法国旧王朝的倾覆对他而言无关痛痒。他冷眼旁观两大议会政治劲敌——福克斯和伯克在这个问题上争得面红耳赤，心有怨恨却不置一词。他的关注点在别处。如果法国人民选择反抗他们的统治者,那是他们自己的事情。如果他们想要效仿英国实行君主立宪制，那也许是荣幸之至，但是这并不是皮特关心的事。辉格党反对派慷慨激昂地声援法国革命者，首相充耳不闻；伯克等政客警告首相，海峡对岸惊天动地的革命将威胁君主制度和整个文明社会，他也置若罔闻。

1789—1793 年，巴黎和法国各省生灵涂炭，闹得天翻地覆，举世震惊，但英国政界像被真空隔绝一般，风平浪静，墨守成规，着实罕见。伦敦传出的消息不过是发布了新的财政预算；罢免了暗谋推翻皮特政府的瑟罗大法官，此事也指明内阁成员间要相互忠诚，上下一心；提出反对奴隶交易的动议。欧洲大战即将爆发，皮特坚决置身事外。他相信，如果让法国革命派独立自主整顿国内秩序，英国就不会被拖入战争泥淖中。他一直拒绝发表任何会被解读为煽情或表达同情之言。他无动于衷地看着反对派一腔热血要武力讨伐未开化的暴政。他们十分担心奥地利和普鲁士的君主会出兵干预，镇压革命。以福克斯为首的反对派认为战争有望打破皮特垄断英国政权的局面。但是伯克更贴近英国人民普遍的感受，他说道："自由带给个人的影响便是人们能做想做之事：我们在冒险恭贺法国革命胜利之前，应先洞察民心。"看到法国君主陷入困境，英国王室也有所动容，如果干预在所难免，那么王室自然是支持路易十六的。在接下来 3 年多的动荡里，皮特照例固守着中立路线，不偏不倚。

第 17 章 美国宪法

独立战争结束后，北美 13 个殖民地人民得以自由自在地生活了。这场战争给原始的政治体制带来了沉重打击。根据 1777 年签署的《邦联条例》(Articles of Confederation)，他们建立了一个势单力薄的中央政府，这个政府只享有原本赋予英国王室的权力。在这片辽阔的土地上，大陆会议既没有权力也没有机会在独立战争后的废墟上建立起一个井然有序的社会。

内陆边疆地区的小农场主在美国建国中功不可没。他们为军队输送士兵，重塑了大部分州的民主宪法条例。如今，他们控制着立法机关，并且十分爱惜地维护着本州的特权。战争结束后，代表联邦的大陆会议，尾大不掉，面对战后的重重困难似乎会瞬间夭折。不同利益的冲突闹得不可开交，美国社会四分五裂。农民欠城市各个阶层大量债务。大陆会议滥发纸币导致了通货膨胀。1780 年，1 美元金币值 40 美元纸币。各州都负债累累，因此美洲大地上用来支付债息的税负越来越重。各地一贫如洗的小农场主纷纷以土地抵债。战争投机商也随之出现。美国社会中债务人和债权人、农民和金融家之间的鸿沟在不断扩大。经济危机日益严重，社会动荡不安。各地发起了要求延迟还债的运动。马萨诸塞的农民和退伍军人因担心按揭地产遭到法拍而发动起义。1786 年秋，丹尼尔·谢斯上尉率领一批武装暴动的农民试图攻占郡法院。人们担心这样的事件会蔓延开来，人心惶惶。和克伦威尔一样，华盛顿也是私有财产的坚定维护者，他写道："每个州都有易燃物，星星之火便可燎原。其导致的社会混乱，我着实无法言表。"

不仅国内的问题尚待解决，和约中的一些尴尬问题也悬而未决。偿还英国商人的债务、补偿保王党人的战争损失、撤离英国在加拿大边界上的贸易站和要塞，这些问题都亟待解决。英国政府正在立法禁止美国海运。西班牙在佛罗里达重新站稳了脚跟，剑拔弩张地对付美国在西南部的扩张。美国与法国是盟友关系，但一场巨大变革的征兆在法国已隐约可见。有识之士预感到又一次世界性的冲突迫在眉睫。内部混乱导致力量分散，且没有统一的国家组织，在外国列强看来，美洲诸州似乎是一只只唾手可得的猎物。

城镇居民要求重新修订《邦联条例》的呼声日益高涨。谢斯起义促使人们付诸行动，1787 年 5 月，来自 11 个州的代表齐聚费城开会商讨此事。绝大多数赞成建立强大的中央政府。有望成为农民（当时称农业民主派）领袖的人当中，弗吉尼亚的帕特里克·亨利拒绝出席会议，他们当中最重要的人物托马斯·杰斐逊因出使巴黎而缺席。这次会议的主导人之一亚历山大·汉密尔顿，代表着强大的纽约市商人集团的利益。这位仪表堂堂、才华卓越的人，是西印度群岛一位商人的私生子。战争期间，他在华盛顿的幕僚中迅速崛起。如今他已跻身纽约上流社会，还娶了一个大家闺秀。他认为，他凭自己的能力所进入的统治阶级应该江山永固。他们要求建立一个精明强干的中央政府并限制各州的权力，汉密尔顿被公推为领袖。意识到欧洲一触即发的危机以及民主制度的风险，他们的艰苦斗争找到了方向，因此会上的争论是高水平的。大部分代表赞成建立联邦政府，但在方法和细节上争论不休。讨论中分歧不断。较小的州急于保持在 13 个州大家庭中的平等地位，极力反对根据简单人口数量来确定联邦政府中席位的任何方案。

这些代表均来自大西洋沿岸早期建立的中心城市，但他们隐隐不安地感到他们的权势即将受到人口日益增长的西部地区的威胁。俄亥俄河、阿勒格尼山脉以西有着广袤的地域，而大陆会议规定，只要自由人口达到 6 万，该地区即可申请加入联邦并享有与初始 13 个州平等的地位。他们的人口在持续增长，迟早会声索自己的权利。那时，声名显赫的 13 个州如何立足呢？是他们将英国人赶出了国门，他们有理由相信自己比那些人烟稀少的边远地区的同胞更了解政治，更明白联邦的真正利益所在。正如宾夕法尼亚代表古弗尼尔·莫里斯（Gouverneur Morris，他那古怪名字来自母亲古弗尼尔小姐）所言，“培养政治才能的场所是人口稠密的地方，而不是荒无人烟之地。如果西部地区的人掌权，他们会葬送掉大西洋沿岸人民的利益的”。这两点都正确。大西洋沿岸各州拥有财富和政治经验，而新疆域又完全有资格加入联邦。费城的代表们没有阻止他们加入联邦，这是他们在历史上不可磨灭的贡献。终有一天，东西部将直面冲突。权力和未来与西部同在，所以代表们焦虑不安地着手构想美国宪法了。

宪法是规定新中央政府权力的一个简明扼要的文件，建立了单一的行政制度：总统由各州立法机构选定的选举人间接指定，任期 4

年，有权否决国会法案，但也会受到弹劾；总统是军队和行政首脑，只对民众负责，完全不受立法机构的控制。下院，或现在所谓的众议院以人口比例为基础，每两年选举一次。但这一对民主原则的让步，又由参议院的建立加以平衡，它由州议会每6年选举一次产生。参议院要限制众议院所有煽动性的言行，保护有产阶级的利益不受按人口比例选举产生的众议院的侵犯，并且通过与总统共享任免权与缔约权来牵制强大的总统。在宪法体系的顶端矗立着最高法院，大法官由总统任命，须经参议院批准，终身任职。它承担司法审查的职责，即对国会与州议会颁布的法令进行强制性监督，确保合宪性。

这就是1787年9月在费城设计的联邦统治机器。国家权威得以建立，在它权力范围内至高无上。但这个权力受到严格规定，不久又进一步受到限制。各州享有宪法未授予联邦政府的一切权力。这里将不会有英王乔治三世的大臣们在议会上试图推行的中央“暴政”。这个从痛苦磨难中诞生的新兴国家，从此拥有了世界上闻所未闻的武器——一部成文的宪法。乍一看，这一权威性文件与英国不成文宪法的传统和惯例形成了鲜明的对比。但美国宪法中没有一套革命性理论。它并不是基于法国哲学家写就的即将使欧洲形成燎原之势的煽动性言论，而是用英国传统信条应对美国形势的重新表述。美国宪法重申了英语民族千百年来在痛苦中确立的准则。它把英国人长期坚持的正义和自由的理念奉为圭臬，从此这些理念也基本上被视为大西洋彼岸的美国人的灵魂。

当然，成文的宪法有逼仄刻板的危险。谁能为后世预先制定出解决问题的锦囊妙计呢？无论这批人多么有远见，也是力不从心的。费城的代表们对此心知肚明。他们做了可以修改宪法的规定，他们起草的宪法比较灵活，在实践中允许有修正。但是，修改宪法时必须遵循开国元勋们的指导思想，这一点须在商议辩论中通过，并得到全国的认可。宪法的首要目标是立足于保守，以捍卫原则和国家机器，防止任性轻率的改变。美国人民在其基本信条之上建立了政治体制，同英国的议会和王室一样，它会享有民众对它的尊崇和忠心。

现在只待将方案公布于众。代表们预见到奉行民主和孤立主义的州立法机关可能会予以拒绝，于是提议选出地方代表大会就这一新的建政方略进行投票表决。汉密尔顿和罗伯特·莫里斯的强大而组织严密的团体已成为众所周知的联邦党。两人皆寄望于所有与国家利害攸关的人，后者可能不愿参加战时为管理各州而建立的革命组织，但希望此刻能认识到新宪法的价值和理念依据，一起来限制激进派分子的影响。

对于山民和小农场主等农业民主派领袖来说，此方略似乎背叛了革命。他们刚刚摆脱了英国当局，获得了地方自主权，而现在却被要求创立一个同样高压强制的统治工具。为人权和人人平等而战的口号早已深入人心。而他们认为宪法是保护私有财产而不是平等的机器。在日常生活中，他们感觉到在压迫自己的契约和债务背后，有强大的利益集团在操控着。但他们群龙无首。即便如此，在弗吉尼亚、纽约等地，针对宪法的通过问题展开了势均力敌的激烈较量。出使巴黎的杰斐逊对这个新政权忧虑重重。汉密尔顿和莫里斯党人凭借其出色的宣传，一系列名为《联邦党人》(*The Federalist*)的公开信大获全胜。

《联邦党人》公开信是美国文学的经典作品，其蕴含的实用智慧使之在当时众多饱受争议的作品中脱颖而出。其作者并未就政治理论问题高谈阔论，而是揭示了美国面临的真正险情，现存邦联的明显劣势所在，以及新宪法中有争议条款的优势之处。汉密尔顿、杰伊和麦迪逊是这些公开信的主要执笔者。前两位是纽约人，麦迪逊是弗吉尼亚人；他们都不是来自国内生活中逐渐失去支配地位的新英格兰。他们的个性和世界观都迥然不同，但都认同一点：要重视在宪法中树立一个能体现美国理想的集体信念。唯有如此，13 个州才能化解分歧，和谐共处。其宣传取得多大的成功，成功能持续多久，有过去 175 年来的时光作证。公开信树立的信念，至今仍然受到美国人民的推崇。

公开信写道，自由或许会堕落成放纵。必须建立一个井然有序、安全高效的政府，否则美国就会灾难重重。在其中一封伟大的政治公开信中，一名联邦党人全面有力地论述了下面这个长期存在的问题：

> 获得财产权的能力因人而异，这是无法逾越的障碍，因而利益无法趋同。政府的首要目标是保护这些能力。保护了获取财产差异的能力，拥有不同程度、不同种类财产的现象随即出现。由此影响各类财产所有者的态度和观点，使社会分成不同的利益集团和党派。
>
> 人性中由此埋下了派系之争的种子；我们可以看到，在不同的社会条件下，种子会在各处有不同程度的活动。热衷于不同意见……使人类党派林立，互相敌视而热血沸腾，从而不愿为了共同的利益谋求合作，而是互相为难，互相压迫。……但是派系纷争最普遍持久的根源是财富分配不均。有产者和无产者历来分属

> 于不同的利益集团。债权人和债务人的社会地位也同样两极分化。地主利益集团、制造业主利益集团、商人利益集团、金融家利益集团和许多较小的利益集团在文明国家里不可避免地逐渐形成，并受不同态度和观点的驱使分化成不同的阶级。调节这些互相排斥的利益集团之间的关系是现代立法的首要任务，因此使得党派之见和派系之争纳入政府必要的日常运作之中。

对立派进行书面反击是无济于事的。弗吉尼亚的理查德·亨利·李写道，“我们有时滥用民主，因此我不赞同认为民主机构属于公害的人。所有深思熟虑的人都必须看到，现在提出的改革方案是把权力从多数人手中转移到少数人手中而已”。在党派纷争以及联邦党人与激进暴民的冲撞中，宪法不到一年便得到了 11 个州的批准。罗德岛和北卡罗来纳州又观望了一段时间。新大陆的民众对社会革命疑虑重重,社会上两大派别的鸿沟仍未越过。主张人权的人只有等待良机。汉密尔顿等人害怕暴民政治，并且意识到安定、有序以及保护沿海各州有产阶级利益的迫切需要，他们最终胜出了。

1789 年 3 月，新的联邦机构召开会议。参议院和众议院难以达到法定人数，反对宪法的人欢欣鼓舞。新政权似乎缺乏活力和热情。但到月底时，已有足够的议员抵达纽约，政府将在这里开会。第一步是选举总统，领导独立战争的华盛顿将军显然是不二人选。华盛顿公正无私，勇敢无畏，目光远大而且有耐心，行事冷静果断，一旦下定决心便不会动摇，他拥有形势所需的性格天赋。其实华盛顿不愿从政当官，他最大的乐趣便是在弗农山庄过着平静而忙碌的隐居生活，发展自己属地上的畜牧业。但一如既往，他肩负起了义不容辞的责任。古弗尼尔·莫里斯在给他的信里着重写道，“权力的行使依赖于人的性格。为了使新政府坚定且有魄力，您冷静而坚定的性格无疑是必不可少的”。这番话颇有道理。

官衔和排位的问题众说纷纭，批评者讥笑不已。但华盛顿的威望给这个新设立的没人坐过的职位带来了尊严。1789 年 4 月 30 日，他在刚刚开放的纽约联邦大厅庄严地就任美利坚合众国第一任总统。一周后，法国三级会议在凡尔赛召开。另一场大革命即将爆发，让这个世界迷惑不解。脆弱而未经检验的美国联邦制度和秩序刚好及时建立起来。

*　　*　　*

宪法的很多细节尚未拟定。第一步是通过《权利法案》(Constitution Bill of Rights)。缺少这种基本声明是宪法为人诟病的主要原因。现已纳入 10 条修正案。其次，1789 年的《司法法案》(Judiciary Act)使最高法院成为联邦机构中非同小可的组成部分。史学家查尔斯·比尔德和玛莉·比尔德写道：

> 这部法案详尽地规定了最高法院由首席法官和 5 位法官组成，并且各州都有联邦地区法院，由自己的律师、执行官和适当数量的助理组成。这些权力机构的设立使得国家政府的意志成为从新罕布什尔州到佐治亚州，从沿海到新边疆的每个社区的有生力量。……设想出一套完备的将案件上诉到最高法院的体系后，《司法法案》的缔造者们又构思出一套程序，由此，一旦地方政府采取的措施与联邦宪法相冲突就会失效……总之，在美国境内，重新建立了诸如昔日英帝国对地方立法机关所实

行的控制权，它掌握在由间接选举并终身任职的司法机构的手中。[1]

至此，行政部门还未设立。很快，财政部、国务院和陆军部建立起来。新生的联邦政府成功与否，主要取决于当选政府要职的人：他们有来自纽约的伟大的联邦党人亚历山大·汉密尔顿；从巴黎归来的弗吉尼亚民主党人托马斯·杰斐逊；其次还有来自马萨诸塞的诺克斯将军。

从1789年到他辞职的6年间，汉密尔顿用他的杰出才干使宪法更加完备，使美国富商巨贾的经济利益与新制度息息相关。统治阶级必须确立起来，汉密尔顿想要证明，联邦政府就是强大的国民经济。在他的启发下，一系列的重大措施出台了。1790年1月，他向众议院提交了《第一份公共信用报告》(*First Report on Public Credit*)。各州债务由国会承担。公共信用的建立依赖于对过去义务的履行。联邦政府接手各州的战争债务以争取大量债权人来维护国家利益。所有债务都要换成长期公债；被投机所毁的旧公债和凭单要赎回，发行新的证券。建立偿债基金，成立国家银行。

金融利益集团听到这个方案喜出望外，但一些人意识到新政府将利用征税权向现已由国会承担的州债的投机持有者支付利息，因此他们坚决反对。资本家和农场主之间的冲突再次白热化。新英格兰商人已经把大部分的战时利润投资在纸质债券上，此时已经大幅增值。马萨诸塞州拥有州债最多，收益最大。天价公债集中在费城、纽约和波士顿的小集团手中。国家征税来按面值偿付他们以巨大折扣所购买的公债。弗吉尼亚州发生了激烈的反抗，反对汉密尔顿的计划。种植园主不信任整个公共财政的计划。他们预见到辉格党富豪统治阶层的劣等分子控制着新政府。帕特里克·亨利写道：

> 他们觉察到，这套体制与“光荣革命”引入英国的那套惊人相似。它让那个国家永久背上了巨额债务，并且把无限的影响力潜移默化地塞到执行者的手中，渗透政府各部门，压制一切反对意见，日日夜夜地威胁摧毁一切与英国自由有关的东西。同因同果。因此，在我们这样的农业国，建立、汇集并永久化一个大金融集团的举措……势必在人类历史进程中做出两害相权取其轻的选择，要么农业在商业脚下俯首称臣，要么改变联邦政府的现有形式，因为其对美国自由是致命的。……你们的提案起草者在宪法中找不到任何授权国会承担州债的条款吧。

这种分歧在美国历史上影响深远。大政党的雏形依稀可见，他们很快便找到了他们的首批党魁。汉密尔顿不久就被公认为代表北方的金融和贸易利益集团的领袖，而他的对手正是国务卿杰斐逊。两人在新政府成立的头几个月曾经携手共进。其实，汉密尔顿只有赢得杰斐逊的支持，才获得了足够的选票来通过他提出的关于州债的提案。他之所以赢得杰斐逊的支持，是因为他同意了将未来国会和政府的首都放在弗吉尼亚州界对面的波托马克河畔。与此同时，费城将接替纽约成为临时首都。但继汉密尔顿一系列金融措施之后的一波投机浪潮，在此时激起了国务卿的反对。两位领导人彼此误解极深。华盛顿深知巩固新宪法的必要性，便发挥他的重大影响力来防止两方公然决裂。但到了 1791 年，杰斐逊和他手下弗吉尼亚州的种植园主们已经在寻求与汉密尔顿党内来自纽约和北方的不满政府者结盟。

决裂前夕，汉密尔顿递交了《关于制造业的报告》，这将成为未来美国贸易保护主义理论的基础。要出台保护性关税和补贴制度鼓励国内产业。美国人眼前呈现出一个工业繁荣的新大陆愿景，类似迅速成长于英国的那种场景。

华盛顿总统的连任，使得表面统一的联邦政府又维持了几个月。但是杰斐逊和汉密尔顿之间的矛盾并不局限于经济上。深刻对立的政见使他们不相为谋。他们对人性也持有根本不同的看法。超级成功的金融家汉密尔顿认为，人是由激情和兴趣所驱使，而他们的动机（除非受到严格控制）是邪恶的。他应该说过："人，人是一头巨大的野兽。"他憎恶按多数人统治的原则，认为必须建立强大的中央政府和有权势的统治阶层；在由执政的商人阶层的财力支持下的联邦机构中，他看到了美国的未来和希望。不断发展的英国社会是新大陆的理想，他希望通过自己在财政部的努力在大西洋彼岸如法炮制。他代表和象征着美国发展的一个方面，即功成名就、自力更生的商界，但商界并不信任普通人的集体统治，和汉密尔顿在另一种心境中表述为"群众陛下"的东西。在这物质生活成就的福音中，决定美国人民特征、提升美国人民素质的政治理想主义却无迹可寻。"一个伟人，"伍德罗·威尔逊总统将带着明显的偏见评价他，"但不是伟大的美国人。"

托马斯·杰斐逊是完全不同条件下的产物，是一种与此对立的政治观点的倡导者。他出生于弗吉尼亚的边疆，那里是顽强的个人主义和信仰共同人性的故乡，也是抵制英国中央集权等级制统治的中心。杰斐逊曾是《独立宣言》的主要起草者，也是美国革命战争中农业民主党派的领袖。他博览群书，科学爱好广泛，还是一个有天赋的业余建筑师。他古典优雅的宅邸“蒙蒂塞洛”就是自己设计建造的。他接触了英国及欧洲时髦的政治哲学左派，正如法国重农学派经济学家一样，他主张建立一个自耕农社会。他像厌恶贵族准则一样惧怕工业无产阶级。工业和资本主义的发展使他毛骨悚然。他蔑视和不信任整个银行、关税、信贷操作机制，以及纽约人汉密尔顿巧妙地引入美国的所有资本主义机构。他觉察到了对个人自由的威胁，它潜藏于联邦政府的中央集权中。他被迫从巴黎返回为新政府效力。时间的推移和拿破仑战争的压力将减轻他对工业主义的反感，但他内心坚信，只有在自耕农当中才能实现民主统治。他没有预见到美国最终会成为世界上最大的工业民主国家。杰斐逊宣称：

> 每个国家都应实现工业品自给，这已被欧洲的政治经济学家确立为准则，我们把这同其他准则一样移植到美国。……但我们有辽阔的土地来吸引农牧业。那么，上上之策是我们所有的公民都应该投身于农牧业的发展呢？还是应该让一半人转而为另一半人生产工业品和手工艺品呢？……大批的种植者道德败坏，是前所未有的现象，别国没有。有人不像农民那样去依靠天、自己的土地和辛勤劳作来求得生存，而是指望着顾客的蛮横和任性来度日，败坏就是他们的标记。依赖是阿谀奉承和唯利是图之源，扼杀美德的萌芽，为野心的设计准备合适的工具。……而我们有土地需要耕种，那么就不要希望看到我们的公民忙于车工或纺纱……对于制造业的一般操作，就让我们的

车间留在欧洲吧。给那里的工人提供粮食和物资胜过把他们带到粮食和原料产地,他们带过来的还有自身的行为和准则。[2]……大城市的暴民对于支持纯洁政府的作用正如伤痛对于人体力量的作用。正是一个民族的风度和精神使得共和国保持活力。这些方面的退化则如溃疡般很快便会侵蚀其宪法和法律的心脏。

杰斐逊坚持弗吉尼亚人的社会概念，简单且不受工业主义的复杂性、危险和挑战的侵蚀。在法国，他看到或认为自己看到了自己政治理想的实现——腐朽贵族被推翻、种田人在革命中维护了权利。相反，汉密尔顿把小皮特时代的英国当作美国的希望所在。英法战争的爆发，将把汉密尔顿与杰斐逊之间根本的对立和冲突推向高潮，同时标志着美国伟大的政党——联邦党和共和党的诞生。两党均会历经分裂、改名，遭遇挫败，但如今的共和党和民主党可以由此追本溯源。

第 18 章
法国大革命

1789 年，不同于以往一切革命，法兰西的动乱震撼了世界。17 世纪的英国，权力在王室和人民之间剧烈转变；但国家的基本制度很快便恢复如初，可以说是原封不动的。在英国，人民主权没有扩大，普选毫无进展。普通英国民众对于自由的诉求得到很好的理解，不断加以肯定，却不主张权利平等。他们并不感到愤愤不平，反正各阶级和谐共存，阶级之间的转换虽非易事，但还是可能的，而且形式多样。美国独立战争期间闹革命，宣布实行更普遍的人权。自由以高贵的姿态闪耀在大西洋对岸，以折服全世界而圆满收场。不过，在 18 世纪末，几乎没人预见到美国将称雄世界的未来，连本国政坛人物也想不到。欧洲主张自由、平等和人民主权的冲动只能从别处而来，那就是从法国来。英国的光荣革命，那完全是一场"家务事"，美国的独立战争也基本如此。而法国大革命将从巴黎蔓延开来，席卷整个欧洲大陆。它燃起的战火长达一代人之久，19 世纪以及后来的岁月里，还回响着法国大革命的战歌。每一次伟大的人民运动或者民族运动都使人回想起 1789 年凡尔赛宫制定的种种原则，直到 1917 年布尔什维克党人的行动，使形势发生了新的变化。

路易十六时期的法国绝不是民众压迫最深的国家，只是声名狼藉。法国是个富裕的国家，许多人过着丰衣足食的生活。革命为何爆发？对此众说纷纭，但有一点不容置疑，那就是法国的政治机器绝不是代表民意的。它不能顺应时代要求，做不到与时俱进。作为路易十四的作品，此定型的政治机器在御驾的操纵下运行到最后。路易十四的接班人全盘接受了这套权力架构，却没有继承他的半点才能。他们既无力运行这套机器，也不思改装。恰在此时，日益壮大的法国中产阶级渴求可望不可及的权力。他们觉得对自己的被统治方式应该有发言权。智力的火花在这片土地上到处酝酿，却找不到政治发泄口。一场革命在所难免，所有爱刨根问底的人士早已在殷切期盼着。一位英国官员从巴黎发来报告说，法国人民已被“灌输了一种讨论公共问题的精神，前所未有”。总有一天，法国人民广泛的沮丧，必然要积极表达出来的。他们所需的只是星星之火。而王室政府的财政系统漏洞百出，已然无可救药，正好为此提供了导火索。

法国政府早已破产。路易十四穷尽国力大举战事，穷兵黩武达30年之久。1715年路易十四撒手人寰，留下的公债是岁入的16倍还不止。自此法国人都未能摆脱这个重负。许多人埋头苦干，也无力替国家偿付这笔债务。问题已经是积重难返。全法国有相当一大批公民，有的即使权力不大，地位却很显赫，基本上免缴税款，这其中包括了40万左右的贵族。在以前，贵族有特权理所应当，因为他们作为领地主人或军队领袖曾经给社会作出了贡献，但如今时过境迁了。英国的军事贵族在15世纪王朝内战中走向毁灭。法国的历史没能好好造福这个国家，法国君主长期受到来自贵族的攻击和叛乱，这些人勇猛好战且野心勃勃，一直威胁着王权。国王和大臣们接二连三被迫制定一些从长远来看有害而无益的政策。若是放任这些贵族留守领地，他们势必会造反，若是把他们供养在宫廷里，他们就受到监管。裁军的不二之选就是许诺贵族过上懒散和奢华的生活，凡尔赛宫以牺牲大众利益提供了这一切。被迫也好，被骗也罢，大部分贵族就在这里定居了。金碧辉煌的宫廷，曾经往来的人达 20 万之众，贵族们在这里挥金如土，无所事事，手中最强大的武器便是决斗用的剑。这就造就了一批外居领地贵族，他们被禁止干政，远离领地，佃户不拥戴他们，土地或国家都不需要他们出力，从长期疏于打理的土地那里获取大量收益，还基本上不用纳税。

神职人员享有的特权也不相上下。教会拥有国内约 1/5 的土地，土地上的建筑物价值不菲。教会当局可从这些资源中每年获得 4500 万英镑的收入。加上什一税，他们的收入又多了一倍。尽管如此，整整三代，约 14 万名神父、僧侣和修女从未为财产和财富纳税。他们的圣洁程度和他们占有的国家财富一样，是参差不齐的。大多数普通教士虔诚克己，为人正直，而高一级教士野心勃勃、庸俗不堪和玩世不恭，削弱了基督教组织的影响，损害了基督教的尊严。尽管法国号称是欧洲最文明的国家，天主教会却无力抵抗无政府主义和无神论，任由它们在国内四处漫延，如火如荼。

农民的财政负担是最沉重的，当然也不能夸大他们的困境。18 世纪初，法国农民一直在买地，到革命爆发前夜已经拥有了法国 1/3 的土地（而这场革命将把欧洲的稳定状态打得支离破碎，把一代人拖入你死我活的战争）。然而，他们有很大的怨气。“农民”土地纳的税几乎是“贵族”土地的 5 倍。只有农民才要缴纳最可恨的人头税，

100 里弗中 53 里弗就是税款，而捉襟见肘的政府无奈施加给农民的包税制，大大地滥用了人头税，而巧立名目的间接税费，更使农民的悲惨生活雪上加霜。1788 年冬天遭遇严寒，许多人饿死。不过有人说得好，饥民不会发动革命。农民的境遇不是最糟糕的，可能还比百年前稍微好一点。他们中的大多数不问政治，只想摆脱恶霸地主的压迫和陈旧的征税方式。革命的动力另有出处。贵族没有精力和信心，神职人员四分五裂，军队不牢靠，国王和他的朝廷缺乏统治的意愿和能力。只有资产阶级才有权力的欲望，有决心也有信心夺取政权。

与我们今天理解的不同，资产阶级并不民主。他们不信任大众、群众、暴民，这有一定的道理，但他们却准备煽动、利用民众去反对享有“特权”的贵族，必要时反对君主制本身来巩固自己的地位。卢梭在其名著《社会契约论》等著作中宣扬平等的主题，人不论高低贵贱，生来就享有治理国家的权利。这一信条早已得到所有民主国家的认同，只是卢梭是最先一针见血地加以详尽阐述的。伏尔泰以及为狄德罗的《百科全书》撰稿的一批学者和政论家早就质疑所有公认的宗教价值观和世俗价值观。百科全书派把理性统治和单纯求知的目的呈现在法国人面前。旧王朝的政界处处设卡，这些思想犹如威力无穷的酵母。路易十六时期，无人知道这些思想能带领中间阶级在夺权的路上走多远。

不幸的是，18 世纪的法国，攫取权位并非易事，甚至连权位本身都找不到。一大批公务员管理这个国家，有些靠政府薪金，有些靠职位带来的佣金和利润养活，有些则受雇私人。腐朽，低效，这个体制早已步履维艰。文件成山，盘根错节，不一而足。一位法国史学家在革命过去后不久，叙述了教堂屋顶上的一片破瓦花了 40 年才修好的事。压制、惹恼全国人民的是混乱状态，而非独裁专制。就在革命前夕，一位大臣禀告国王，称国家已“无法统治”。

*　*　*

当局为了改变这种代价巨大的混乱局面作了许多尝试，而为了筹资解决它，则作了更多的尝试。路易十五在位时间长，统治期间公债大大减少。1774 年，路易十六登上王座，出于善意，他任命能干且正直的杜尔哥为财政总长。杜尔哥的计划很简单，若获准付诸实践倒会行之有效。他建议公务员和宫廷厉行节约以弥补国家赤字亏空，废除徭役即农民义务出力修路，同时取消挂名闲职和地方关税。压制同业公会，促进国内谷物自由交易以刺激财富增长和社会创业。然而，谷物自由贸易引发了炒作、面包价格暴涨和动乱。贵族不满自己的特权遭到杜尔哥的冒犯。以王后玛丽·安托瓦内特为首的宫廷指责他是革命分子，4 年之后杜尔哥遭罢免。他的改革几乎全部付之东流。改革方案的必要性显而易见，只是这位新国王无力贯彻改革方案也是国民有目共睹的。

1778 年杜尔哥下台，同年法兰西与陷入战乱的北美殖民地结盟。杜尔哥的消失也于事无补。与不列颠打仗需要更多的资金。国家赤字有 5 亿里弗，约合 2500 万英镑。即使在那样的日子里，这也不是一笔惊人的数目。实行一套理性的税收系统本可以消除赤字，但是凡尔赛宫懂得理性吗？绝望中的路易十六把瑞士新教徒内克尔推上了“财政总长”的位置。内克尔理解杜尔哥的失败意味着什么，他意识到要触动贵族的特权是不可能的。据此，他致力于改革监狱和医院，禁止对疑犯严刑逼供。他做的不止这些。他设立外省议会以履行和激活地方政府工作；但地方议会全是不切实际的新设想，盲目憎恨中央政府。它们沉没在喧嚣之中，幸存的寥寥无几。挫败和失望之下，内克尔于 1781 年 5 月辞职。

尽管如此，美利坚合众国的诞生鼓舞着法国人民，他们对自由有了新的偏好。美国能获得自由，为何他们不能？拉法耶特领导的法国志愿军和罗尚博领导的王室军队在独立战争中大显身手。为何旧王朝就一定要压制法兰西的骄傲和能量？然而朝廷依然奢靡，行政机构杂乱无章，国库一直亏空。路易十六失去了杜尔哥和内克尔，对统治聊无兴趣，对狩猎、造钟和宴饮之外的事情也提不起热情，无路可走只有借钱。到 1785 年，政府信用败坏。次年，名人会议（Assembly of Notables）召开，被要求同意所有财产一律纳税同时取消财政特权。会议拒绝了。达官显要拒绝纳税，直到他们明白灾难降临的原因。神职人员拒不听从，纷纷回到故里。政府行政机构的崩溃山雨欲来，巴黎陷入暴乱之中，焚毁王后和总管大臣的画像。政府无望得到贷款，除非他们答应召集三级会议。路易十六在大动荡前甘拜下风。1788 年内克尔在欢呼声中重新上台。他所面临的财政困境刻不容缓，三级会议便召开了。在此期间，一位拜访法国的英国议员预言说，“如此汹涌的动荡和热浪是不会轻易平息的……整个王国爆发革命的时机似乎已经成熟”。

*　*　*

三级会议即法兰西议会。历史上三级会议每逢法国危机严重之际才召开，为国家指明方向，支持王权。然而上一次三级会议距今已有 175 年，没有留下鲜活的传统来指导这次会议的进行。它会取得何种成果、权限如何，人们只能去推测。王臣们并没有起草集中议题的政策。齐聚凡尔赛宫的代表们面前有着无限的决策机会，不管是明智的决策,还是愚蠢的决策。他们可以着手让法兰西改头换面，重获新生，也可以通过派系斗争把国家推入战乱和无政府状态。果不其然，不出三年，三级会议及其继任者们发动了一场彻底的革命，挑起了一场大规模的欧洲冲突。只是 1789 年 5 月 5 日的春天尚无法预料政治热情能够点燃人民的心灵。所有前景似乎都表明，古老的法兰西代表机构会与君主制达成协议，这个阶段就连疯子也不会想着去推翻君主制。人们寄希望于两个体制朝着同一个目标互相扶持，早日使法国跻身世界上队伍日益壮大的立宪制国家之列。5 月 4 日代表们前往巴黎圣母院做弥撒时，做梦也没想到自己的工作会催生近代欧洲第一个残酷无情的独裁政体，这个政体无可争议享有“恐怖”的名声。欧洲诞生了一位继恺撒大帝之后最伟大的实干家，他们也没想到自己的无能会为他的统治铺平道路。

法兰西国民享有欧洲国家最广泛的选举权，500 万选民投票选出了约 1500 位代表。神职人员和贵族单独进行选举。在会议中占一半席位的第三等级包括地主、商人、律师、医生、行政官员和其他职业人士。他们身负本选区的怨言来到凡尔赛，其情绪可以归结为英国人所熟悉的一句话：“心有不平先化解，资助王权方不负。”作为中间阶级的代表,财产、学识和天赋让他们在这个王国占有一席之地，现在他们要求拥有发言权。他们是启蒙思想运动的信徒，其中有人读过伏尔泰、卢梭和百科全书派的作品。他们熟读自由、平等的抽象理论，现在决定在自己的实践领域内加以应用。有几位颇受成形于大西洋彼岸的伟大民主实践的启发。他们都致力于主张自己的权利，不仅是发言权，还有长期被拒绝的应得的参政权。许多低级神职人员和少数开明贵族赞成第三等级的观点。

三级会议的首个问题就是如何投票。第三等级一开始就明白，如果三个等级齐聚一堂共同投票,改革支持者就会占绝大多数。然而，此时的宫廷已经意识到召开三级会议的危险。只有强迫三个等级分开投票，挑唆第一、第二等级的特权人士对付第三等级，朝廷才能保有权力。气急败坏的王后在旁催促，路易十六出手了。他派军队将第三等级拒于议院门外，并扬言要解散他们。路易十六的这些举措带来了革命进程中的第一个转折点。勇敢无畏的第三等级会议早已改名换姓，自称国民大会。面对锁闭的大门，他们退到毗邻的网球场里，6 月 20 日在那里立下著名的誓言，绝不停止审议，“哪里有条件，就去哪里开会，直到建立并牢牢巩固王国的宪法”。因此，一个单一的立宪大会成立了，来自贵族和神职人员的同情者不久就壮大了它的力量。自此另外两院不复存在。

危急关头，国王举棋不定。他想动用武力，可想到流血又犹豫起来。他的优柔寡断皆因生性慵懒,宅心仁厚。他尝试发表严词训斥，代表们却充耳不闻，议长更是义正词严，“没人能对有了大议会的国民发号施令”。这可不是路易最后一次让步。一位英国评论者恰当地表达出世人对这些事件的看法。此人名叫奥瑟・杨（Author Young），农民出身，研究农业，当时正好在游历法国。他说，国民大会“一举成为查理一世时期的长期国会”。此言颇有先见之明。不过法国历史比 17 世纪的英国前进得更快。路易国王仅剩下 3 年寿命了。

革命的场所转往巴黎。半个世纪以来，这个有着 60 万居民的大都市一直是这个国家知识分子的大本营。这里不见凡尔赛宫种种的繁文缛节，聚集着法国人民的希望、创意和抱负。巴黎对集聚周边的王家军队十分警觉。60个区统统自发地开始招募一支公民的民兵组织。处处是“武装起来”的呐喊声。志愿者不在少数,可是武器很少。补救之法很快就找到了。7月14日一大早，一伙暴民强行进入荣军院，缴获大批库存的火枪和火炮。枪支分发下去了。现在就缺火药和炮弹了。首都的主要火药库在巴士底狱,这座阴森森的中世纪堡垒,长期作为王室监狱。整个上午至午后，暴民与巴士底狱狱长德洛内进行持续谈判。没有人知道仗是怎么打起来的。不知是刻意还是无心,德洛内朝外面的人群开了火，而对方领头人举着白旗呢。德洛内的行动给出了总攻的信号。火炮抬过来了，炮声轰鸣，市民武装不顾一切地英勇奋战，两小时后，负隅顽抗的堡垒投降。堡垒很快就被洗劫一空，石头开始一块块地被拆除下来。德洛内被杀，血淋淋的头颅高挂在长矛上，预示着暴力行动的降临。

专制王权的主要象征就这样倒下了。巴士底狱内仅7名犯人，其中一个是疯子。但是他们的获释得到全法国的欢呼。路易十六这位波旁王朝最仁慈的君主，迄今为止签发的监禁密令（lettres de cachet）不少于14000份，送臣民们进监狱往往有着充分的理由却从来没有经过审讯。如此的王权专政在巴士底狱的陷落中宣告结束。胜利属于自由事业，属于巴黎暴民。暴力大获全胜，革命往前跨出了血腥的一步。

*　*　*

1789年初夏，在外部世界和住在巴黎的外国人看起来，革命已经大功告成。一切都已尘埃落定：特权阶级已被推翻，人民权利得到了肯定；国王和国民大会将坐下来为国家的前途作出新的规划。不列颠驻巴黎大使也持这样的看法，他报告说，“我们所知的这场最伟大的革命付出了微乎其微的生命代价且已经奏效，从此不妨视法兰西为一个自由的国家”。而在英国沉思的埃德蒙·伯克则看得更远。他在不久后出版的《对法国大革命的反思》一书中看清楚了未来形势的发展。他字字珠玑，指出法国革命不是一场高尚有序的变革，不像1688年英国光荣革命那样尊重传统。这场与过去的诀别来得干脆利落。在国民大会审议一部能让2500万法国人自由工作生活的理想宪法的两年里，君主制得以苟延残喘。遗憾的是，非理性之力借理性之名蠢蠢欲动。这些力量不好轻易安抚。法兰西注定要经历革命的每一种形式。之后其他国家也重复这一模式，结局大同小异。法兰西是一座熔炉，所有革命的新元素首先在那里试验。

凡尔赛宫内，国王没有为巴士底狱的陷落感到大惊小怪。反而是他最小的弟弟阿图瓦伯爵清楚此事的意义。很久以后，已是国王查理十世的阿图瓦成为另一场革命的牺牲品。伯爵带领一批桀骜不驯的贵族逃出法国。紧接着就是第一批反动派移居国外。据说在后来的3个月里，20多万贵族和家属申领出国护照。被称作流亡者的他们纷纷避难德意志和意大利，多居住在科布伦茨（德国西部城市）和都灵（意大利西北部城市）。他们在法国边疆之外，忙着策反国内的新秩序。路易国王、王后和宫廷同他们保持着秘密的联系。国民大会和巴黎暴民时刻担心自己遭到立宪制度下的新国王和流亡者一起背叛，担心外国势力帮助他们复辟旧王朝。他们的担忧并非空穴来风。正如英国的查理一世，路易国王认为口是心非是君主的特权。表面上他不加否定地接受许多讨厌的改革方案，暗地里却在王后的煽动下努力推翻它们。

巴黎那边很快意识到这一点。现在是市里的领袖们在掌控节奏。

10 月份，他们决定从凡尔赛宫请来国王，把他和国民大会一起安置在自己身边加以看管。同时，公民的民兵组织改名为“国民警卫队”。国民警卫队的总司令是美国独立战争中的英雄拉法耶特。他是一个有着崇高理想的军人，现如今投入到革命仲裁者的角色中。可惜这不是一场有章可循的比赛。5 日，巴黎妇女列队前往凡尔赛宫抗议面包的价格太高。国民警卫队决定陪同她们，其中有很多人是她们的丈夫。何乐而不为呢？正好来一次家庭郊游。拉法耶特百般不情愿地走在前面。午夜时分，他们抵达王宫。场面一度混乱，国王和王后只好面见暴民。他们不失端庄的风度。拉法耶特放话出来，如果路易来巴黎，他保证其生命安全。国王依言行事，第二天在他的首都受到欢迎。巴黎又一次大获全胜。自路易十四即位以来，凡尔赛宫第一次拉下了百叶窗。

* * *

国民大会跟在国王后面回到巴黎。但此前已有 300 多人辞职或告假缺席。局势发展的速度令人恐慌，他们担心自己在首都的安危，于是退居外省或开始流亡。国民大会已经宣告封建制度的结束，起草了《人权宣言》(Declaration of the Rights of Man)，宣布公民一律平等，继而废除了世袭封号，把自古以来属于教会的土地收归国有，进行自由出售和分配。于是，一个坚实的新农民阶级产生了，他们获得的一切归功于革命，接下来成为革命军和拿破仑帝国军队的骨干。

代表们的热情远不止于此。他们改革了司法行政机构，把神职人员，或者愿意接受改变的人变成了领薪水的国家公务员；他们取消享有特权的旧行省，把全国分为 86 个行政区，延续至今。旧王朝被连根拔起，新秩序取而代之。1789 年的人决不妥协，也不允许两种果实合二为一，互相影响。欧洲人大吃一惊，巴黎的激进政策令他们日益恐慌。用不了多久，革命的原则就会越出国界，来势汹汹地降临到最古老的欧洲国家。法国革命的领袖们开始梦想采用武力传播自由、平等、博爱的福音。

兴许有一人可以控制住事态的发展，要是他有实权的话。此人就是米拉波伯爵。此人相貌丑陋，生性不羁，但能准确把握时事的脉搏。麦考利中肯地评价他："性格卑劣的地方像威尔克斯，性格高尚的部分像查塔姆。"米拉波的能力、口才和判断力在代表中鹤立鸡群，因此激起广泛的嫉妒和不信任。宫廷既不听他的意见也不采纳他再三的提议。1791 年 4 月，米拉波去世了，壮志未酬。法兰西失去了一位才干堪比克伦威尔的人物。

国民大会的领导权落入煽动家和激进派手里：一开始是吉伦特派，得名于其领袖故乡波尔多附近的行政区；后来是雅各宾派，得名于从前杜伊勒里宫附近的修道院，他们现在挪用此地搞政治活动。

目前为止，国王对狂热者的所有行径都是首肯的。他装作毫不在意，忍受着自己所处的困境。他公开说"是"，内心里却在喊"不"。与国王形影不离的王后来自瑞士哈布斯堡，她生性专横，深信自己有能力且一定能颠覆历史的进程。有人一直密劝国王离开巴黎，到外省中心地区去，将全国的保守派聚于自己的麾下。历史上法兰西国王面对巴黎过于激烈的氛围时都会这么做，也颇为奏效。孤注一掷的路易决定冒险一试。他要逃出囚笼，去往东北边境地带；他要率领流亡者在奥地利的军事援助下重建王室权威。7 月 20 日，国王扮作男仆夤夜溜出王宫。王后扮作家庭教师带着王子公主们前来会合。四匹马的马车载着他们一家人快速穿过夜幕，然后顶着炎热的夏日赶路，此为一年中最长的一天。天色已晚，他们来到瓦雷讷镇，此地距离巴黎有 140 英里，距离边境只有 30 英里。由于一系列的阴差阳错，中途等候的王家护卫队与国王失之交臂。换马那会儿，路易凑到窗边呼吸一些新鲜空气。一位狂热的革命驿站长根据付给他的纸币上的国王头像认出了路易。国王、王后和孩子们被迫下车，被看管起来，第二天被灰溜溜地押回巴黎。逃跑计划的失败给君主制敲响了丧钟。革命者眼里的国家元首背信弃义。现在说什么都回天无力了。18 个月寝食不安的生活摆在路易面前。他的一举一动受到严密监视。暴民破门而入，在杜伊勒里宫当面出言不逊。不久他就沦为阶下囚，被正式废黜，以公民卡佩（Citizen Capet）的身份接受审判，1793 年 7 月 21 日被吉尔坦医生刚发明的断头台处决。国王保持着无畏和尊严直到最后一刻。他被砍掉脑袋的时候，共和国胜利了。

此时的欧洲正在鏖战。冲突在上年 4 月份爆发，直到 23 年后在滑铁卢战场告终。吉伦特派内阁惶惶不可终日，唯恐被对自己虎视眈眈的狂热雅各宾党人取而代之，于是向奥地利宣战了。他们希望凭一场民族解放战争，来支撑它在国内岌岌可危的统治。奥地利、普鲁士和流亡者的军队集结在莱茵河对岸已有时日。他们扬言要扑灭法国革命的烈火，声势浩大。可几个月过去了，其间奥地利和普鲁士的君主们瓜分了波兰，吞并这个倒霉的共和国，因其疆土太大，根本无力迅速消化。到了秋天，他们开始入侵法国。举世皆知，仓促拼凑起来的法国民众武装显然不是普鲁士和奥地利正规军的对手。可是法兰西迅速成为全民皆兵的国家。迪穆里埃将军炮轰瓦尔米地区，出乎意料地驱走了普鲁士军队，全国上下欢欣鼓舞。将军乘胜追击，攻占荷兰的奥地利行省。革命的共和国一举拿下路易十四穷兵黩武 40 年也没到手的土地。史上破天荒地有国家可以举全国之力进行全面战争。法国军队新的指挥者脱颖而出,其中的丹东力大无穷、精力充沛；罗伯斯庇尔残酷无情、独裁专制；马拉是个天才煽动家，善于恶语中伤；国防部长卡诺活得最久，他总能运筹帷幄。在迪穆里埃的军队里，热衷革命的年轻军官和军士层出不穷:内伊、苏尔特、缪拉、拉纳、达乌、马尔蒙、马塞纳、维克托、朱诺和贝尔纳多特，都是传奇人物。法兰西迈入了最辉煌的军事时代。一场旷日持久的兵连祸结横亘在其他欧洲国家面前。

第 19 章

对阵法国

英国的辉格党人，尤其是改革派和激进派，起初是欢迎法国大革命的，可转眼就反感了，受不了革命的过火行为。18 世纪的伦敦不是没有领教过民变。但威尔克斯时代的动乱以及 1780 年乔治·戈登勋爵带头的暴动中，暴民均受到了法律的制裁。现在法兰西上演的一幕令人毛骨悚然，各种社会势力因改革派如野马挣脱缰绳，冲破藩篱，结局令大部分英国人感到恐慌。福克斯在下院单枪匹马，凭良心为法国革命辩护，他一贯保持乐观开朗的心态。为此他遭到昔日盟友伯克的猛烈抨击，反对派中忠实的追随者大减。类似的看法在乡下占上风，爱好自由的年轻人为 1789 年的壮举拍手叫好。华兹华斯以诗言志，"幸哉呼吸黎明的空气"。在新兴浪漫主义运动的沃土上，还有其他诗人和作家对此深表同情。没过几年，多数人却希望幻灭。一些进步的科学家和政治思想家团体拥护国外的革命思想，如同今日的激进分子一样。他们在协会碰面时举杯庆贺 7 月 14 日法国国庆节和法国宪法的诞生。但英国保守势力强大，他们只是区区一小撮酵母而已，成不了气候。激进的工人俱乐部才更危险，它们纷纷在大城镇冒出来，通常由中产阶级领导。俱乐部与巴黎的雅各宾党人往来密切，并派遣亲法的代表团入驻国民议会，以及接任的制宪议会。这些煽动者虽是英国公众的少数，叫嚣得却十分厉害，最终政府对他们采取了铁腕行动予以遏制。

这就是世界革命思想在巴黎聚集力量时不列颠的场景。1792 年，法兰西新任统治者们无端屠杀政治犯，此举再次打击联合王国内众多有望投身革命之人的信念。1793 年 1 月法国国王被处决，蔑视权威的行为登峰造极。丹东在他著名的演说中总结了法国革命者的态度："盟国君主们沆瀣一气向我们发难，我们把国王的脑袋抛到他们脚边，作为挑战。"马拉则疾呼："必须建立自由的专制，去粉碎国王的专制。"法兰西共和国军队不仅威胁到奥地利和普鲁士的军队，也威胁到本国政府，让他们一直在战场之上这件事至关重要。吉伦特派阁员直言不讳："和平简直是无稽之谈。我们手下有 30 万军人。我们必须让他们行军到脚能带他们去的最远地方，否则他们一回头就会砍掉我们的脑袋。"

1792 年，皮特曾做预算报告，他相信 15 年内欧洲无战事。皮特奉行不干涉政策。对于英国来说，除非发生比贵族遭屠杀或制宪议会发表演说更重要的事情，或者发生比世界革命带来威胁更实在的事情，否则他是不会考虑战事的。导火索出自荷兰，正如英国历史上经常发生的一样。到 11 月，法国将军们收到命令，奥地利撤军时要追杀，允许杀入任何收留他们避难的国家，此令明显威胁到荷兰的中立。第二道命令传来，要打通安特卫普港口和海洋之间的斯凯尔特河。一周之后，法国军舰炮轰安特卫普的城堡，11 月 28 日，该市落入法军手中。18 世纪国际政局的微妙平衡危在旦夕。

12 月 31 日，外交大臣格伦维尔勋爵照会法国大使，陈述英王政府的立场，其措辞一直是日后英国外交政策的经典阐述：

> 英国绝不姑息随心所欲的法兰西擅作主张，以天赋人权为幌子，自诩为唯一的法官，毁坏各政权一致同意的政治格局。本政府秉持一个多世纪以来的宗旨，决不会坐视法兰西直接或间接地成为低地国家的主人，亦不会冷眼旁观其成为欧洲权利与自由的主宰。若法兰西真的渴望与英国和平相处、友谊长存，就必须做出放弃野心不再扩张的姿态，固囿于自己的领地，不得对他国政府无礼，不得扰乱他国的宁静，不得侵犯他国的权利。

1793 年 1 月 31 日，制宪会议上丹东大放厥词，奥属荷兰地区依令并入法兰西共和国。次日，法兰西向大不列颠与荷兰宣战，法国深信英国内部革命蓄势待发。这使得皮特别无选择。盘踞在弗兰德海岸，特别是斯凯尔特河口的法国军队威胁到了英国的安危。英国与大陆的贸易凶多吉少，英吉利海峡告急。若非巴黎那边蓄意挑衅，皮特还可能忍耐一段时间尽量息事宁人。只是如今，荷兰南部落入法国囊中，世界革命近在眼前。威胁如火烧眉毛，已无处可躲。

3 月份，皮特愁容满面，首次在下院呼吁拨款备战，并且概述冲突的根源：

> 我们参战的原因是多方面的。尝闻为尊严而战，这样的战争是谨慎而有政策的。就当下形势而言，但凡能激起民众情感或民族力量的各种因素都促使我们参战。法国人蔑视我们严守

> 中立的态度；他们罔顾自己庄严宣誓的信仰；妄图干涉我国的内政，武装我国子民来反抗政府；他们诬蔑我们受人尊敬和爱戴的君主，企图离间王室和人民的关系，说他们各怀鬼胎，各自谋利。他们一而再再而三肆意挑衅，愈演愈烈。我们参战，难道这不是维护尊严吗？难道这不是证明民族精神和捍卫不列颠圣名必打之战吗？尝闻为全欧洲的安全而战：在那些战争中，欧洲可曾为法军这样长驱直入和大肆扩张的野心所威胁过吗？尝闻为新教而战：我们的敌人正是所有教派包括路德教派和加尔文教派的公敌；他们不惜动用武力，急切地把无神论的准则散播到所到之处。尝闻为合法的继承权而战：而今我们正在捍卫世代相承的君主制；我们与之作战的对象正摧毁我国的宪法结构。我备受鼓舞和安慰，满怀信心地执行我义不容辞的艰巨使命。回顾战前国家繁荣景象，我们要学会珍惜当下的一切，不能对那些恶意妒忌我们幸福的人心慈手软；他们自己得不到，就想让别人也失去。我们要坚信这番繁荣的景象将赐予我们应付危机的力量和应对经济状况的手段。在这样的情况下，我们就应该生命不息，战斗不止。我要说出自己的提议，正因此我也相信各位会鼎力相助。

英国即将进入 20 年之久的战争，眼下必须大规模备战，可是军队缺少装备和兵源，战斗力大不如前。陆军、海军运行管理的状况糟糕至极，这种情况下若能取得一点战绩，真可谓奇迹。皮特本人对战争或谋略一无所知，指挥战争的工作主要落在亨利·邓达斯身上，而后者是个地道的商人。邓达斯根据 18 世纪的传统观念，主张发动殖民地战争和贸易战。这将受到商人阶级的欢迎，也会获得商业利益。但过去几年来，不列颠劳师远征西印度群岛，其间就出现了人力不足、计划不周的问题。因此为这些错误的军事行动招兵买马是极为困难的。

不列颠哪怕有一支小规模的精锐部队，事情也就不会那么困难了；那样她就可以与莱茵河畔出发的盟军并肩作战，从法国沿海直捣巴黎，推翻挑起这场战争的共和国政府。可是皮特只能派出不到5000人的军队到荷兰盟友的边界去抵抗入侵者。接下来的作战让英军脸面无存，他们企图拿下敦刻尔克却无功而返。到1795年，大陆上的英军被打回到德意志边境的埃姆斯河口，并从这里撤回国内。伦敦对法国保王党寄予厚望，后者大胆提出内战的计划来扼杀法兰西革命。1793年保王党攻占土伦，而邓达斯已把全部英军派往西印度群岛，因此保住了未来进军的重要基地。

*　　*　　*

土伦告急。法军中一名年轻的中尉，出身于科西嘉名门望族，精通炮战等军事要务。此人正好告假离队，顺路到了杜戈米埃将军指挥的雅各宾围攻营地。中尉沿炮兵战线一走，便说他们的射程到不了半路。错误得到了纠正，这位懂行的中尉在人才不济的司令部中享有了发言权。此时巴黎传来命令，要按老规矩展开围攻，但必要物资的供应却跟不上规定的编队。谁也不敢违抗可怕的公共安全委员会的指令，因为国家大小事由他们说了算。然而，军事会议席地召开，大太阳下，中尉提高了嗓门。他说道，这几道命令（或者是他日后声称的），简直愚不可及，这点无人不知。“我有一计可夺回土伦”，他在地图上指出，岬角的埃居莱特要塞控制着土伦港口，“土伦的命脉在此。”此言一出，所有人都把性命攥在手里，接受了他的安排。中尉行军布阵，带头攻打埃居莱特要塞。一番激战过后，要塞沦陷。数千名保王党军镇守的正面前线完好无损，而虚弱的围攻者在远处与它安然对视。不料次日清晨，要塞到手，英国舰队在众目睽睽之下离港而去。中尉不仅洞察了已取要塞的军事价值，更看清土伦保王党靠着道德和政治力量负隅顽抗。英国舰队一走，抵抗力量便土崩瓦解。有败军跑向尚未离岸的船舶，相互踩踏。土伦投降，上千名手无寸铁的俘虏遭到疯狂的报复，若保王党实施抵抗，他们就是反革命的先锋队。消息传到巴黎，罗伯斯庇尔及其胞弟还有公共安全委员会都想进一步了解这位帅才，他才情卓越，倾向革命。此人名叫拿破仑·波拿巴，就是他拿下了土伦。

这时，极端恐怖来临，在政治狂热的巴黎，人命可能随时被断送。每天都有四五十个男女走上断头台。政治家和民众凭着自卫的本能合力反对起了罗伯斯庇尔。行动在 1794 年 7 月 27 日展开，即共和二年热月 9 日（革命党人决定废除恺撒和格里高利教皇制定的纪年方式，建立新的历法）。那天，局势大乱，罗伯斯庇尔落马，被送上断头台，那一直是他送别人去的地方。经此变故，这位中尉失去了土伦战役带来的英名。波拿巴和罗伯斯庇尔兄弟过从甚密，是他们的“军师”。阴差阳错，他就跟他们一起下地狱。但是极端恐怖随罗伯斯庇尔而去，掌权的督政府很快就需要波拿巴了。1795 年，督政府为取得拥护地位而展开激烈运动，引起巴黎富有阶级的武装起义。督政官巴拉斯在危急关头想起了攻克土伦的中尉。波拿巴受命率军在议会周边架起大炮，轰散要求基于公众意志进行公正、自由选举的市民。借葡月 13 日（公历 10 月 4 日）炮击事件，波拿巴东山再起。第二天，他便授权指挥法军在意大利北部同奥地利军队作战。他给予衣衫褴褛、饥肠辘辘的军队夺取胜利和战利品的希望，士气为之一振。1796 年，他率军通过阿尔卑斯山关口，踏上丰饶肥沃、尚未被革命蹂躏的土地。他以寡敌众，进行了多场险中求胜的小战役，击溃奥地利指挥官，征服了意大利半岛北边的广大地区。凭借这些胜利，他睥睨军事领域所有的竞争对手，成为法国革命的利剑。然而，他要利用并摧毁的也正是这场革命。这便是大革命的第三阶段。科西嘉出身、雅各宾党人和将军是他抛在身后的标签。下一步他要仿效亚历山大大帝征服东方了，计划是先入侵埃及，再夺取君士坦丁堡[①]，继而是整个亚洲。

* * *

英国政府不得不采取了百年未闻的手段进行严酷镇压。共和制鼓吹者锒铛入狱。《人身保护法》暂停实施。著名作家被控叛国，送上法庭，可陪审团不肯定罪。根据新的《叛逆法》（Treason Act），即使对政体提出最温和的批评也会招致危险。自 1782 以来一直由独立于威斯敏斯特新教议会统治的爱尔兰即将发生暴动。依皮特之见，只有向爱尔兰天主教徒做出巨大让步，暴动方能避免。爱尔兰领袖亨利·格拉顿能言善辩，为他的国家争取更大自由而费尽心机，极力主张天主教徒应当享有选举权和议会席位，担任政府职务。他们如愿获得选举权，却仍然未能获得议会席位。

这些年前景暗淡，能够带来光明的胜利何其之少。1794 年，面对装备低劣、军官不足的法国海峡舰队，豪司令也是三心二意。3 年后，圣文森特角附近，西班牙舰队（西班牙此时与法国联盟）遭到杰维

① 1453 年被更名为伊斯坦布尔，为奥斯曼帝国的首都。

斯和纳尔逊的痛击。可是，海军的装备条件受到严重忽视，停泊在斯皮特黑德锚地的军舰拒绝出海。抗命活动扩展到诺尔河。伦敦实际上被英国海军封锁了好几个星期，而一支法国舰队却在公海上驶向爱尔兰，结果一无所获。海军绝对忠诚，这倒半点不假，国王生日那天他们发射的礼炮十分响亮，大炮弹药充足，炸得希尔内斯工事七零八落。哗变的官兵尝到让步的甜头，在坎珀当外海战胜荷兰军队，华丽取胜，挽回名誉。彼时荷兰已是法国的卫星国。与此同时，英格兰银行停止支付现金。

法军在欧洲大陆无往不胜。拿下意大利北部后，波拿巴准备取道阿尔卑斯山关口，进攻奥地利。1797 年 4 月，他与奥地利签订莱奥本初步协定，几个月后改为《坎波福尔米奥条约》(Treaty of Campo Formio)。比利时并入法国版图。威尼斯共和国拥有辉煌的历史直到中世纪，现沦为奥地利的一个省，米兰、皮埃蒙特和意大利北部的诸小公国合并为新生的南阿尔卑斯共和国。法国雄霸西欧，稳坐地中海，同奥地利达成秘密协议而不惧德意志的进攻，只需考虑下一步该征服谁了。从爱尔兰进攻英国应该是理智的做法，而波拿巴却把命运交给更广阔的战场。1798 年春，他驶向埃及。纳尔逊跟随其后。

8 月 1 日下午，纳尔逊舰队的一艘侦察船发出信号，暗示一些法国军舰停泊在亚历山大港东面的阿布基尔湾。13 艘法国“74”列舰一线排开，有两英里长，相互挨着停泊在浅水区，船头朝西，险滩向左舷。法海军司令布律埃斯坚信，即使是英军司令也不敢驶入险滩和法国军舰队列线之间。但是纳尔逊知道舰长们的本事。薄暮时分，“歌利亚号”和“热情号”一前一后，小心翼翼地朝敌前锋舰陆地方向慢慢前进，在日落的几分钟前展开行动。5艘英舰鱼贯驶到敌人边上的陆区，纳尔逊则在“先锋号”上指挥其余军舰于敌舰右侧列队待命。

法国水兵们多在岸上，军舰甲板上堆满索具。他们以为，朝向海岸边的射击孔没必要清理。天突然变黑，法国舰队一片混乱。横挂4盏风灯的英国军舰出手凶狠，猛击敌舰，打得它们毫无还手之力，全线崩溃。10点钟，布律埃斯的“东方号”旗舰爆炸，面前的5艘军舰早已投降；余下军舰的锚索被打断，或急于躲避火光冲天的“东方号”，不知所措，一团乱转。清晨时分，有3艘军舰逃往岸边后投降，第四艘则被军官们烧毁。护送拿破仑军队去埃及冒险的庞大舰队中，仅两艘战列舰和两艘护航驱逐舰逃出生天。

纳尔逊在尼罗河取胜，切断波拿巴与法国的联系，也粉碎了他征服东方的宏图伟业。波拿巴在叙利亚攻击土耳其人，但在阿克进攻受挫。防守阿克的是西德尼·史密斯爵士和一支英国水兵。1799年，波拿巴逃回法国，没带一兵一卒。英国舰队重掌地中海。这是一个转折点。英国经过长期围困占领了马耳他，从此在地中海有了坚固的基地，英国舰队再也不必像战争初期那样回国过冬。

然而，英国政府依旧构想不出协调作战的军事计划来应对欧洲战略所需的规模。资源不足，盟国也都不可靠。派遣了小规模的远征军对准欧洲大陆外围布局点。西班牙、布列塔尼，以及后来的意大利南部均遭到袭击。这些行动骚扰了当地的敌军指挥官，却左右不了战争大局。这时，波拿巴重掌驻意大利的法军。6月，在皮埃蒙特的马伦戈地区，他打败奥地利人，法国再度成为欧洲的主宰。不列颠岛国对战争的贡献主要在于其军舰的警戒作用以及对盟军的救济补助。拿破仑戏言英国是“店小二之国”，不是没有道理。英军除了骚扰战、牛虻战术之外，会有大放异彩的时候，只是时机未到。拉尔夫·艾伯克龙比将军不甘心地表示，“其他军队都不知道英军战斗经历的风险吧”。不久他率军登陆埃及，迫使法军投降，否定了自己对英军的负面评价。1801 年，他在亚历山大港取得胜利，带来了黎明的曙光，但自己身负重伤。法国人遂在东方绝迹。

* * *

1800 年，英国政治舞台上演的主要戏码就是同爱尔兰达成《合并法案》。前几年冲击和警报不断，皮特下定决心要彻底整顿这个麻烦不断的小岛。爱尔兰趁英国政府之危攫取种种好处，胃口膨胀。此时爱尔兰天主教徒和新教徒争得你死我活。新教徒在北爱尔兰建立奥兰治协会，捍卫他们的宗教信仰。南部的爱尔兰人联合会以沃尔夫·托恩为首，投靠法国之心日益迫切。叛乱，法国的入侵企图，残酷的内战，闹得爱尔兰暗无天日。都柏林独立议会辜负了曾寄托在它身上的希望。即使根据 18 世纪的标准，这个机构已腐败到惊人的地步。皮特认为，完全合并两个王国是唯一的出路。英格兰成功地合并了苏格兰，合并爱尔兰何愁不成呢？但达成任何协议的先决条件，就是把爱尔兰天主教徒从刑法的排除地位中解放出来。此时，半疯癫国王的铁石心肠使得皮特一筹莫展。幕后势力不择手段，内阁大臣们虚伪狡诈，迫使乔治三世遵守加冕誓言，他确信此事关乎誓言。皮特忙着天主教的解放事业，却没得到国王的书面批准。皮特说好国王说不，1801 年 3 月 14 日，皮特觉得非辞职不可了。天主教徒的解放推迟了近 30 年。同时，《合并法案》得以在爱尔兰议会通过，皆因大规模的赞助和贿赂挡住了激烈的反对之声。格拉顿反对《合并法案》的演说堪称其一生光彩之最，但却徒劳无获。威斯敏斯特接纳了爱尔兰议员。这一举措为之后的 19 世纪埋下了祸根。

皮特精疲力竭，组织英国备战的任务非他所愿，因此茫然无措。后世史学家责怪他无力指挥大规模的战争，他的财政措施亦遭非议；他宁可举债也不愿增税，子孙因此负债累累，后来其他人也如法炮制。皮特大量举债，毫无节制，挣扎着度日，挨到战事惨淡收场，就这么得过且过，期盼好事上门。若说皮特是资质平平的陆军大臣，那么他的继任者也好不到哪里去。

纵使考虑上威廉·皮特所有的缺点，他仍不失为同辈中的佼佼者。毫无疑问，他比别人更有威望。他有勇气、有毅力、不怕指责。他声如洪钟、字斟句酌地驳斥反对者们：

> 他［福克斯先生］公开叫板，让我用一句话概括战争的目的。我不知道能不能用一句话说清楚，但我能用一个词语告诉他，那就是“安全”；摆脱危险获得安全啊，这个危险危害世界已经到了登峰造极的地步。确保这个以往社会上没有出现过的危险不出现就是安全啊；确保这个深度和广度上无可比拟的危险不出现；确保这个威胁着地球上所有国家的危险不出现；这个危险遭到了欧洲各国的抵抗，而我国的抵抗尤其卓有成效，因为没有哪一个国家像英国这样勠力同心，不遗余力。

国王之友和反对皮特的党内造反者拼凑成联盟，取皮特而代之。他们以联合政府名义招摇过市，跌跌撞撞地维持了 3 年多。亨利·阿丁顿担任首相，他和蔼可亲，是下院前议长，没人当他是政治家。年轻的乔治·坎宁是托利党的新秀，他就此事作了两句有趣的打油诗：

伦敦大于帕丁顿
皮特胜过阿丁顿

战时环境需要建立某种形式的联合政府。单就缺乏行政经验这一点而言，人们认为辉格党反对派不堪大任。1800 年辉格党反对派简直无能为力了，因为战争发生转型，从反对世界革命转向反对世界恺撒化。拿破仑崛起之前，他们坚定不移地向革命者祈求和平与谅解。而现在他们被逼到自己无权置喙的战略战术问题上。皮特意识到自己是英国领袖的不二人选，手上的动作却看起来丝毫不受影响。坎宁和卡斯尔雷勋爵等年轻人在他部下历练过，对自己的上司仍然忠心耿耿。坎宁写道："不知皮特是否愿意拯救我们，但他肯定是唯一能够拯救我们的人。"

1802 年 3 月，阿丁顿政府同拿破仑签订了《亚眠和约》（Treaty of Amiens），战争因此暂停了一段时间。皮特看在和平的份上支持阿丁顿政府，不顾属下的争论。英国游客涌入法国，福克斯也在其中，他们着急见到革命现场，目睹当今可怕的第一执政官是什么模样。但是旅游季不久便结束了。翌年 5 月，两国重新交战。英国再一次处置不当，政府完全没有利用喘息的机会提高防御能力。拿破仑在土伦集结军队，准备入侵英国。皮特隐居在肯特郡的沃尔默。过去岁月的繁重工作损害了他的健康，使他未老先衰。皮特孤苦伶仃，靠药物苟延残喘，偶有为数不多的友人给予鼓励。他与世人接触的唯一机会，就是这段在野的短暂时光。当时他作为辛克港的总督，组织地方民兵反抗入侵的威胁。遥望 20 英里外的海峡彼岸，拿破仑大军整装待发，万事俱备只欠东风。这位前首相纵马驰骋在形形色色的村民队伍前头，在南方海滨展开训练，构成英国历史上为数不多的壮观场面。

第 20 章
特拉法尔加战役

1804 年，皮特重新上台。他开足马力重整英国雄风。自从战事再起，不列颠孤身奋战拿破仑；在英国历史上最关键的时期内，独自苦战达两年之久。皮特的努力终于促成奥地利、俄国和英国再度联盟。可这事急不来。法国暂时吓住了欧洲大陆，使其乖乖顺从自己的统治。机会就在眼前，法国人要集中全部武装力量对付顽固的岛民。他们制订出周密的征服计划，在英吉利海峡彼岸的港口陈列重兵，准备进犯英国。他们造好了平底船运送 20 万大军横渡英吉利海峡，夺取胜利似乎志在必得。志得意满之际，拿破仑命令教皇加冕自己为法国皇帝。他离实施自己的计划只差一步——那就是取得制海权。要进攻英国，首先必须由海军控制海峡。在英国皇家海军历史上，无论是从前还是过后，似乎都在倾一己之力将民族危亡阻挡在不列颠岛屿之外。使命不止于此。日复一日，冬去春来，英国舰队封锁住了驻扎在布雷斯特基地和罗什福尔基地（均在大西洋沿岸）以及土伦基地（在地中海）的法国海军。就算付出一切代价，也不能让法国主力舰队会合。英国一定要保证海洋的畅通无阻，因为海上贸易是国力的保障。对待偶尔溜出港口的法国舰队，必须穷追猛打直到其沉入大海，或者将它们赶回港内，严守英吉利海峡西大门，以防法国人趁虚而入。英国舰队遥相呼应，在此会合，以应付本岛遭受入侵威胁的不时之需，而康华里将军率领的英国海军主力也在此镇守。美国史学家马汉海军上将写道："饱经风霜的英国军舰远远停泊着，法国大军从未放在眼里，却就此与世界之主宰绝缘了。"

1803 年 5 月，纳尔逊回到地中海，重新指挥他的舰队。此处可能决定着英国的生死存亡。纳尔逊的任务是牵制土伦的法国舰队，防止其袭击西西里和地中海东部沿岸，堵截其驶入大西洋，否则就可能解除英军对罗什福尔和布雷斯特的封锁，强渡英吉利海峡，同土伦出动的舰队互相配合。深感形势严峻的纳尔逊穷尽军事才华，创建出一流的舰队。他改组舰员，改装军舰以适应危急时刻的战况。纳尔逊没有安全的基地来监视土伦。直布罗陀和马耳他都相距太远，而梅诺卡岛依据《亚眠和约》归还给了西班牙。他必须到撒丁岛和西班牙的沿海城镇去运给养，每次淡水用完之后，就只好解除封锁，将整个舰队驶入撒丁岛的港口。甚至在数量上，他也不具备对土伦港的法国主力舰队的优势。这样的条件下，就算包抄法国舰队也是不可能的。纳尔逊急不可耐地要诱敌出战，想一网打尽。他指派一排护卫舰来监视土伦，而他本人则与战列舰一道待在撒丁岛外海，伺机拦截。两年时间里法军有两次想突围，均退回去了。在此期间，纳尔逊从未登岸。法国舰队意欲何往，是他脑海中挥之不去的梦魇。往西西里和埃及而去？还是往西班牙和大西洋而去？他必须考虑所有的逃跑路线。

对英国发动总攻的周密计划像蜘蛛网一样慢慢地编织着，位于网络中央的是拿破仑。可是，他手中的重要武器不堪一击。法国海军在大革命时期曾遭遇重创。财政崩溃，现有的舰艇年久失修，长时间没有新舰艇加入舰队。海军军官几乎个个命丧断头台。法国海军纪律松散，根本起不到一锤定音的作用。但是，拿破仑手下的海军大臣为重振海军进行了艰苦的努力。法国指挥官们新官上任，因袭击海上商船而崭露头角。1804 年 5 月，皇帝将土伦舰队托付给维尔纳夫上将。此人航海经验丰富,深知自己的舰队在运气好时能进攻，除此之外只有防守的份儿。拿破仑见不得任何障碍，于是一套套佯攻方案应运而生，哄骗涌入法国疯狂搜集情报的英国特务。西班牙被拖入拿破仑的计划,其舰队是总体计划的必要辅助部分。1805 年初，拿破仑敲定了最后的安排。9 万多经过挑选和训练的进攻部队驻扎在土伦周围。英吉利海峡的法国港口不是为了容纳战舰而建，停泊在大西洋和地中海港口的舰队也必须另找地方集结，以夺取海峡控制权。皇帝盯上了西印度群岛。拿破仑心想，待自己的舰队冲破地中海和大西洋的封锁线，摆脱英军舰队，驶入西大西洋水域，便奉命在此处集结。法国和西班牙的联合舰队将同冈多默上将手下的布雷斯特舰队会合，折回欧洲，沿英吉利海峡北上，保证在土伦港口横渡。纸上谈兵极妙，只是这个计划忽略了法国舰队的现状，也没有考虑到英国海军将领会集中力量对付溃逃的敌人，而这是他们惯用的伎俩。

1805 年 4 月，纳尔逊在撒丁岛外海待命伏击时，维尔纳夫出海的消息传来。敌人于 3 月 30 日趁着夜色溜出土伦港，而纳尔逊不知道的是，维尔纳夫带着 11 艘战列舰和 8 艘护卫舰朝西边驶去。狐狸已经出洞，猎狐行动拉开序幕。运气似乎在和纳尔逊作对。其快帆船跟丢了维尔纳夫，纳尔逊必须首先核实敌人舰队不是往西西里和近东而去。核实后，他赶往直布罗陀海峡。时值西风大作，纳尔逊直到 5 月 4 日才到达直布罗陀海峡，得知维尔纳夫三个多星期前就经过此地往加的斯湾去了。6 艘西班牙军舰加入维尔纳夫麾下，横渡大西洋的漫漫航程开始了。纳尔逊从护卫舰和商船提供的零星报告中提取信息，拼凑出了法国的阴谋。他淋漓尽致地施展了自己的雄才伟略，从错综复杂、模糊不清和互相矛盾的情报中看穿了法国的计划。没有任何证据指示维尔纳夫已经北上，也没有任何理由说明他会沿着西非海岸南下。于是，纳尔逊 5 月 11 日作出自己西行的重大决定。他带着 10 艘战列舰追击敌人的 17 艘战列舰。航行一路无事。气势如虹的英国舰队以 5.5 海里的平均时速追击猎物，随后双方在西印度群岛玩起了捉迷藏。5 月 14 日，维尔纳夫和西班牙盟友到达马提尼克岛。6 月 4 日纳尔逊在巴巴多斯登陆。由于情报有误，他在加勒比海错过了维尔纳夫的舰队。同时，纳尔逊逼近的消息令法国舰队司令大吃一惊，他立刻在 6 月 8 日驶入大西洋，向东而去。6 月 12 日，纳尔逊停泊在安提瓜岛海域，距离维尔纳夫停泊此处仅过去了 4 天。纳尔逊不得不再次做出抉择。他认为法国人正往欧洲而去，这一看法是否正确？他在一封急件里写道：“我非但不像罗马教皇一样事事正确，我认为自己的观点往往会出错，所以我可能误判敌人的舰队已经往欧洲而去；但我不能改变初衷，尽管许多有识之士持反对意见。”

纳尔逊离开西印度群岛之前，派出一只单桅快船带着若干急件返回英国。6 月 19 日，小船经过维尔纳夫的舰队，记下了它的航向和方位。小船的船长看到维尔纳夫往东北方向的比斯开湾而去，便

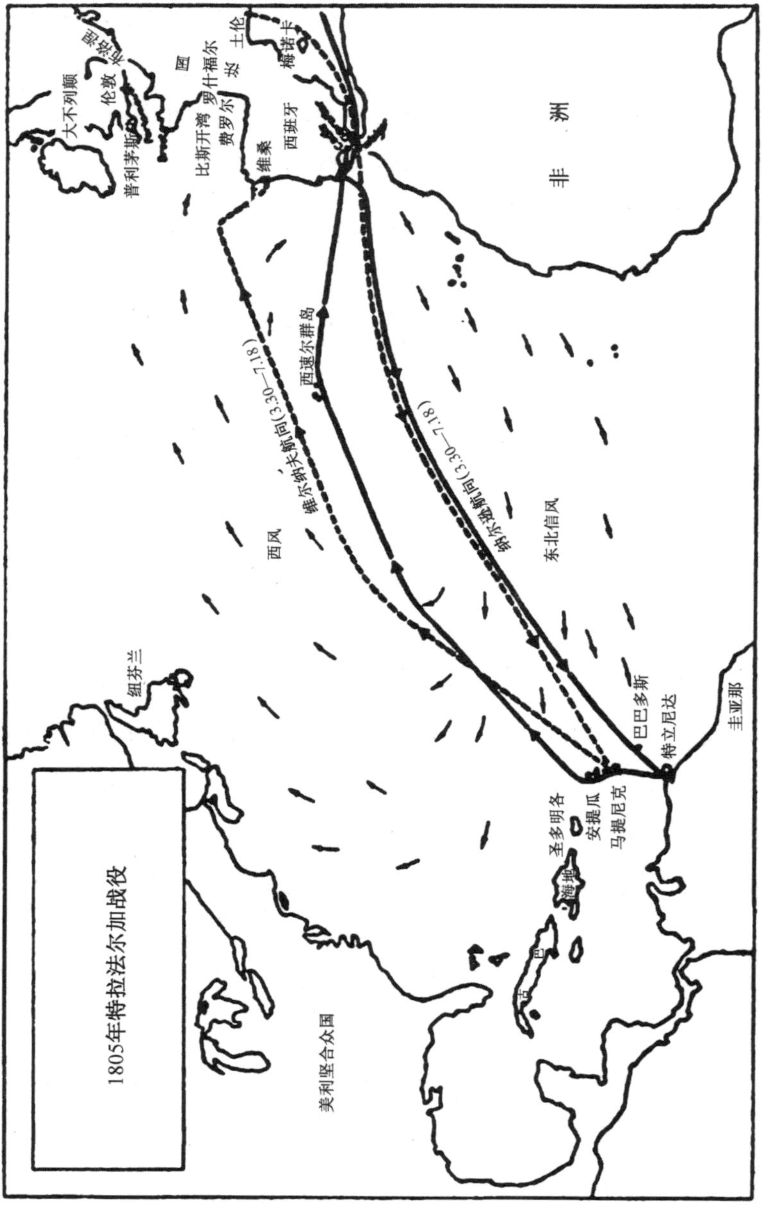

1805 年特拉法尔加战役

火速回国，于 7 月 8 日到达普利茅斯。新任海军大臣巴勒姆勋爵时年 78 岁，毕生贡献于海军事业，他立刻明白了事情的原委。纳尔逊往东追赶维尔纳夫，认为能在加的斯湾截住他，并阻止他进入海峡，而法国舰队正开往偏北方向的菲尼斯特雷角。维尔纳夫想救出被封锁在费罗尔港的法国舰队，扩充实力后，与布雷斯特的冈多默舰队会合。奈何冈多默有违拿破仑的严令，没能冲出封锁。英吉利海峡西端的康华里舰队把它死死困在港内。与此同时，海军部巴勒姆命令考尔德上将在菲尼斯特雷角附近伏击维尔纳夫。就在此地，7 月末，特拉法尔加战役拉开序幕。考尔德行事优柔寡断，于是法国舰队进了费罗尔港避难。

就在 7 月 18 日，纳尔逊到达加的斯湾。他发现科林伍德守在那里，却不见敌人的踪影。他明白维尔纳夫定是去了北边，于是在摩洛哥补给舰队后，于 23 日奔赴祖国的水域。同一天，拿破仑来到土伦港口。危机迫在眉睫，皇家海军的外围舰队自发集结于英吉利海峡的西端入口处，保家卫国。考德尔于 8 月 14 日在布雷斯特海域同康华里会合，次日纳尔逊又带着 12 艘军舰前来，使得英国主力舰队一下子有了 40 艘战列舰。英国由此集结了对付法国的海上屏障。纳尔逊独自一人带着“胜利号”旗舰往朴次茅斯而去。几天后战况激烈。8 月 13 日维尔纳夫再次驶离费罗尔港，意在会合冈多默，再进入英吉利海峡，因为拿破仑仍然相信英国舰队是分散的，入侵英国的时机已到。8 月 21 日，冈多默出港时被发现，但康华里倾尽全力一围而上，迫使法国人返航。此时此刻，维尔纳夫刚入大西洋就改变了主意。他深知自己的舰队缺乏训练，漏洞百出，给养奇缺，船上还有许多病号。维尔纳夫于 8 月 15 日就放弃了这个庞大的冒险计划，加速往南面的加的斯湾而去。侵略的威胁不复存在。

9月初，伦敦接到急件，说维尔纳夫已经南下。身在默顿家中的纳尔逊奉召立即重掌指挥权。“我时刻准备奉命出征，”纳尔逊写道，“尽管上帝清楚我需要休息。”他穿过热情的人群，重返停泊在朴次茅斯的“胜利号”，于9月15日扬帆出征。英国上下都意识到，国家的命运掌握在这个羸弱的男子手上。半个月后，他来到加的斯湾外海的舰队，现在是27艘战列舰。“我们眼中唯一的大目标，”他写信给科林伍德，“就是彻底消灭敌人。”他意图断绝聚集在加的斯港敌军的粮草，逼他们出海交战。这就要巡逻整个邻近的海岸。纳尔逊布阵舰艇，形成封锁之势。统帅精神抖擞，妙计迭出，舰长们也因此斗志高昂。纳尔逊为他们勾画的计划新颖而大胆。他打算把海军部的“作战指示”抛却一边。为了取得决定性的胜利，他决定不采用与敌人舰队平行前进的旧战列。在维尔纳夫的舰队出港时，他打算让两纵队战列舰以直角插入敌阵，破坏他们的阵线。切断敌人前锋以后，其首尾不顾，中部和后部的舰艇就会被毁坏。纳尔逊同舰长们开完会后写道：“全票通过。计划新颖、奇特、简单。必定会成功。”整个舰队摩拳擦掌，准备迎接前路的考验。与此同时，维尔纳夫接到命令，去那不勒斯配合拿破仑的新军事计划。听说自己将被取代，维尔纳夫决定在接任者到来之前就依令而行。10月19日上午，纳尔逊的旗舰收到护卫舰发来的信号：“敌舰升起了中桅帆桁。”过了一会儿，“敌舰出港”。接到这些消息，纳尔逊调遣舰队往东南方向，去切断敌人通往直布罗陀海峡的航道，迫使它们进入开阔海域作战。21日黎明时分，“胜利号”后甲板上，纳尔逊看到敌舰的阵列，格拉维纳上将率领的12艘西班牙军舰充当先锋，维尔纳夫指挥的 21 艘法国战列舰尾随其后。敌舰逃离土伦港口已经过去 7 个月了，自 1803 年战事再起，纳尔逊还是第一次与敌人照面。

英国舰队埋伏在敌方舰队以西 10 海里外，占上风头。早晨 6 点，纳尔逊发信号让舰队驶往东北偏东方向，准备按计划分两列纵队发动进攻。敌舰发现英国舰队杀来，就转而北窜。纳尔逊则继续满帆紧逼。维尔纳夫看到手下船员航海技术笨拙，知道想要逃脱断不可能。他下令舰队收帆顶风停住，排成松散的横线，等待纳尔逊的进攻。英国上将转身对一名军官说："他们倒是面不改色啊，那我就给他们一点前所未有的颜色看看。"纳尔逊向在"君王号"上率领南路舰艇的科林伍德发出信号，"我打算插入敌舰的前锋，以防它逃入加的斯港"。随后，纳尔逊下到指挥舱做祷告。"愿我敬拜的全能上帝保佑我国辉煌凯旋，造福全欧洲……而我，将生命属于缔造者，愿他的祝福照亮我忠心为国的努力。"双方舰队的距离越来越近。"胜利号"上又发出了信号："英国希望人人尽职。"科林伍德看到信号，生气地说："希望纳尔逊别没完没了的，我们都对本职工作清楚得不得了。"但当信号的内容报告给他时，本部所有战舰上爆发出欢呼声。靠近敌人时，整个舰队一片死寂。舰长们各自瞄准对手，几分钟以后两个英国战舰纵队以雷霆之势开火了。舷炮的咆哮、桅杆折断的响声和滑膛枪近距离射击的轰鸣声撕裂着空气。"胜利号"冲到维尔纳夫的旗舰"比桑托勒号"和"无敌号"之间，撕咬在一起的 3 艘军舰用舷炮互相攻击。午后 1 点一刻，纳尔逊在后甲板上闲庭信步。突然，从"无敌号"桅杆顶部射来一枚子弹打中了他的肩部。他的脊柱骨折，在"胜利号"炮火的掩护下，他被抬到船舱内。战斗仍然如火如荼地进行着。到 1805 年 10 月 21 日下午，敌人已有 18 艘舰艇投降，其余舰艇全线溃退。11 艘逃进了加的斯湾，还有 4 艘在西班牙外海被俘获。“胜利号”的航海日志中有这么一段话：“零星的战斗一直持续到四点半，胜利的消息传到总司令纳尔逊子爵大人那里，他随后因伤殉职。”

这场胜利既彻底又具有决定性。英国舰队一如她杰出的指挥官完成了自己的使命。

* * *

这时，拿破仑的注意力转移到了其他战场。那年夏天，维尔纳夫未能突破英吉利海峡，皇帝瞬时更改计划。他决定攻打皮特利用外交和金钱组织起来的欧洲反法联盟。1805 年 8 月，土伦军营解散，法军开始了奔向多瑙河的长途跋涉。

随之而来的战役破碎了皮特的希望和计划。在特拉法尔加战役的那个月里，奥地利将军马克在乌尔姆投降。奥地利和俄国在奥斯特里茨战斗中败北。拿破仑的幸运之火再度燃起，英国还得从头开始筹谋。这个时候，首相召见了一位印度归来的年轻将军。这位军官直言记录了对皮特的看法：“他性格的缺点，是过于乐观。……他构思出一个项目，便臆想马到功成了。”这个尖锐而正确的判断出自阿瑟·韦尔斯利，后来的威灵顿公爵。他接下来将同法国皇帝的军队展开多番较量。

个人的伤心事让皮特的生活黯淡下来。下院根据议长的决定票，弹劾皮特的亲密同僚和一生的挚友，亨利·邓达斯，如今是梅尔维尔勋爵，理由是海军部管理不善，部分手下侵吞公款。攻击邓达斯的决定性演说竟然出自威尔伯福斯之口。下院的场景令人心碎。皮特满含泪水地听着威尔伯福斯攻击自己的另一个挚友。作出不利的决定后，反对派聚到他的周围，“看看皮特有何反应”；但是，皮特的支持者簇拥着他走出下院。首相身心俱疲，与其说是奥斯特里茨的战况所致，还不如说是此刻的颜面尽失所致。1806 年 1 月，他与世长辞。威尔伯福斯为朋友写下了悼词：

> 他离去的时间和环境实在令人感伤。我真的不记得还有哪件事情能产生如此强烈的情感。……他能弄透最复杂的问题，鞭辟入里地提出明确而全面的看法；他光明磊落，追求真理，并且碰壁时及时认理；他宽宏大量，只要于国家有利，他不在乎改变自己的标准，尽管知道别人会指责他立场动摇不定；他愿意倾听不同的意见，即使那个人的意见不比自己高明；他品德纯粹，少有功利心，为人正直，忠心爱国，无人与之媲美。

在伦敦市政厅，他的墓碑上刻着：“在理想毒化使文明社会遭到侵蚀威胁的时代，他聚集忠诚之士、理智之士和正直之士围绕在脆弱的英国君主制周围。”碑文说得很对。

第 21 章
法兰西皇帝

威廉·皮特的继任者坚决将战争进行到底，但比他还不擅长兵事。自 1806 年 1 月皮特逝世直到 1809 年威灵顿上台的 3 年间，英国不受幸运之神待见。英格兰远征地中海沿岸地区，却徒劳无果，白白浪费了军力，仅在那不勒斯王国的迈达小胜一场，顽强的英国步兵在那里首次击退法国人的疯狂进攻。远在英国的阿瑟·韦尔斯利爵士得知此次战斗的详情，强化了自己关于如何同法国人对阵的看法，但是迈达没有任何战略价值。英方雄心勃勃，计划在南美洲的西班牙殖民地建立永久据点，他们暂时占领了布宜诺斯艾利斯，却最终丧失了宝贵的军力。多亏了英国舰队，全世界的海上通道得以保持畅通，欧洲的重要岛屿西西里岛和撒丁岛也未落入拿破仑的魔掌。

1806 年至 1807 年间，格伦维尔勋爵领导“才子政府”开始了短暂的统治。这些人主要来自辉格党，他们自 1783 年以来首次执政，而这也是 1830 年以前他们最后一次执政。20 多年的在野潜移默化地腐蚀了辉格党；领导人争吵不断，纠缠不清，造成组织涣散，纲领不存。由于欧洲争端再起，他们在 18 世纪 90 年代初支持的议会改革沦为泡影。随着拿破仑的崛起，辉格党的反战运动也土崩瓦解。他们持续抨击反对政府的战略提案，但星星之火未能燎原。受迫于爱尔兰问题，辉格党人希望取消对罗马天主教徒的一些限制，但未能成功。陆军大臣威廉·温德姆提出了令人称赞的改革方案。他建议缩短服役期，增加军饷；解除地方民兵，通过《训练条例》（Training Act），使服兵役成为普遍的义务。根据条例，可征召一批 20 万英国男子入伍，这是一项引人注目的立法，但在实施方面，却不太成功。威尔伯福斯这样评价温德姆："他是个可怜至极的事务主义者，即使在他自己制定的措施中也没有精确的细节，一窍不通。"福克斯废除了奴隶贸易，这是英国成就最大的举措之一，皮特曾经唯恐避之不及。这届政府总算可以有个交代了，这是福克斯所做的最后一搏。40 年来，他热情洋溢的雄辩口才激励着辉格党人，其整个议会生涯几乎是在反对派的阵营中度过的。他的劲敌皮特进坟墓 9 个月后，身为国务大臣的福克斯也离开了人世。

1807 年辉格党垮台，托利党性质的各派联合组阁，波特兰公爵任名义领袖。新政府的目的是尽可能争取民心，此举大获成功。托利党内出现了后起之秀，他们在皮特执政时期的日常政府事务中得到了锻炼。乔治·坎宁、斯宾塞·伯西瓦尔和卡斯尔雷子爵开始向权力伸手。政治斗争的中心是陆军部的表现问题以及坎宁和卡斯尔雷的个人仇恨与钩心斗角。这些不安分的情绪很快就迫使政府放弃威廉·皮特的战略，积极参与欧洲的陆战海战成为例行公事。

*　*　*

速度至关重要，因为拿破仑即将达到他一生中最为辉煌的时刻。他在奥斯特利茨击败俄罗斯和奥地利，已经成为尼德兰、意大利和莱茵河畔诸邦的主人。一年后，他将在耶拿打败普鲁士，称霸德意志地区。接下来的7年里，法国卫戍军营驻守柏林以及普鲁士的所有重要地点。沙皇仍在战斗，但在1807年6月，俄罗斯军队在埃洛河畔被击败，随后拿破仑与亚历山大和解。双方军队分别驻扎在涅曼河两岸，两位皇帝泛舟会面，彼此相拥，和平就此达成。双方不仅达成了和平，还结成了联盟。因为英国提供的援助太少，亚历山大抛弃英国转而投靠拿破仑。这两个霸主根据他们共同的利益制订欧洲计划。当然，亚历山大也有反叛的时候。当他站在拿破仑身边检阅法国军队，看着老近卫军列队走过时，注意到许多退伍军人身上的伤疤和伤口，便朝内伊嚷道："给他们留下伤口的士兵在哪里？""陛下，全都死了。"

7月7日在季尔锡特（Tilsit）缔结的法俄联盟，标志着拿破仑的力量已经登峰造极。他主宰着整个欧洲。奥地利皇帝吓破了胆，甘于做个阿谀奉承的附庸国。普鲁士国王和美貌的王后告哀乞怜，几乎沦为他的阶下囚。拿破仑的兄弟们分别在海牙、那不勒斯和威斯特伐利亚当国王。他的继子以他的名义统治着意大利北部。西班牙坚信局势坏不到哪里去，就也投身于他。丹麦和斯堪的纳维亚赶紧归顺。举足轻重的俄罗斯已经倒向他这一边。只有不列颠尼亚依然桀骜不驯，未被征服，不肯和解。她虎踞英伦岛，主宰海洋，由傲慢顽强的本土贵族统治着，恶狠狠地绷着脸、几乎旁若无人独自抵御拿破仑的强大联盟。一些焦虑的商人和厂主抱怨英国的封锁严重影响了他们的利益，他们鼓动辉格党政客反对封锁，但政府的根基是土地而非贸易，所以对此充耳不闻。然而，英国后来取得的胜利，很大程度上归结于其日益强大的工业，工业界也知道这一点。现在

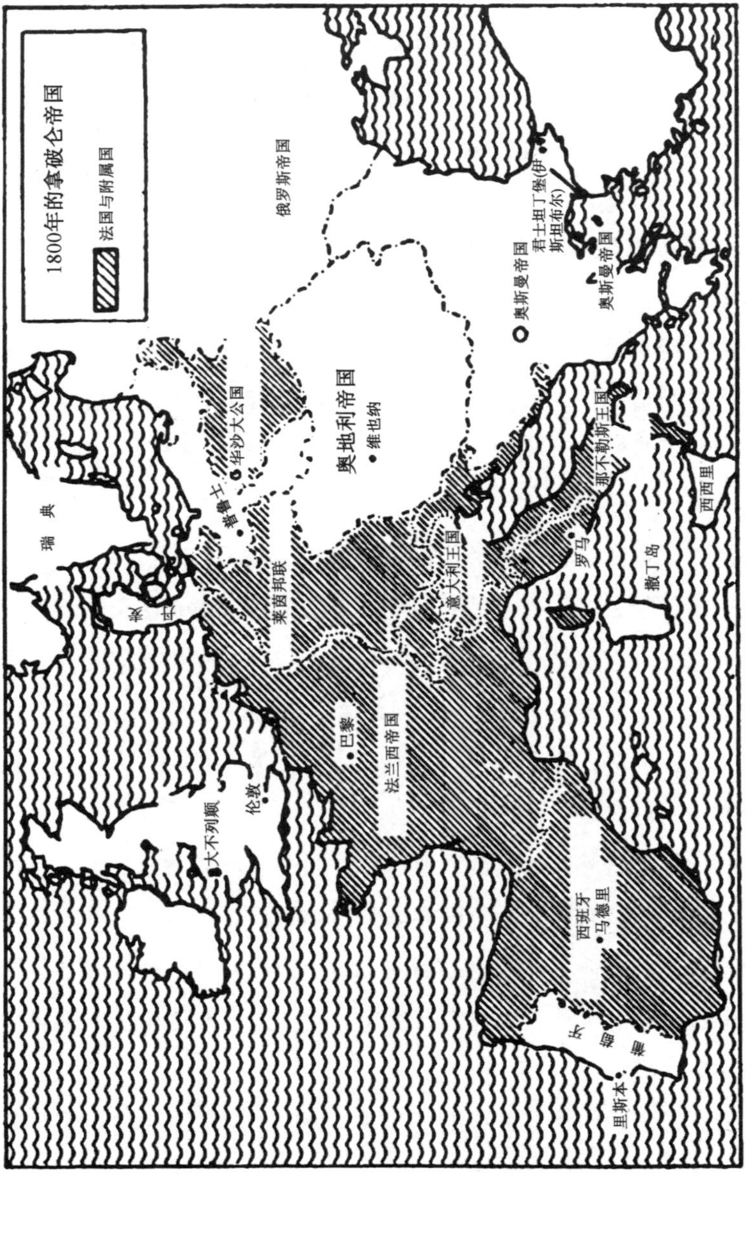

1800年的拿破仑帝国

播下的种子也酿就了苦果，战后工业界将要求在国家议事机构中享有更多的席位，但目前而言爱国主义盖过了一切，或者说近乎一切。这个不肯低头的国家讥讽嘲笑欧洲的统一，挑战法国治下的和平。拿破仑现在便集中全部力量对付英国。法国除了用巡洋舰袭击商船别无他法，因为如果冒险进行海战，即使不被击沉也会被捕获。英国的封锁将法兰西帝国和拿破仑的欧洲包在湿冷的裹尸布里，那里没有贸易，没有咖啡，没有糖，与东方或美国人又无法联系！甚至没有办法结束僵局！拿破仑原本相信只要把欧洲悉数收入麾下，英国就会被迫讲和了。但是岛上并没有回应，英国靠着海运贸易依然风生水起。其统治阶级对于职业拳击和狩猎的兴趣似乎不亚于这场世界危机。

两位皇帝在涅曼河木筏上会面，严峻的威胁性消息传到了伦敦。据英国密探报告，拿破仑已商定好计划，誓要生擒丹麦舰队，控制波罗的海要冲。这是在俄罗斯人的帮助下联合入侵英国的前奏。英国内阁做出了令人称颂的决策，即刻命令甘比尔上将率领 20 艘战列舰进入波罗的海，并在必要时采取武力敦促丹麦舰队投降。丹麦人在哥本哈根港口激战后屈服了。这种侵略中立国家的行为在当时的政界和文学界激起轩然大波，但事态证明这次行动十分及时，因而此次暴力行为情有可原。英国舰队驶出本国领海两天后，拿破仑通知丹麦驻巴黎公使，如果大战期间英国拒绝俄罗斯调解，丹麦必须明确选边站。如果英国政府没有火速行动，法国人将在几个星期内掌控丹麦海军。

陆军部卡斯尔雷忙着重组正规军，为此议会迅即通过一项严厉法案，从已恢复的地方民兵中抽取 3 万人组成正规团，并规定募集

44000 名新兵补充民兵，代替他们担负起保家卫国的责任。

在欧洲其他各处巩固了统治之后，拿破仑将目光投向西班牙伊比利亚半岛。他在海上无能为力,因而意识到要摧毁唯一剩下的劲敌，就必须利用“封锁”这个武器来对付岛国。从俄罗斯边境沿着北欧和法国西海岸以及整个地中海沿线直到达达尼尔海峡建立起海关的铜墙铁壁，把英国货物封锁在欧洲市场之外。拿破仑在柏林宣布了该政策，这是从陆上对海上大国进行封锁。在法国军队和海关官员的漫长封锁线上，伊比利亚半岛是最薄弱的一环。要完成这项宏大工事，不仅要控制西班牙，更要控制英国的传统盟友葡萄牙，其首都里斯本是英国舰队一个重要的潜在基地。

由此可见，伊比利亚半岛的地位至关重要。英国内阁逐渐把注意力转向这个未来战争舞台。拿破仑决心在英国舰队南下之前借道西班牙攻打里斯本。外交大臣坎宁展现了青年的旺盛精力。一支英国舰队驶入塔霍河，集中葡萄牙船只，将葡萄牙王室成员、政府官员和上流社会人士安全护送到巴西。几天后，朱诺元帅进入葡萄牙首都，翌日拿破仑便对刚刚进占的这个国家宣战。

此时英法两国进行了殊死搏斗。英国政府发布一项枢密院令，应对拿破仑的大陆封锁政策，宣布对法国及其盟国的所有港口实行封锁；换句话说，就是对整个欧洲实行海上封锁。拿破仑的法令和英国政府的敕令殃及中立国家的商船海运，这场贸易战对双方来说都影响深远。欧洲商业瘫痪，各国在法国的枷锁下躁动不安。英国军舰对中立船只的干涉引发了英美两国在自由航海方面的问题。这是个严重的争端，不诉诸武力无法解决。

拿破仑对权力贪得无厌，始终想方设法打垮英国，粉碎其无形的封锁，并决心夺取西班牙王权。他在巴约讷（Bayonne）将西班牙国王查理四世和太子费迪南德骗入圈套，以枪毙相要挟，逼迫他们签署退位文件，并把自己的哥哥约瑟夫送上西班牙王座，使西班牙成为法兰西帝国的附属国。此次暴力大获成功，拿破仑欣喜若狂。他在给康巴塞雷斯的信中写道："西班牙舆论服从了我的意志，各地均已恢复平静。"1807 年 5 月 16 日，他写信给外交大臣塔列朗："西班牙事务进展顺利，不久便会完全解决。"但是，值得为人类自由庆幸的是，事情并非如此简单。西班牙人一旦意识到事实的真相——他们的国家实际上被并入了法国版图，便到处自发组织起来进行反抗。5 月 24 日至 30 日期间，伊比利亚半岛各个村的村民纷纷拿起手头的武器，奔向省会或当地的行政中心。那些地方早已发生了暴动，并且规模更大。一个人口众多的古老民族在一个思想的策动下进行大规模暴动，这是前所未有的。阿斯图里亚斯省地域狭小，位于比斯开湾海岸，与西班牙其他地区隔着山脉。该省人民不清楚其他地区做了什么，竟赶走了法国总督，控制了军械库，缴获 10 万支火枪。他们建立起独立政府，在拿破仑如日中天之时向他宣战，并派出使节到英国请求结盟和援助。特使于 6 月 6 日晚在法尔茅斯登陆，由海军部转送到坎宁处。坎宁明白了情况。从那刻起，伊比利亚半岛战争便开始了。经由法国大革命解放出来、拿破仑调教和指挥的部队首次遭到了抵抗，而对方不是国王或旧世界的统治阶级，而是受宗教和爱国主义精神鼓舞的整个民族。贞德曾经用这种宗教和爱国主义精神教育法国人，终是徒劳，现如今西班牙人为欧洲作出了榜样。

战争的性质变得更加不明了。在德国、意大利等地区，曾发生过抢劫和粗暴行为，但军队不杀俘虏，老百姓袖手旁观。现今在西班牙，法国军队发现，他们所过之处均是由于脱队或受伤而惨遭杀戮甚至肢解的法国士兵尸体，有时还带有严刑拷打的迹象。这让他们毛骨悚然，他们意识到，同他们搏斗的敌人尽管在正规战中能力不足，却绝不心慈手软，也从不祈求饶恕。更可怕的是，敌人无处不在。7 月，约瑟夫国王从马德里给拿破仑写信说："目前为止没人说实话。事实是除了少数几个随我而来的西班牙人之外，没有一个西班牙人支持我，他们都被同胞的同仇敌忾精神吓住了。"他要求提供"大量军队和钱财"。拿破仑对西班牙暴动的威力后知后觉。他在欧洲开战 15 年，自认为理解这类暴动和他们的价值观。他自诩为救星，这在欧洲大陆的诸多地区确实如此。他无法理解，一个民族宁愿忍受民族自身恶政的泛滥，而不肯接受外来的合理统治。7 月底，西班牙发生一次严重事件，消息传到杜伊勒里宫，拿破仑的整个权力结构开始受到了严重挑战。

杜邦将军从科尔多瓦向马德里撤退，在安达卢西亚省的贝伦被敌人缠住，进退维谷。盛夏酷暑，他被迫夺取饮用水，未能成功，只得率领 22000 名法国士兵向西班牙叛乱分子投降。这是法国大革命以来欧洲的一个新鲜事。拿破仑感到自己的统治受到了致命打击。杜邦将军投降后，法国军队不得不从马德里撤离，抬着约瑟夫国王退到埃布罗河后方东北地区。在葡萄牙，民众也举行了类似的大规模暴动，朱诺元帅孤立无援，一面是绵延数百里的敌国领土，另一面是英国控制的海域，英方可以登陆实施打击。拿破仑的每一根神经都感受到了全欧洲的震颤，他的皇位根基不稳。此时此地，他有足够力量撤出西班牙；他的力量仍然无比巨大；但他害怕从错误危险的阵地撤退。他必须像所有的独裁者一样，从一场胜利步入另一场胜利。他曾预想，要个花招，设个陷阱，同虚弱的西班牙政府私下协商，无须流血牺牲，无须破费，就可将这个国家并入帝国之中。可现在西班牙突然间成了他的主要军事难题。他决心要将其征服，于是将王牌军从德意志调到南方。为了填补军力空缺，拿破仑准备提前招募1809年的新兵,并通过兵站派遣16万新兵陆续前往德意志，分散到奥地利各地，在这个地区他已对民众态度有所猜疑。老兵则穿过法国进入西班牙，一路上备受照顾。经过所有法国城镇时，他们受到了热情款待，人民的亲善使他们备感振奋。光荣的帝国军队形象给民众留下了深刻印象。

与此同时，英国实施了一次精准的打击。坎宁及其部下决定派一支军队，发送到伊比利亚半岛协助西班牙起义军。但加利西亚省和安达卢西亚省的军政府暂时不愿意接受外国军队。远征军被送往葡萄牙，并于1808年7月到达里斯本以北，在蒙德戈河岸登陆。这支英军有3万士兵，装备精良。首批登陆部队的指挥官是阿瑟·韦尔斯利爵士，他在印度指挥同马拉塔人的战斗时已威名远扬，曾赢得阿萨耶战役大捷，是印度总督的弟弟。他是议会一员，在托利党政府就职，实际上担任爱尔兰总督的秘书长。他没有等待后续军队到来就立即投入战斗。在罗利卡战斗中重创朱诺，在维迈罗战斗中，更是大规模地重创敌军。“细红线”细水长流的火力击败法国的冲锋纵队，于是这种作战方式开始崭露头角。朱诺向里斯本撤退。

刚取得胜利，哈利·伯拉德爵士到位，就取代了阿瑟·韦尔斯利爵士的位置，并在同一天里将指挥权交到休·达尔林普尔爵士手里。韦尔斯利想要夺取托里斯韦德拉什关口，切断朱诺的撤退线，被上级否决。但朱诺现在派克莱曼到英国军营中来谈判了。他表示愿意撤离葡萄牙，条件是英国人将朱诺的军队送回法国。双方签署了《辛特拉协定》(The Convention of Cintra)，英国严格执行。朱诺和 26000 名士兵乘英国船只回到罗什福尔。韦尔斯利暴跳如雷地对手下官员说："现在我们可以去猎捕红腿鹧鸪了。"[①] 英国在释放朱诺军队的问题上自然遭到了极大抗议，伦敦的特别军事法庭就此协定赦免了这三名指挥官，但其中只有一人后来复职。

此人是关键人物：
阿瑟爵士，
哈利爵士和休爵士，
公鸡报晓"喔喔喔"，
"喔喔喔"。

阿瑟爵士是一只斗公鸡，
但其他两个只会报晓"喔喔喔"，
"喔喔喔"。

拿破仑原本打算将朱诺送交军事法庭，但当时英国正在审判自己的几位将军，他宣称很高兴不必审判一个老朋友。历史证实了拜伦的诗句："辛特拉！听到你的名字，不列颠尼亚将痛心疾首！"

现在拿破仑把 25 万精锐部队调往西班牙。大军在埃布罗河后面集结时，他组织了场面宏大的演习。在埃尔福特，拿破仑把所有附

① 高卢雄鸡，指法国人。

庸国和盟友都召集起来搞声势浩大的团聚，38 位诸侯和君主应召前来。沙皇到来时，拿破仑试图鼓动他搞法俄联盟，进军君士坦丁堡，沿着历史路线直捣印度。亚历山大仍沉醉于拿破仑的个人魅力，幻想与他一同征服世界，但同时也对拿破仑派大军驻守奥德河畔不满。塔列朗背叛拿破仑的利益，用耳语敦促沙皇同法国结盟，不要同法国皇帝结盟。这次聚会盛况空前，亚历山大和拿破仑在众目睽睽之下亲吻对方，然而埃尔福特的聚首只是季尔锡特联盟的空谷回音而已。

拿破仑在埃布罗河畔掌帅印的时机已到。西班牙的军政府带领 9 万毫无经验但热血澎湃的志愿军重夺自由，雄赳赳气昂昂，却被铺天盖地的炮火打得溃不成军。皇帝朝马德里挺进，接连击溃前方的西班牙军队，法国骑兵对他们采取了残酷的报复。拿破仑自己也嗜杀成性，令他身边的参谋人员无不惊讶。他总是身先士卒，强迫部队硬拼，即使在索莫谢拉战役中也不计损失，命令卫队装填炮弹。12 月他进入马德里，把一直跟在辎重车后面的约瑟夫重新推上了偷来的王座。但西班牙人英勇无畏，在胜利的侵略者营地周围，以异常可怕的游击战神出鬼没。

*　　*　　*

一位出类拔萃的英国新将军接替了参与签订《辛特拉协定》的指挥官们，他就是约翰·穆尔爵士。他借道萨拉曼卡，从里斯本朝巴利亚多利德进发。西班牙人承诺提供强大的援助，他经不住这种诱惑，冒着巨大风险，试图将西班牙的希望变成现实。他大力推进，威胁甚至切断了法国军队的所有通信，马上迫使法国放弃对西班牙南部或葡萄牙的军事行动。但在马德里观察的拿破仑却将他视为猎物。1808 年圣诞节，他与奈伊、苏尔特和老近卫军率领 5 万人，去拦截并歼灭约翰·穆尔爵士。拿破仑同士兵一起艰苦跋涉，行动神速，越过白雪皑皑的瓜达拉马山脉。穆尔及时得到情报，利用自己的两栖作战能力，放弃与葡萄牙的通信联络，命令运输船在西班牙西北端的拉科鲁尼亚等他。这是一场赛跑，但是法国骑兵渡过里奥塞科河后，又被赶了回去，其将军被英国后卫队的骑兵活捉。穆尔已经过了阿斯托尔加，离他的安全地还有一半路程。

在阿斯托尔加，拿破仑坐在桥栏杆上读着从首都送来的急件。过了一会儿，他站起身来，陷入了沉思。然后他叫来旅行马车，向苏尔特交代了追击英军的任务，没再作任何解释，便启程去巴利亚多利德和巴黎。几个月前他就知道奥地利军队在集结，奥地利势必要对他宣战，但他回去是私密的召唤。弟弟吕西安和继子欧仁·德·博阿内警告他说，塔列朗和警察总监富歇密谋反对他。另外，这时已经没机会拦截英军，追击将异常艰难，苏尔特和奈伊可以担此重任。

英军从崎岖不平、冰雪覆盖的山区撤退，异常艰难。法军在后紧追不舍。英军所过之地，哪里有酒馆，哪里就有群体酗酒。掠夺行为不断，脱队士兵饥寒交迫，奄奄一息。部队的金银箱被扔下悬崖免得被抓，这情景使英军一路上狼狈不堪。但是穆尔在卢戈反戈一击时，他的军队坚如磐石，苏尔特虽占了上风，却被迫等待援兵两天。英军决定趁夜色偷偷朝拉科鲁尼亚进发，并于 1809 年 1 月 14 日抵达。港口却空无一人，英国舰队和运输船由于风向不顺延误了时间。还得一场恶战啊。16 日，苏尔特以 2 万兵力的优势向 14000 名英军发起攻击，却处处失利，遭到反攻。夜幕降临时，追兵已备受打击。约翰·穆尔爵士和他的副指挥官戴维·贝尔德爵士双双阵亡。

穆尔的牺牲和葬礼在著名的诗文中均有记载。

参加战斗的纳皮尔写道：

> 将军被几个士兵从倒下的地方抬到城里。他血流不止，伤口疼痛难忍，但内心仍坚定不移。左右从他的坚毅表情判断出，伤势不会致命，所以他们说，有痊愈的希望。听完这话，将军注视了伤口片刻，说："我觉得不可能痊愈的。"有几次，他让随从停下来帮他转身，这样方便看到战场上的情况。他从枪声中听出英军在向前推进时，才感到满意，让担架兵继续前进。被送到营帐后，医生检查了伤口，觉得已经无望了。疼痛加剧，将军说话都困难。每隔一段时间，他就要询问法国人是否败了。他告诉老朋友安德森上校说："你知道的，我一直希望战死疆场。"他再一次询问敌人是否败了，得到肯定的答复之后，他说道："得知打败法国人的消息，我心满意足了。"他表情坚定，神志清醒，只有一次在谈到母亲时，才激动起来。他询问朋友们和参谋人员的安全，甚至在此刻也没有忘记推荐立功应该提拔的人。他的体力迅速耗尽，生命即将结束，这时他似乎预见了死后诽谤者卑鄙的言论，便以不屈的精神喊道："希望英国人民能够满意，希望我的国家能对我公正评价。"战争还没有结束，他的尸体用军用斗篷裹着，被参谋人员埋在拉科鲁尼亚城堡里。敌人的炮声在为他致哀。苏尔特崇敬他的勇猛，慷慨地为他塑了一座纪念碑。[1]

穆尔的同胞们可以为他作出完全公正的评价。他靠勇敢、机智和运气粉碎了拿破仑的冬季攻势，并将拿破仑和他的精锐军队引入西班牙最不重要的地区，从而为西班牙半岛其他地区的调动争取了时间，起到了保护作用。他逃过了拿破仑那令人惊恐的穷追猛打。像沃尔夫和纳尔逊那样，他在胜利时分溘然长逝。他的军队安全撤到船上，这次战役恢复了英国自查塔姆时代以来日渐低迷的军事威望，为即将领导欧洲联军决战的一位新人出场铺平了道路。

*　*　*

拿破仑回到巴黎之后，那些阴谋叛变的手下又假装顺从了。他现在面临着与奥地利的战争，为此他要求法国的青壮年出力，但多年的荣耀已经将法国的壮士消耗殆尽，谋士们大为震惊。他将 1810 年毕业的学生召集入伍，并强迫各大家族将 16 岁以上的儿子送去军事学院学习。此外，他将一部分兵力从西班牙撤回。他有 24 万新兵入伍或在后方受训，便于 4 月向奥地利进军。权威人士认为，1809 年多瑙河河谷战役的开始阶段是体现其军事才能的最好范例。拿破仑发现他的元帅们彼此不通气，一片混乱，便在靠近前线之前先把命令传到各个军团。发生在塔恩、阿本思贝格、兰茨胡特、埃克米尔和雷根斯堡的史称“五日战役”中，他展开了单一的作战主题，在每个阶段纠正部下的错误部署，结果每天都有新的重大胜利。奥地利狭长的防线中段被击破，士兵纷纷溃散，损失重大。拿破仑率兵二度进入维也纳。

但他尚未歼灭奥地利军队。当他试图在阿斯佩恩–艾斯林渡过多瑙河时，河水暴涨，冲毁桥梁，他险些败在奥地利最出色的指挥官查理大公手里。他在丛林茂密的罗巴岛潜伏了 6 周，从他想得起来的帝国各个地区调集援兵。与此同时，他名义上的盟友沙皇战战兢兢，差一点对他开战。7 月 4 日，他从罗巴岛突围，在瓦格拉姆大战中强渡多瑙河。近 40 万士兵参与了这场战斗，其中 4 万人阵亡。欧洲大为震惊。沙皇亚历山大赶来庆贺他,奥地利再次屈服在他的利剑之下。

第 22 章

伊比利亚半岛战争与拿破仑垮台

自从英军驶离科伦纳后，西班牙便没有成建制的军队来阻止拿破仑。西班牙各地的军队相继败退,只有一些游击队还在不屈地抵抗。1809 年的头几个月，伊比利亚半岛的法军又可以所向披靡。苏尔特进入葡萄牙后在波尔图建立大本营。而首都里斯本仍由英国远征军的留守部队驻守，接连不断的援兵使其总数达到 3 万余人。加之同样人数的葡萄牙军队，英葡联军在英国将军贝雷斯福德的指挥下，足以使苏尔特在几个月里动弹不得。此时苏尔特还盘算着登上葡萄牙的王位，因而分散了精力。而英国政府对接下来的战略意见不一。他们该集中力量在伊比利亚半岛重新发动战役呢，还是进攻尼德兰呢？最终他们决定兵分两路同时出击。一支部队负责攻占位于斯凯尔特河入海口的荷兰瓦尔赫伦岛，进而占领安特卫普。虽说兵分两路代价高昂，但这个计划似乎胜算更大。因为当时的观察家都怀疑英军在遥远的西班牙和葡萄牙战场能否取得重大胜利，而阿瑟·韦尔斯利却不这么认为。于是在 4 月他被重新任命为里斯本的指挥官。后来他在伊比利亚半岛征战 5 年，并经由法国首都凯旋班师伦敦。

当初韦尔斯利辞去了议会席位和秘书长的职务，在 4 月底前到达里斯本。他有两个方案可以选择，要么到波尔图与苏尔特交战，要么再次进入西班牙，同其他法军元帅交战。当时，法军在半岛上分布较广。他决定先扫清葡萄牙境内的敌军。于是他急行军暗中抵达杜罗河畔，一个师在夜色的掩护下乘小船和驳船渡河，在城内突袭了苏尔特的部队。韦尔斯利的兵力几乎毫发无损，加之贝雷斯福德指挥的葡萄牙军队的作战也影响南撤，苏尔特被逼退至北部山区。苏尔特还被迫丢弃所有的大炮、伤员和大量辎重。6 天以后，他到达了西班牙加利西亚省的奥伦塞，此时他的部队混乱不堪，筋疲力尽，自从进入葡萄牙以来伤亡已达 6000 余人。而对于韦尔斯利，偷渡杜罗河、奇袭波尔图和战胜苏尔特是这位英国将军的赫赫战果，也为他未来的战斗铺平了道路。

接着，韦尔斯利决定沿着塔古斯河谷直插西班牙腹地，同奎斯塔指挥的西班牙军队合力攻击维克托元帅。而苏尔特重整军备，前去同维克托会师，法军获得决定性优势。而此时在距马德里西南 100 英里处，韦尔斯利的部队行至塔拉韦拉，处境艰危，军粮将尽。维克托元帅认为自己有足够的实力单刀直入，不必等待苏尔特增援。1809 年 7 月 27 日下午，两军开始交锋。法军有 5 万人，而韦尔斯利有 2 万英军加 24000 名西班牙军队。虽然西班牙人很勇敢，可他们的长处是袭扰战，因而在正规战中不能担当重任。所以事实上参加激战的是 16000 名英军对阵 3 万法军。在 28 日开始的大规模交战中，维克托的进攻缺乏协调指挥，用刺刀进行一阵猛烈拼杀后溃败不堪，死伤累累。当日下午，战势紧迫。英国近卫军见敌人正面败退，士气高涨，离开阵地乘胜追击，因此英军的中央阵线出现了缺口。法

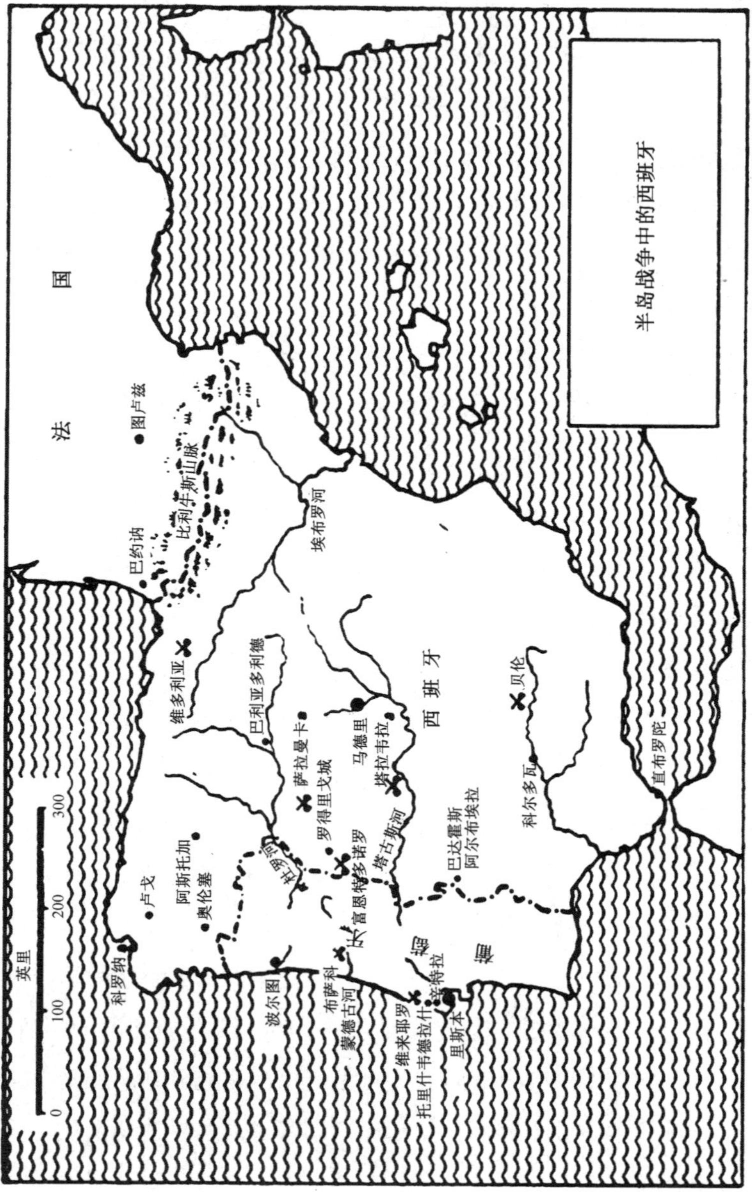
半岛战争中的西班牙
法国
图卢兹
巴约讷
比利牛斯山脉
埃布罗河
维多利亚
巴利亚多利德
萨拉曼卡
马德里
塔拉韦拉
西班牙
贝伦
科尔多瓦
直布罗陀
罗得里戈城
巴达霍斯
阿尔布埃拉
塔古斯河
杜罗河
阿斯托加
卢戈
奥伦塞
科罗纳
波尔图
布萨科
蒙德古河
维来耶罗
托里什韦德拉什
里斯本
英里
0
100
200
300

半岛战争中的西班牙

军借机发动反攻，英军大乱。就在这时，韦尔斯利率领 48 团赶到战场，阵列整齐，纪律严明，从撤退的兵团旁冲锋上前，直取法军侧翼，扭转了局势。接着，第 23 轻装龙骑兵团勇猛杀入敌军侧翼，重创法军，但他们自己遭受了半数伤亡。黄昏时分，维克托元帅败局已定，溃退马德里。英军的伤亡数字足以表明这场战斗的残酷，韦尔斯利的 2 万军队伤亡近 6000 人，法军则损失 7500 人和 20 门大炮，西班牙军队则声称损失了 1200 人。

韦尔斯利的军队已无余力追击法军。翌晨，罗伯特・克劳弗德将军带着他的轻装旅赶到，即后来著名的轻装师。在 26 小时内行军 62 英里，这是步兵行军中最快的纪录。韦尔斯利已经无法依赖西班牙盟友的合作，因为西班牙军队并不听命于他，而是随心所欲地作战。韦尔斯利就像过去的约翰・穆尔爵士，置之死地，险中取胜。他沿着塔古斯河撤回葡萄牙，一路未受袭扰。韦尔斯利将军巧妙的战术与坚定的意志，声名远扬，而且英军的战斗素质也令法军刮目相看。阿瑟・韦尔斯利爵士被封为威灵顿子爵，连续 3 年享有 2000 英镑的津贴，尽管辉格党人表示反对。纳尔逊和皮特相继离世，但英国终于有了一位他们的继承者。

* * *

该时期的历史特点是，国内的政治形势同将军们在前线的战况息息相关。英军的每次军事失利，都使得伦敦内阁大臣之间的关系出现危机。《辛特拉协定》之耻激化了坎宁和卡斯尔雷之间的矛盾，嫌隙进一步加深。前者急于对有关将军给予撤职处分，后者则很关心韦尔斯利兄弟在政界和军界的前途。幸好卡斯尔雷占了上风。而如今在出征瓦尔赫伦的危急关头，这两位大臣针锋相对，但由于外

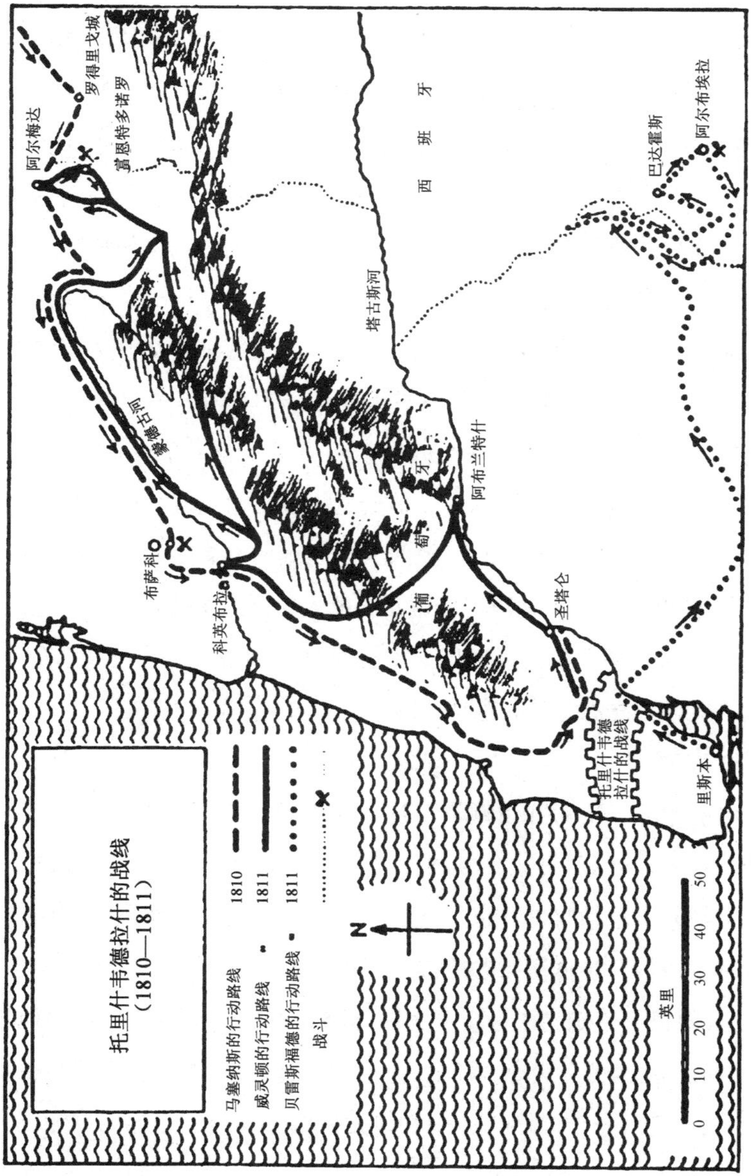

托里什韦德拉什的战线（1810—1811）

交大臣和陆军大臣的职权界限不清，使得二人气急败坏。加之有名无实的首相波特兰公爵身体欠佳，两位年轻政治家争夺首相之位的竞争愈演愈烈。在双方的决斗中，坎宁受伤。二人双双辞职，波特兰公爵也退下阵来。政府事务由当时的财政大臣斯宾塞·珀西瓦尔接管。他不爱出风头，但善于雄辩，指挥这场战争时非常果断。在西班牙征战的威灵顿军队蒙新政府看好。因为珀西瓦尔任命韦尔斯利侯爵为外交大臣，在内阁里他是弟弟威灵顿坚定的拥护者。新任陆军大臣利物浦勋爵对威灵顿也是好脾气。虽然珀西瓦尔政府尽力满足威灵顿的需求，但面对下院的辉格党反对派和托利党反叛分子的阻挠，他也时常受到一些小麻烦。1810 年，国王精神再度失常，引发了新的危机。珀西瓦尔巧妙地避免了政治力量对比的变化。威尔士亲王乔治成为摄政王，可他并未启用老朋友辉格党反对派（尽管他们热切盼望），而是决定任用父王的大臣。此举值得称道。通过节俭的财政政策，珀西瓦尔保证了给养输送到军队。在他执政的 3 年里，政府的效率缓慢稳健地提高了。

* * *

这些年的经历对威灵顿将军是一场严峻的考验。他统率着欧洲大陆仅存的一支英军，如果战败，对英国国民和西班牙葡萄牙的爱国者会带来灾难性打击，也会使法军大有余力去增援拿破仑在别处的战事。我们只能推测，若非威灵顿长期在伊比利亚半岛不断消耗其资源，拿破仑肯定会取得新的战果，甚至可能在俄国夺得一席之地。对此威灵顿从未掉以轻心，而眼前的行动必须小心谨慎。他淡然写道：“这是英国最后一支军队，我们必须妥善保护。”自法国革命者发动战争以来，英国已多次派兵登上欧洲大陆，但没有一次能够坚守阵地。

法国人总是不遗余力地把英军赶下海。1810 年，法军又集结准备新的攻势。威灵顿打定主意，决不轻言撤退。去年冬天，他一直在加强里斯本周围托里什韦德拉什高地的防线。那是威灵顿最后的阵地，英军逐步退向这些防线。

在葡萄牙指挥着法军的是拿破仑手下最能干的元帅马塞纳。他粉碎了西班牙军的抵抗后，便带着 8 万人越过葡萄牙边界。英军约有 25000 人，葡军盟友数量与之相当。9 月，在布萨科进行了一场激战，6 万法军对战 5 万联军，而联军中只有一半是英军。但此时的葡军已久经沙场，法军大败。可是威灵顿的军队继续撤退。突然间，法军逡巡不前，前面是战无不胜的英军把守的托里什韦德拉什坚强防线，周围是大片荒无人烟的郊野。马塞纳预见到，如果继续前进，未来几个月里必将陷入粮食短缺的困境，从而难以发动袭击。这里是整个战役的转折点，于是法军停下来，就地挖营地过冬。威灵顿在法军附近观望，就如他自己所说，决心“让他们吃尽苦头，然后不得不撤出葡萄牙”。结局果然如此，次年春天，马塞纳弃营撤到西班牙，留下了 17000 具尸骨和 8000 名俘虏。

葡萄牙重获自由，威灵顿的战果巩固了国内政局。当然，欢乐气氛笼罩下的伦敦和里斯本混杂着不耐烦的声音。英国司令官遭到外人甚至军中势力急躁的批评，因为他们难以理解威灵顿稳扎稳打的战略。当然威灵顿自有主张，在催促声中镇定自若，毫不动摇。他决定先建立起辽阔的军事根据地和稳定的军备运输线，然后再动身深入西班牙境内。他必须抢先夺取巴达霍斯和罗得里戈城这两处边境要塞，它们扼守着通往马德里的道路。同他对峙的有两支法军。北线部队在莱昂省由马塞纳指挥，后被马尔蒙代替。而苏尔特在安达卢西亚指挥着南线部队。西班牙各地驻扎的法军共计 25 万人，其中约有 10 万人对阵威灵顿。接连不断的游击战打乱了他们原本的战略。法军在西班牙得不到给养，无法施行他们在欧洲各地惯用的以战养战策略。加之法军的内斗，身在巴黎的拿破仑大为震怒，一再发出指示，可是他只能依据想象，而不是事实。天才如拿破仑忙于应付欧洲大陆的帝国事务，未能切实有效地指挥好那场相距甚远却残酷无比的西班牙战争。

威灵顿准确估算了任务的艰巨重大。1811 年，西班牙境内展开了运动战。堵截威灵顿军队的两支法军在富恩特多诺罗和阿尔布埃拉遭到分头迎击，双双战败。这两次战斗异常激烈。关于罗得里戈城以西的富恩特多诺罗战役，威灵顿坦诚说："如果指挥那场战斗的是波拿巴，我们肯定会失败。"但拿破仑不在那里，他正忙于外交和其他地区的战备。此外，他刚刚隆重地举行了自己的第二次婚礼。那位傲慢的科西嘉人新娘是堂堂哈布斯堡王族的公主，女大公玛丽·路易丝。她为拿破仑生了一个他梦寐以求的儿子作为皇位继承人，却没能为他带来幸福。

威灵顿的副指挥官贝雷斯福德指挥的富恩特多诺罗战役和阿尔布埃拉战役虽未一锤定音，但英军仍占据上风。威灵顿在给利物浦勋爵的信中写道："我们确实改变了西班牙的战局，差不多已从守势逐渐转入攻势。"这显然是较为保守的说法。事实上威灵顿已经在制订计划，要把法国人赶过比利牛斯山，把战场迁至法国本土。1812 年 1 月，他终于在冰天雪地之中攻取了罗得里戈城。4 个月以后，巴达霍斯也在血战中被攻陷。人马伤亡惨重，但英军挺进西班牙的道路已打开。威灵顿和马尔蒙相对机动着，双方都在等对方走一步错棋。

最后以马尔蒙一步之差，威灵顿于萨拉曼卡取得了伊比利亚半岛战争第一次进攻中的胜利。国王约瑟夫·波拿巴逃离马德里，英军在当当钟声和群众欢呼声中占领了西班牙首都。可他们还得应付苏尔特的军队。这位法国元帅从南方赶来，绕到了英军的侧翼。他的军力几乎是英军的两倍，但他小心谨慎，避免给英军进攻以可乘之机。威灵顿再次撤回葡萄牙的边境。经过这一年的战役，他打垮了一支法国军队，从法军的铁蹄下解放了整个西班牙南方。与此同时，就在法军从莫斯科撤退的那个冬天，东方的一片阴霾正向拿破仑的帝国袭来。

*　*　*

1812 年春，拿破仑一直在招兵买马，规模在欧洲前所未有。到了夏天，他抽调各个属地的军队奔赴东方。两年来，他与俄国的关系不断恶化。而沙皇也逐渐意识到，只要这个法国皇帝妄图称霸，欧洲就不得安宁。季尔锡特的亲善日子早已被忘却，涅曼河的木筏上许下友谊誓言的两位皇帝成了死敌。拿破仑决定先发制人，对俄军进行毁灭性的打击。尽管拿破仑的将军和大臣们缺乏热情，焦虑不堪，但帝国的尚武阶层却普遍非常兴奋。因为战士们抱定宗旨，这次战役的规模超乎想象，比亚历山大大帝的征战更为大胆，甚至有机会征服全亚洲。拿破仑麾下近 50 万人马聚集在维斯图拉河彼岸。拿破仑的总督和继子欧仁带着 5 万意大利大军从意大利出发，荷兰、丹麦以及莱茵河畔诸邦都派出小分队。奥地利和普鲁士作为拿破仑的忠实盟友也分别派出 3 万军队。即便在战火连连的欧洲大陆，如此大的阵势也尚属罕见。在这股滚滚东进的洪流中，法军还不到 20 万人，他们由拿破仑亲自指挥，是这次进攻的中锋。于是，一出宏大的剧目就此达到高潮。

许多人曾进言，向拿破仑警示过对俄战役的艰难困苦。当然这些谏言也多少引起了拿破仑的重视。所以他集中的运输工具和给养的数量在那个时代是相当可观的，但事实证明那仍不敷所需。1812年6月，他渡过涅曼河，一路向东，直扑500多英里外的莫斯科。迎敌的两支俄国主力总计20万人。拿破仑的计划是将其各个击破，拿下俄国旧都城。他自信满满，那时沙皇必然议和。遇到这种情况，其他的欧洲君主都是忙不迭地下跪求和的。然而，俄国却另辟蹊径。在决定命运的6月，俄国驻伦敦大使竟做出惊人准确的预测。“我们可以通过坚持到底的防守撤退策略来赢得胜利。”他写道，“如果敌人开始追击我们，末日离他们也就不远了，因为他们越是远离给养基地，深入人迹罕见、寸草不生的乡野，处境就越危险；忍饥挨饿，遭受哥萨克军队的围困。结局是十之八九的人无法熬过严寒，因为寒冬始终是我们最忠实的盟友。”这也反映了沙皇及一班谋臣的预期。防守、撤退、严寒，这些正是俄国最高军事当局所依赖的武器。拿破仑曾研究过伟大的瑞典国王古斯塔夫十二世对俄国进行的那场神奇战役，觉得读史使自己获益匪浅。在20世纪，另一位更为残忍的独裁者研究了拿破仑的失误，也认为自己会从中吸取了教训。可是，俄国使两人都悔不当初啊。

当时俄军避开了拿破仑设下的圈套，一见法军开到就后撤，一路上对法军必经的乡村实行坚壁清野。在莫斯科以西大约60英里的博罗季诺，俄军转身做困兽斗。在这场19世纪最血腥的战役中，库图佐夫将军给拿破仑沉重一击。两军各自投入大约12万人马厮杀，双方都损失了1/3的兵力。接着库图佐夫再次撤退，莫斯科沦陷于法军之手。但是，俄国人拒不求和。冬天迫近之时，拿破仑被迫意识到，在已被有意无意烧成空壳的莫斯科，饥肠辘辘的部队是站不住脚的。唯一的出路是在逐渐加深的积雪中撤退，这是历史上最著名、最倒霉的一次撤退。严冬的算账太可怕。法军的残余部队在后卫战中英勇抗击，但心有余而力不足。杀入俄国的大军中，只有2万人稀稀落落地撤回华沙。据说，内伊元帅是最后撤离俄国土地的法国人。

12月5日，拿破仑舍弃其留在俄国边境上的残兵败将，乘雪橇奔向巴黎，把部队的救援善后工作交给他的元帅们。拿破仑至此仍未意识到灾难的降临，仍然对自己的运气深信不疑。向东土扩张帝国的计划虽已失败，他在西方尚能保有法兰西帝国。他要不遗余力重整旗鼓，继续投入战斗。1813年春，拿破仑再次开战。他的部队有一半是新兵，法国国民再也不支持他了。他集结的士兵都是勉强从命的，甚至连他的元帅们也开始动摇。德意志地区在他垮台之时趁机造反。法军撒播的民族主义精神现在反过来拖住这位欧洲之主的后腿，众叛亲离。在英国的资助下，欧洲一些国家结成了几个联盟。拿破仑原本有体面接受和平的机会，可是他拒绝了，以为他的才智能够在战争中改变命运。他的盟友本来举棋不定，现在相继离开。背弃他的有法国元帅贝尔纳多特统治的瑞典，有普鲁士和奥地利，还有附庸国萨克森和巴伐利亚。沙皇决心进军莱茵河地区。长期服从法国的中欧各国也加入俄军的进军计划。双方在萨克森和西里西亚进行了几番苦战。10月，在莱比锡的三日激战中，拿破仑的所有敌人终于一拥而上。双方投入的兵力各有50万人。拿破仑在这次诸国之战中大败，被迫向西退到法国边疆。于是，反法同盟自1793年以来首次汇集到敌人的边境。至此，大规模的革命运动和帝国扩张即将落幕。

* * *

在南方战线，威灵顿将军取得了出人意料的战果。1813 年 5 月，英军从边界地区的堡垒出发，他挥动自己的三角帽喊道："别了，葡萄牙！""再也不会回来见你了。"他确实再也没有回来。威灵顿再次把约瑟夫·波拿巴国王赶出马德里，也将法军彻底逐出西班牙北部，赶到古老的纳瓦拉山国。6 月 21 日的维多利亚战役中，威灵顿击溃儒尔当元帅，将法军赶过比利牛斯山脉。胜利的消息使沙皇和驻扎在萨克森的反法同盟士气大增。参加维多利亚战役的部队只有集结在德累斯顿和莱比锡周围的军队的十分之一左右。可是战果显著。西班牙从法军手里大部分解放，只剩下加泰罗尼亚了。这是历史上英军的胜利首次也是仅有的一次受到俄文赞美诗的歌咏。威灵顿始终坚持他的目标，誓要削弱"这个欧洲祸根的力量和影响"。到 1814 年春，威灵顿踏上法国的土地，占领了波尔多。4 月初，他继续出击，在图卢兹打败了他的老对手苏尔特。

拿破仑末日已近。他的南方战线业已崩溃，而东面的普鲁士人、俄国人和奥地利人正在向法国腹地挺进。在 1814 年的短暂战斗中，拿破仑的足智多谋发挥到了极致。他于 2 月在蒙米拉伊和蒙特罗打败了联军。两军交战中，前锋之间的河流从来不是什么可靠屏障，可是这次拿破仑却充分利用了与进军路线并行的河流的防御功用。他在这次战役中用兵之巧妙堪称军事艺术的典范。他两渡埃纳河和马恩河，迫使占有优势的敌军仓皇退却。可是，欧洲反法同盟的合力已非他所能抵挡。而且，国内的反对派势力公开反对他的统治。富歇和塔列朗早就在怀疑中密谋了，他们认为法兰西只有抛弃这个皇帝才能得救。3 月底，卫戍巴黎的马尔蒙元帅弃城投降。4 月 3 日，拿破仑逊位，退居厄尔巴岛。延续已久的苦战狂潮终于退却。在维也纳会议上，欧洲各国准备进行议和的外交斗争。

*　*　*

代表英国出席维也纳会议的是卡斯尔雷。1812 年，珀西瓦尔首相在下院的会客厅里被一个疯子击毙。随后同事利物浦勋爵接管政府事务，执政 15 年。后来卡斯尔雷作为外交大臣再度进入内阁，直至去世。这些年间，战时政府在辉格党史学家的笔下并未得到公允评价。其实，珀西瓦尔、利物浦、坎宁和卡斯尔雷凭借果敢和日趋娴熟的能力挑起了执政重担。卡斯尔雷将在战后重建的使命中扮演重要角色。他主张建立欧洲公正而光荣的和平，喊得最响亮。早在 1814 年 3 月，他曾同主要盟国议订《肖蒙条约》(Treaty of Chaumont)，为后来解决争端奠定了基础。卡斯尔雷所主张的“势力均衡”概念，在 20 世纪的两次世界大战之间成为不受欢迎的名词。我们从此体会到，当极大的权力掌控在两三个国家手里时，就需要一种制衡。在卡斯尔雷的时代，欧洲有五大强国，他的目标是把这些国家的利益协调起来。显然，指望这些大国和谐一致是不现实的，但至少可以通过妥善安排，使国际政治生活的矛盾不会不可避免地导致战争。

在维也纳会议上，卡斯尔雷的重要同僚是奥地利首相梅特涅和法国发言人塔列朗。梅特涅对 18 世纪的法国旧王朝深信不疑，他希望把历史时钟拨回到法国大革命前的状态。即便是在晚年，失去权力的梅特涅仍自豪宣称自己始终是“秩序的基石”。趋炎附势的塔列朗曾先后为法国大革命政府和拿破仑效劳，此时又开始亲附波旁王朝，他试图在帝国扩张的美梦破灭后竭力挽救法国的地位。较之梅特涅和塔列朗，卡斯尔雷却少有功利心。

法国建政是最紧迫的问题。拿破仑逊位后，谁来接替他呢？由于塔列朗的游说，各大国同意波旁王朝的复辟，并将被处死的国王的弟弟推上王位，是为路易十八。法国经历了大革命的辉煌和拿破仑胜仗的洗礼，连保王党的宣传喉舌夏多勃里昂也难以为黯然失色的君主制重添一丝威望和声誉。但路易十八至少代表着一种传统，代表着法国前朝遗老的政治信仰,更是代表着和平。他本人温和谦让，多年的流亡生活并未让他变得尖酸乖戾。人们默默地接受了 25 年来的重大社会变化。后人承袭拿破仑建立的统治制度，并添置了新颖的片面出版自由和初步的议会制。

对战败国提出的议和条件反映了明智的温和态度：不要求赔款，盟军不进驻法国，甚至也不要求法国归还从欧洲各地的美术馆里抢走的艺术珍品。法国保持了基本的统一，风平浪静，但交出了拿破仑占领的外国土地，而且路易十八统治的领土甚至比路易十六在位时略微辽阔。盟国采取这种温和政策的原因不难理解。分割法国领土不但会使某个欧洲大陆国家过于强大，也会令全体法国人的心中燃起复仇之火。

英国主要关心的是殖民地问题。虽然许多领土归还了原主，然而维也纳会议的产物《巴黎和约》标志着一个新的帝国得到了进一步壮大,它正在给帝国丢掉的美洲殖民地找到替代品。除了毛里求斯、多巴哥和圣卢西亚岛之外，英国从法国手中夺取的殖民地又归还了他们。荷兰人收回了东印度群岛的属地，斯坦福·莱佛士爵士曾经将富饶的爪哇岛治理得井井有条，此刻他眼睁睁看着英国人夺得的这块宝地也物归原主了。数年后，他才建立起一个贸易基地，现在它成了新加坡城。英国还用 300 万英镑从荷兰人手中买走了圭亚那的部分地区。当然英国政府最关心的还是那些具有战略价值的中途停靠港，因此不肯放弃马耳他岛和通往印度的要冲好望角。就此一场缠斗将围绕这块南非属地展开。此时，英国仍然把控着荷兰殖民地锡兰和丹麦人的赫尔戈兰岛，后者是粉碎大陆封锁以及向德国走私货物的优良基地。虽然这些属地星罗棋布，但共同增强了大英帝国的整体实力。

眼下欧洲大陆列强的当务之急是在法国周围划一条防线，防止中欧国家受到革命的鼓动和威胁。在北欧，信奉加尔文派教义的荷兰和信奉天主教的比利时合并成一个摇摇欲坠的尼德兰王国，但这个王国只维持到 1830 年。主要应英国政府的要求，莱茵兰划归普鲁士。在南欧，撒丁国王重新获得皮埃蒙特和萨伏依，还捎带上了热那亚共和国。在意大利的其他地区，奥地利的权威没有受到任何挑战。伦巴第、威尼托、的里雅斯特和达尔马提亚均被置于奥地利的直接统治之下。奥地利大公统治着佛罗伦萨和摩德纳。玛丽·路易丝皇后以哈布斯堡家族的成员身份得到了帕尔马公国，而不是以拿破仑妻子的身份。此外规定，她的儿子不能作为她的继承人，因为波拿巴血统的成员不得登上王位。尽管缪拉元帅窃得了那不勒斯王位，可是为时不长。不久后波旁王朝复辟，奥地利仍对其有至高无上的统治权。

关于西欧就此搁笔。麻烦的根源其实在于东欧。俄国觊觎波兰，普鲁士则想得到萨克森。如果只由问题双方自行解决，显然会接受对方的要求，然而法国和奥地利绝不能容忍这样的事发生。卡斯尔雷之所以反对这样划分领土，是因为他害怕俄国扩张，同样地，梅特涅也担忧普鲁士的扩张。英国、法国和奥地利协力反对俄国和普鲁士的要求，如有必要，甚至不惜诉诸武力。幸而战端并未开启。俄国满足于吞并波兰的大部分地区，沙皇做出尊重波兰的权利与自由的种种保证，但并未践行自己的诺言。普鲁士勉强接受了莱茵兰和萨克森的五分之二的地区。这一折中方案达成的时间恰到好处。那时，会议的与会者正在维也纳跳舞，欧洲的政治家则忙于重新划分疆界，而刚刚退居厄尔巴岛的拿破仑正暗自展开新一轮的谋划。列强的纷争尚未告一段落，拿破仑便重新跃入历史舞台了。

第 23 章
华盛顿、亚当斯和杰斐逊

欧洲政治事务中纷乱热闹的问题以白纸黑字的形式传到了美国。全国各地掀起了关于法国大革命的热议。杰斐逊的原则所及之处，关于革命模式的相应研究会如雨后春笋般涌现，而联邦党人的报刊则猛烈抨击新大陆的雅各宾派，像英国的伯克那样，痛斥他们是社会破坏者。

当美国的商业利益受到影响，论战便不再那么注重理论，变得更加激烈。美国的商船和货物遭到法英两国商船袭击和私掠船劫掠之后，美国国内群情激愤。两方都要求发起战争——联邦党人要求对法宣战，杰斐逊一派要求对英宣战。但华盛顿总统决心维护这个新生共和国的和平，而驻美使节的法国革命党人热内的荒诞行径，刚好让华盛顿下定了决心。热内发现美国政府不愿维护 1778 年结成的法美联盟，便插手美国政治，试图招兵买马，而这却让他的政治盟友陷入十分尴尬的境地。1793 年 8 月，华盛顿要求法国将他召回。但热内清楚法国的断头台有多么锋利，因此明智地与一个美国女继承人结婚，在新大陆安居下来。

华盛顿赢得了民心，且正是他宣布了美国传统外交政策的首要原则。1793 年 4 月，他在著名的中立宣言中宣布：“美国对各交战国秉持友好中立的态度。”违反这一原则的美国公民将在联邦法庭受到起诉。但美英两国的关系仍因一些悬而未决的问题而阴云密布。汉密尔顿领导的联邦党人致力于与英国保持友好的贸易关系。新英格兰的海外贸易大部分由伦敦的银行家出资。两国间的运输业为东部各州的船主们带来了巨大利益，他们强烈反对任何人站在革命派法国一方参战。而农民与美国西部的拓荒者却与其意见相左。对他们来说，英国是敌人，她没有根据 1783 年的《巴黎条约》撤出在加拿大边境的哨所，反而使皮毛贸易越过边界向南发展，她还煽动印第安人反抗美国拓荒者，且从侧翼威胁着他们向西部开拓的进程。而英国则对美国政府未能偿还独立战争以前拖欠下来的大笔债务深感不满。同时，英国以美国的海运在支援法国为借口，干涉美国海运业，令美国全国群情激愤。

华盛顿决定重整英美关系的全副格局，一并解决所有问题，于是，他于 1794 年任命最高法院大法官约翰·杰伊为特使，派其出使伦敦。英国政府对他们之前的反叛者未显示出一丝柔情。他们清楚美国在军事上的弱点，且深知华盛顿需要汉密尔顿一党的支持。杰伊在谈判时的失当也为他们助力良多。最后，双方起草了一份条约，其中未对美国做多少让步。英国撤出了边境的哨所，通往西部拓荒的道路由此畅通无阻，但对于未来与印第安人的关系，英国却没有作出任何保证。英国对美国船只在公海受到的损失作了一些赔偿，但拒绝放松封锁，也不愿放弃扣留驶往法国及其盟国船只和货物的权力。强迫美国海员在英国皇家海军服役的问题，也未得到圆满解决。

最糟糕的是，杰伊还被迫在美国拖欠英国的债务问题上让步，此外，美国还必须赔偿拖欠英国债权人所造成的损失。

这一条约对联邦党人产生极具破坏性的影响。西部各州由于条约在加拿大边界事务上未作出完善规定而感到愤慨。南部民众则由于债务条款而可能蒙受严重损失。条约显示了英国的外交优势，也暴露了美国新政府的软弱。不信任的情绪再度席卷全国，英美之间再次爆发战争的种子已播下。

华盛顿的第二任期于1797年春结束，他翘首以盼，准备退居弗农山庄。在他执政的末期，反联邦党人的聚众攻击与筹备总统大选的纷繁事务令他备受烦扰。他与许多同僚为日益抬头的党派之争而惊诧。他们坚信，只有一个海纳百川、使各方力量实现平衡的政府才能最好地代表全国的各方利益。两党应永远争夺权力这一观念对他们来说是格格不入、令人排斥的。只有早已辞职的杰斐逊对两党应该扮演的角色有着清晰的认识。他认为，将宗派之争引导到更广阔的潮流上，在国家面前留着一个有组织的反对派，将其作为一支能够替代政府的力量，这是有利的。但当华盛顿在9月向全国发表告别演说时，党派之争是他眼中最大的威胁。他的演说是美国历史上最负盛名的公文之一。在演说中，他慷慨激昂地呼吁全国团结一致，警告“派性的恶劣影响”，还阐述了美国正确的未来政策——孤立主义。“欧洲有一些根本利益，与我们无关或关系很小。她定会为此时常陷入争端，而这些争端的根源实质上也与我们无关。因此，通过人为的纽带将自己卷入欧洲风云变幻的政局之中，或是使自己陷入与她为友所带来的合作、或与她为敌所带来的冲突之中，必然是不明智的。我们与欧洲相距甚远，独立于世，这要求我们走一条不同的道路。……我们的正确政策，是避免与任何国家结成永久同盟。……如果我们能够进行适当的军事建设，采取不可侵犯的防御姿态，永远谨慎自立，那么我们便可安然信赖临时同盟以应对非常事态。”

乔治·华盛顿拥有历史上最荣耀的头衔之一。他是美国国父。独立战争时期，几乎全靠他的坚韧不拔，各个殖民地才能团结一致，坚守同一个目标。而在战后，他的贡献也同样伟大。他在担任第一任总统期间的坚定态度和榜样作用限制了党派之间的激烈斗争，使国家的分裂推迟了60年。他的为人与魅力使美国悬崖勒马，未选择对英或对法宣战。他令政府充满尊严，并以自己的聪明才智激励政府成员。顺利组织联邦政府，建立国家信用机构，奠定外交政策的基石，都是他在担任总统期间的功劳。他拒绝任职第三届，开创了美国总统只能连任两届的传统，这一传统只在二战时期被富兰克林·罗斯福总统打破。

华盛顿在波托马克河畔的乡下故居安闲自在地生活了两年，像他期盼已久的那样，在他的种植园周围策马悠游。18世纪的最后几日，大雪纷飞，华盛顿卧床不起。1799年12月14日夜晚，他对身边的医生喃喃地说：“大夫，我一直不肯咽气，但我并不怕死。”说罢不久，他便与世长辞了。

* * *

约翰·亚当斯继华盛顿之后成为美国总统。他是联邦党提名的候选人。由于担心发生骚乱，且对民主缺乏基本信念，他对革命的热情逐渐冷却，并成为汉密尔顿的支持者。他具有独立的思维，更像是一个思想家和知识分子，而不是一个政客和领袖。在需要加强政府力量和保护财产方面，他与汉密尔顿的看法一致，但他反对利用联邦机器为某个特殊的经济利益集团服务，他也绝不是一个全心全意的联邦党人。他的判断通常是正确的，但他缺乏说服他人的能力。他也不善于处理部下关系，名望也因此受损。尽管如此，他仍是美国政治家中最出色的政治思想家之一。

在外交方面，一场新的危机即将来临。拿破仑·波拿巴的崛起消磨了美国人对他们的头号盟友——法国的崇高敬意。人们开始担心，法国人可能会从西班牙人手中得到路易斯安那和佛罗里达殖民地。这样，一个如日中天、野心勃勃的欧洲强国便会取代一个弱国，成为美国向墨西哥湾扩张的障碍。还有消息称，法国人正在加拿大讲法语的居民中大肆进行宣传活动。人们对此反应激烈，而联邦党人则最后一次战胜了他们的对手。对战争的狂热席卷了全国，联邦党人趁机通过立法，使政府拥有极大的权力处置外国人。1798 年通过的《归化法》(Naturalisation Act)将外国人取得美国国籍的资格从居住 5 年延长到 14 年,《客籍法》(Aliens Act)使总统有权颁布政令，将外国人驱逐出境。更具针对性的是《惩治叛乱法》(Sedition Act)，它实际上将报刊处于严格的审查之下，且矛头特别指向反对派的报纸，结果造成了激烈的宪法冲突。汉密尔顿劝诫他的同僚们："我们不要建立专制。活力与暴力是迥然不同的。"然而无人理睬。杰斐逊决心迎接挑战。1798 年，他起草决议，主张各州有权审议国会法案，并废除不符合宪法的法案。决议在肯塔基州和弗吉尼亚州得到通过。此后，这一重要的原则在美国历史上得到重视，而这些决议后来也成为州权的依据。

联邦党人对个人自由的攻击标志着他们垮台的开始。几年前辞去财政部长职务的汉密尔顿认为，他可以通过推动与法国的战争而东山再起。他构思出了一个宏伟的计划，打算与英国一起瓜分西班牙在新大陆的殖民地。他的脑海中浮现出自己亲率美国大军向南掩杀密西西比河口的壮观场景。但总统使他的这些希望化为泡影。虽然亚当斯并不亲民，但他厌恶财阀统治和军国主义。1799年之前，他还未显露出任何反对联邦党人的倾向，而此时，他意识到战争已经迫在眉睫。作为总统，他在外交方面掌握全权，便于迅速采取行动。他突然任命了一位使节，将其派往法国。1800年10月1日，美国使团在巴黎与法国签订了一项贸易条约。同一天，法国从西班牙手中秘密购得路易斯安那。

亚当斯的任期即将结束，总统大选如期而至。选举的过程错综复杂，因为双方内部都产生了严重分歧，因而显得精彩纷呈。联邦党人对亚当斯阻止他们对法宣战一事仍然耿耿于怀，但他是唯一一个有希望当选的联邦党人候选人，因此他赢得了提名。但联邦党人的实权依然掌握在汉密尔顿之手，而他出于不满，想方设法阻挠亚当斯的工作。

共和党一方的候选人是杰斐逊，来自纽约的腐败政客阿伦·伯尔作为他的搭档竞选副总统。当时的美国宪法有一奇特之处（不久得到纠正），即赢得选票最多的人当选总统，票数第二的为副总统。因此总统、副总统完全可能来自对立的党派。杰斐逊和伯尔都击败了亚当斯，但两人的票数相等。他们彼此不讲情面。当这一僵局交由众议院裁决时，伯尔试图挤掉他的上司，自己取而代之。但此时汉密尔顿介入，要挫败伯尔的意图。在美国，地方政治通常比联邦事务更能激起更赤诚的忠心与更强烈的敌意。汉密尔顿曾在纽约与伯尔夺权斗得不可开交，他无法容忍伯尔成为总统，因此他在众议院利用自己的影响力挺杰斐逊。汉密尔顿昔日的对手时来运转，成为美国第三任总统，全国的势力中心再次由马萨诸塞州转移至弗吉尼亚州。但托马斯·杰斐逊接任的意义切不可夸大。以约翰·马歇尔为首的最高法院依然对联邦政府忠贞不渝，不偏不倚地维护着联邦政府的权力与权威。杰斐逊本人虽然是真诚的重农派民主主义者，但他既不抱空想，也不感情用事，不久便屈服于形势，采取了前两任总统的政策与方针。

* * *

1801 年 3 月 4 日，杰斐逊正式就任美国总统。此时的美国虽然年轻，却已突飞猛进，蓬勃发展。在《独立宣言》发表后的 25 年里，美国的人口几乎翻了一番，达到约 550 万人。已经有三个新的内陆州建立起来，并归入美利坚合众国，它们是北部的佛蒙特州以及中南部的肯塔基州和田纳西州。阻碍西进运动的印第安联盟已被彻底打垮，他们的土地被分为几个地区，后来纷纷成为美国的州。这个国家正从大西洋沿岸的一隅向四面八方扩展。它通过海上贸易把中国的产品运过合恩角，然后经欣欣向荣的波士顿港和巴尔的摩港，尤其是纽约港，运往欧洲各国。费城依然是美国最大的城市，但它作为合众国中心的地位正逐渐丧失。它已经不再是首都。杰斐逊是第一位在新都华盛顿就职的总统。宏伟的建都计划已经制订完毕，但国会的所在地国会山还只建成了一个侧厅，白宫也尚未竣工。除了一家便利的旅馆和几座供参众两院议员居住的公寓，便只剩下沼泽和荒地。杰斐逊没有被荒凉偏僻之地建都的困难吓倒。一想到有朝一日，一座美好的城市将在这里拔地而起，他便激发了理想主义情怀，而创业时期的生活也适合他勤俭朴素的生活习惯。

身为总统，不能无视世界性的战争。杰斐逊所代表的农民阶级依赖于旧大陆的市场，西部各州和地区则需要将农产品畅通无阻地沿密西西比河运往墨西哥湾。这条大河的河口坐落着新奥尔良港，而这一港口依然把持在西班牙人手中。关于法国人秘密购得路易斯安那的流言不胫而走，且不久便得到了证实。拿破仑派兵远征法国殖民地海地岛，镇压杜桑·卢维杜尔领导的黑人起义。完成这一任务后，这支军队将以法国政府的名义占领路易斯安那。在《亚眠和约》为欧洲带来磕磕绊绊的和平之时，训练有素的法国军队已经再次来到北美，且似乎不久便要登上大陆。这一外患像 18 世纪法国人在加拿大构成的威胁一样，使得英语民族团结起来。“一旦法国人占领新奥尔良……”杰斐逊写信给美国的驻法使节说，“我们便必须与英国舰队及英国紧密联合。我们必须将全部注意转移到海军身上，使欧洲射出的第一颗炮弹成为……我们整合南北美洲为英美民族共同目标而奋斗的信号。这不是我们寻求或希望出现的情况，而是法国一旦买下路易斯安那，逼迫我们走的道路。”这是杰斐逊思想上一次惊人的进步，因为此前他一直欣赏法国、反对英国。但理论观点往往得在国际政治的现实面前让步，倘能如此便是明智的，而杰斐逊就有这种从实际出发的智慧。

1802 年夏，法国迫使西班牙人禁止美国农产品进入新奥尔良港。整个西部地区陷入了愤怒与惊慌。杰斐逊在给驻法使节的信中写道：“世界上有一个地方，谁控制了它，谁就是我们的天敌、宿敌。这个地方就是新奥尔良，我们 3/8 的农产品必须经过那里才能进入市场。”于是，詹姆斯·门罗被派往巴黎，肩负特殊使命，即从法国手中购得路易斯安那，或至少将新奥尔良收入囊中。就在他前往法国的路上，其他地方的局势变化突然促进了这一计划的实现。法军征讨海地失利，损失了 3 万人马。《亚眠和约》即将破产，英法大战迫在眉睫。拿破仑迅速应变，彻底放弃了建立美洲帝国的希望，要求将西班牙割让给法国的路易斯安那的领地全部卖给美国，这令美国使节惊讶不已。门罗及时抵达巴黎完成了这一交易，以 1500 万美元将路易斯安那收入了美国的版图。

随着双方大笔一挥，美国领土翻倍。在得到的这片辽阔土地上，之后产生了 10 多个州。后来历史证明，这是美国历史上最合算的一笔交易。但当消息传到大洋彼岸，人们奔走呼号。拿破仑有出卖这些土地的合法权利吗？美国花如此重金，是否只是买到了一张不合法的地契？此外，宪法并没有明文授权联邦政府进行这种交易。但交易必须立刻确认，以防拿破仑变卦。为了批准交易，参议院召开会议。杰斐逊称，根据宪法赋予他的总统缔约权，此次谈判是合法的。而联邦党人言辞激烈地指责说，此次并购价格过高，且边界不明确。他们意识到，这一交易将触发联邦内的权力重大转移，西部农业集团的力量将迅速壮大。但东部沿海诸州施加的一切影响与压力都化解于无形。1803 年 12 月，美国国旗在新奥尔良的政府大楼上升起，美国得到了这片 90 万平方英里的新土地。

收购路易斯安那之后，美国政界又弥漫着不安分的情绪和继续对外扩张的愿望。墨西哥湾的西佛罗里达仍属于西班牙，而在新国土之外围，得克萨斯的广阔平原正在招手。矛盾开始在西部各州和地区与联邦首都之间滋生。这一时期的凶神恶煞是亚伦·伯尔。

我们知道，1800 年，由于汉密尔顿从中作梗，伯尔与总统之位失之交臂。1804 年，他又因汉密尔顿的反对而在纽约州州长的竞选中失利。他向汉密尔顿提出决斗，汉密尔顿答应了，打算在射击时射偏，以保留荣誉。但伯尔却毫不手软，射向了汉密尔顿的要害，从而结束了美利坚合众国一位开国伟人的生命。伯尔在世人眼中名誉扫地，于是他想方设法，试图建立一个属于自己的新的美洲王国，甚至企图从英国政府手中谋求大笔贿赂。至今还不清楚他是希望将西部各州从联邦中分离出去，还是从西班牙的属地中分割一部分，且对此仍有争议，但伯尔因叛国罪遭到逮捕和审判，政治生涯也戛然而止。由于证据不足，他被无罪释放，并自我流亡他国了。

1804 年，杰斐逊成功连任总统，但第二任期并不像第一任期那么顺利。在西进运动的压力下，党内东部集团分裂成地方派系。欧洲重燃战火，使得禁运、封锁和强抢海员等险恶问题死灰复燃。杰斐逊面临着英国舰队的挑衅，他们不断在美国领海边缘扣押船只、强征海员，有时甚至把手伸进了美国领海。根据当时的惯例，英国有权强征碰巧在美国船只上干活的英国海员，但他们也抓走了许多美国公民和国籍不明的海员。祸不单行，为报复拿破仑颁布《柏林敕令》(Berlin Decree)，让欧洲大陆对英国实施封锁，伦敦于 1806 年发出枢密令，对中立国与法国及其盟国之间的一切贸易进行严格限制。美国的贸易遭到这些战时措施的双重打击。但正如特拉法尔加战役所证明的那样，皇家海军比法国海军强大得多，因此美国船运在英国人手中遭受的损失最为惨重。

面对这些麻烦，杰斐逊泰然自若，决心维护和平，但反对的舆论甚嚣尘上。1807 年，在他的提议下，国会通过《禁运法》(Embargo Act)，禁止美国船只驶向外国海域。禁止美国通过海路与陆路的出口，也完全禁止从英国进口某些制造品。杰斐逊希望失去美国贸易能迫使交战双方讲和，但事实表明，他的政策对美国商业造成的破坏，远比对英国或法国造成的更严重。新英格兰地区和大西洋沿岸所有海港的经济都依赖于与英国的贸易。因此东部各州纷纷提出抗议，尤以新英格兰地区为甚。联邦党人迅速集结力量，加入了抗议的队伍。杰斐逊的共和党内部也发生了反叛与分裂。《禁运法》实施14个月后，他被迫撤销禁运。3天后，他任职期满，回到了位于弗吉尼亚的蒙蒂塞洛庄园。

执政最后两年中的失策不应掩盖杰斐逊在美国历史上的重要地位。他是美国政治家中的第一位政治理想主义者，也是美国民主传统的真正奠基人。他在世界大战的危机中亲身体会到“高调政治”的危害，原来简单的看法有所改变，但他对普通民众的信仰从未动摇。虽然他对工业主义的反感在晚年有所减弱，但他始终坚信，自耕农与民主制度有着密不可分的联系。他的力量基础是西部边疆各州，那也是他在30多年的政治生涯中真正代表并矢志为之服务的地区。

第 24 章
1812 年战争

1809 年 3 月，詹姆斯·麦迪逊出任美国新一任总统。他曾任杰斐逊政府国务卿，从政经验丰富，是著名的政治理论家。其本性固执，实战力和决断力有时又无法与前一任总统杰斐逊媲美。麦迪逊接任时，美国舆论已让英国怒不可遏，美英关系十分微妙。起初，双方仍有较大的和解希望，麦迪逊已与英国驻华盛顿公使达成临时协议，协议对英国非常有利。但时任英国外交大臣坎宁否定了该协议并就此召回公使。坎宁在处理英美关系上一向不如处理英欧关系般热心。此后 3 年，英美关系日渐恶化。拿破仑取消《柏林敕令》后（该敕令曾一度让英国封锁欧洲大陆上的所有法属港口），麦迪逊被此举动蒙蔽，力争英国应予以回报，取消对法属港口的贸易禁运枢密令。尽管当时较为明智的政客谏言，称拿破仑的举动不过是外交手腕，意图“挑起美英之战”，但无奈，麦迪逊充耳不闻。

美英贸易的暗自较劲使英国损失惨重。失去了美国市场，再加上 1811—1812 年的寒冬，英国商业陷入危机，大批人失业。请愿书纷纷递送到议会，请求政府取消对法贸易禁运的枢密令。时任英国外交大臣卡斯尔雷犹豫再三，最终在下院宣布，政府已撤销该枢密令，但为时已晚。当时，这消息过了很久才传到大洋彼岸的美国。而就在1812年6月18日，即卡斯尔雷宣布上述决定的两天后，美国向英国宣战。

后一周，拿破仑发动了蓄谋已久的侵俄战争。

美国史学家指出，这场战争其实并不源于双方在解释海洋法上的对立，而是源于美国的西部边境问题。大西洋沿岸的东部各州想要和平，特别是新英格兰地区。它们关心的主要是美国的对外贸易，而当时美国的对外贸易虽已严重萎缩，若对英宣战，贸易必将完全停止。然而美国国内政治形势已促使西部以及西南部的仇英派众议员上台。正是他们，而不是大西洋沿岸的商人们，迫使美国陷入了战争。在边境地区，特别是西北边境，人们渴望扩张，而土地只能从印第安人或大英帝国手上抢。

美国人与印第安人的矛盾酝酿已久。最早的拓荒者是19世纪初的伐木者。他们从伊利诺伊和印第安纳的土著部落手中夺得了林地，现在又觊觎英属加拿大五大湖周围的林区，那里是无人居住的英国殖民地，亲英派很少。随着美国西部人口饱和，向西北方向进一步扩张势在必行。1811年，俄亥俄河沿岸的印第安部落在最后一代军事领袖特库姆塞的号召下团结起来，拒绝与美国进行贸易往来，对美酒的诱惑也无动于衷。边境告急。印第安人势力的复兴势必会阻碍美国版图的进一步扩张。印第安纳地方长官威廉·亨利·哈里森是当时向西扩张的主要推动者之一，他随即出兵。1811年11月，印第安人在蒂珀卡努战役中惨败，印第安联盟崩溃解体。

美国历史上流传着一种说法：印第安人的抵抗运动是受加拿大

支持，由加拿大组织的。这其实是 1812 年主战派编造的说辞。以肯塔基州的亨利·克莱和南卡罗来纳州的约翰·C. 卡尔霍恩为首的新一代政治家进入美国政坛。这些年轻人在众议院形成了一股强大的势力，史称“主战派”。他们对于欧洲事务没有概念，也不在乎拿破仑的图谋，对于俄国的命运更无心过问。他们的主要目标是控制加拿大，将北美大陆全部纳入美国版图。在克莱的影响下，麦迪逊总统倒向了主战派。开战的理由老生常谈：强制征兵，侵犯三海里领海权，经济封锁和对法贸易禁运枢密令。美国国内舆论分为两大阵营。新英格兰地区以压倒性多数的投票强烈主和，但是“主战派”大张旗鼓的宣扬使得主战情绪在美国大行其道。开拓精神在美国政界甚嚣尘上，并且志得意满。另外，开拓边境的农民确实怒火中烧。英国限制美国商船贸易也就耽搁了农产品的出口。“争取自由贸易，保护水手权利”这样的口号在这里很能站得住脚。当时普遍认为，拓荒部队短暂的远征就能让一切都回到正轨，短短数周就能平定魁北克。国会甚至都没有表决要为陆军、海军追加军费便休会了。

* * *

理论上双方力量悬殊。美国人口算上奴隶为 750 万，而加拿大地区只有区区 50 万，大多数为法国人。但是加拿大有接近 5000 名训练有素的英军，约 4000 名加拿大正规军，以及同等数量的民兵。印第安人可以出三四千名援军。而美国的正规军不到 7000 人。政府虽然克服重重困难，从各州调集了 40 万民兵，但没有把他们派往加拿大作战。真正参与作战的美军从来不到 7000 人，且未受训的志愿兵果不其然成了炮灰。不仅如此，七年战争（Seven Years’ War，1756—1763）已经证明，只有从圣劳伦斯河长驱直入才能征服加拿大，但美国海军的实力不足以开展这样的行动，因此，不得不从漫长的陆路边境进攻。有些地段部队举步维艰，且时时暴露在印第安人的猛攻之下。指挥官们也没有深谋远虑。如果将兵力集中部署在安大略湖区，可能还有胜算，但是他们犹豫不决，各自为政，毫无组织地越境进攻。

美军的第一次远征以惨败告终。英军最优秀的指挥官艾萨克·布洛克将军，在印第安联盟的支持下，把美军击退。8 月，英军兵临底特律，短短数天内迪尔伯恩堡（今芝加哥）就沦陷了。美国的边境线再次收缩在俄亥俄河至伊利湖沿岸。年底前在尼亚加拉一线进行着徒劳的作战，所有行动都无果而终。英国还需应付欧洲的巨变，因此驻守加拿大的英军只能采取守势。

海战则精彩些，对于美国人来说大快人心。美国有 16 艘军舰，其中有 3 艘是所向无敌的。这 3 艘护航驱逐舰——“宪法号”“美国号”和“总统号”都配备了 44 门大炮。它们的舷侧火力比英军战舰更猛，船体所用木材很重，但水下线条非常光滑，航行速度无舰能及。舰员是志愿军，长官训练有素。一位伦敦记者轻蔑称之为“一小撮杂种和不法之徒开着几艘冷杉木造的护航驱逐舰”。美国人在痛击英军后倒乐意引用这句侮辱性的不实之词。跨大西洋海军基地的英国舰队有 97 艘风帆舰，包括 11 艘战列舰和 34 艘护航驱逐舰。它们有着悠久光荣的历史，有着特拉法尔加海战和尼罗河口海战的辉煌战绩。舰长们都自信定能击沉美国舰队。但当一艘又一艘的英军舰艇射程不及美军舰艇，被炸得灰飞烟灭时，这些“冷杉木造的护航驱逐舰”威名就打响了。加拿大地区的惨败刺痛着美国社会，但海军的捷报让公众重振信心。美军护航驱逐舰在短短一年中战胜英国的次数比法国和西班牙两国20年加起来还多。但好景不长。1813年6月1日，美国护航驱逐舰“切萨皮克号”在劳伦斯舰长的指挥下，从波士顿湾出发迎战布鲁克舰长指挥的英国皇家海军“香农号”。“切萨皮克号”上的舰员都是新手而且不听指挥，战争只打了15分钟，“切萨皮克号”就投降了。美国海军其他失利也接踵而至，制海权重回英国人手中。不过，美国的私掠船在此后的战争期间继续骚扰英国航运船只。

海战这一插曲并不影响战争的全局。如果英国政府废除了强征制，1813年新一轮交锋本可避免。但是他们依然我行我素，于是美国开始改变策略。名义上，美国出兵只是为了解决英国强制征兵的问题，至于征服加拿大的野心，美国只字未提。不过，加拿大才是美国的主要目标。美国陆军对上加拿大（Upper Canada）省（今安大略省）发起了大量的袭击。城镇和村庄都被洗劫一空、付之一炬，就连那座小小的省府（今大城市多伦多）也未逃此劫。战争越来越激烈。1812年至1813年冬天，美军在伊利湖畔普雷斯克岛要塞还建立了军事基地。人们千辛万苦翻山越岭给在五大湖地区作战的美军司令奥利弗·哈泽德·佩里舰长的小型舰队送去补给。1813年秋天，佩里的小小“无敌舰队”出征告捷。1813年9月有一场奇特的两栖战。黑人、拓荒侦查员和民兵登上了一艘用新青木匆忙造成的船，在湖上静水中一直战斗到最后一刻。美军战舰吃水深，占优势，英军吃了败仗，损失惨重。“我们迎敌了，”佩里简洁地汇报道，“赢了。”

蒂珀卡努战役胜将哈里森，如今朝安大略挺进了。当年早些时候，他曾是英国陆军的手下败将，而在10月的泰晤士河战役中，哈里森一举摧毁了那支英国陆军及其印第安盟友。印第安联盟瓦解，特库姆塞命丧黄泉。于是，美国的边境就推进到了五大湖南岸，印第安人再无回旋包抄开拓地的能力。但是，对上加拿大的陆路入侵已成败局。1813 年末，加拿大占领尼亚加拉要塞。

*　*　*

到那时为止，加拿大境内的英军没有进攻美国的条件了。英国在欧的军队和战舰都在与拿破仑进行着殊死博弈，难以抽身。另外，英国政府担心，威胁北部边界会激怒新英格兰各州。甚至到 1814 年，封锁线才延伸至马萨诸塞州。其实，英军的补给几乎完全依靠新英格兰地区的港口。但到了 1814 年春天，欧洲之战已成定局。拿破仑于 4 月退位，英国总算可以往加拿大输送充足的援军了。他们打算从尼亚加拉以及蒙特利尔经尚普兰湖发动进攻，同时在美国海岸——南部新奥尔良发动海战。英国威灵顿公爵久经沙场的部队还未来得及从伊比利亚半岛赶回，战役就打响了。从尼亚加拉挺进的英军在大瀑布附近的伦迪斯公路受挫，与美军展开了恶战，双方难较高下。不过到 8 月底，英军又从欧洲调来 1.1 万援兵，集中部署在蒙特利尔附近，打算依照伯格因的老路线沿着哈得孙河谷顺势而下。9 月，在乔治·普雷沃斯特爵士的指挥下，英军挺进普拉特茨堡，准备争夺尚普兰湖的控制权。他们的对手是区区 1500 名美国正规军，还有几千民兵。胜负完全取决于双方舰队的较量。就如伊利湖一战，美军的战舰更适合于淡水区作战，因而取得了胜利。这一战粉碎了英军的进攻，也是整场战争中最具决定性的一战。普雷沃斯特撤军至加拿大境内。

尽管前几年受了些挫败，英国还是掌握着海上霸权。英军从欧洲海域调来更多的战舰，而美国海岸是不设防的。8 月，英将罗斯率领 4000 名先锋部队登陆切萨皮克湾。迎战的美国民兵有 7000 人，个个毫无经验，未经训练，仓促撤退。24日，英军就占领了联邦首府华盛顿。麦迪逊总统逃往弗吉尼亚州避难。美国人走得如此匆忙，为他和他的家人准备的膳食都来不及享用，英军军官正好在白宫坐享其成。随后，英军将白宫和国会大厦付之一炬，以报复美国民兵在加拿大的暴行。位于弗吉尼亚波托马克河畔的华盛顿故居躲过一劫，但受到英军的严密守卫。后来，英军试图登陆巴尔的摩，但是那里的民兵严阵以待；罗斯将军战死，英军撤回到战舰上，战役结束。

12月，远征新奥尔良的军队抵达驻地，英军最后一次也是最不负责任的一次进攻打响了。而在这西南边境应战的是出色的军事领袖安德鲁·杰克逊。杰克逊是田纳西州的早期殖民者，因打败印第安人而名声大噪。如今，英国想要资助并组织印第安人来抗衡美军，杰克逊便对印第安人穷追猛打，逼到了西班牙殖民地西佛罗里达，并占领其首府彭萨科拉。

同时，8000名英军在爱德华·帕克南爵士（Edward Pakenham，曾在西班牙萨拉曼卡率领过一个师）的指挥下登陆新奥尔良。新奥尔良位于密西西比河口，这里沼泽、海湾密布，进行两栖作战极其危险。所有士兵和物资都要通过划艇从70海里外的舰艇上运送过来。此时，杰克逊已从佛罗里达匆匆赶回，下令在密西西比河左岸固守。美军在数量上远远不敌，但拥有狙击手。1815年1月8日早晨，帕克南率军向美军工事发动正面袭击——这是英军战史上最不明智的行动。帕克南阵亡，2000名英军死的死、伤的伤。仅存的一名将官将军队撤回军舰上。而美军损失了70名士兵，其中13人死亡。战斗正好持续了半个小时。

1814年圣诞夜，英美双方签订了和平协议。不过，新奥尔良战斗是美国历史上的重大事件。它为安德鲁·杰克逊未来的总统之路奠定了基础，使得人们相信这场战争美国赢定了，而且还制造了一个邪恶的传奇故事——这是美国抵抗英国专制的第二次独立战争。

*　*　*

美国国内局势也是风云变幻。新英格兰地区主要依靠海运和商业，在战争中损失惨重，领袖们颜面尽失。新英格兰地区过去支持联邦党人，但该党内部如今已混乱不堪；新英格兰各州愤恨西部把持大权，把美国拖入战争的泥淖，遂开始琢磨着脱离联邦。1814 年夏，马萨诸塞州处于孤立无援的境地：英军屯兵缅因，海港也被英舰封锁。新英格兰各州承担着大部分税收，而联邦政府似乎都无力为当地提供军事防御。10 月，马萨诸塞州、罗得岛州、康涅狄格州代表接到通知要开会磋商。他们于 12 月在哈特福德会晤。三州代表想要与英国单独达成和平协定，不再与迅速扩张的西部有任何牵连。他们认为，英国的新奥尔良远征军会取得胜利，而西部断了来自海上的补给，很有可能主动退出联邦。这给麦迪逊总统敲了记警钟，主战派也担心出现最坏的情况。值得美国庆幸的是，新英格兰地区的温和派政客在哈特福德会议占了上风，会议仅草拟了一份针对麦迪逊政府的言辞激烈的批评书。脱离联邦运动暂时被压了下去。他们宣称：“任何企图滥用权力改变宪法的行为都将使得革命的弊端永久存在下去。”

安德鲁·杰克逊在新奥尔良的大捷以及美英成功达成和平协议，使得新英格兰地区之前的不忠行为备受谴责，联邦党也蒙上了抹不掉的耻辱。但是，哈特福德大会代表们所坚持的州权原则仍在美国政治中发挥着强大的影响力。战争也使得新英格兰地区的经济更加多样化。海运和商业繁荣发展，反哺了当地的制造业和工业。

战争中,美国一直尝试与英国进行和平谈判,但直到1814年1月,英方才做出回应。美国代表团于6月到达根特,其中包括亨利·克莱。一开始,英国拒绝讨论中立国权利以及强制征兵方面的问题,仍然希望在西北部建立一个印第安缓冲国。而正是威灵顿公爵的见识改变了谈判的气氛。1813年11月,威灵顿公爵被派往美国指挥战斗,但他研究了普拉特茨堡战斗报告后发现,要想赢得这场战争得靠海军在湖面上的优势,但英国无法取得这种优势。他还认为在美加边境夺取美国领土于英国并无裨益。因此,双方同意长长的北部边境线保持原状。其他事宜悬而未决。1817年成立了一个委员会,对五大湖上的海军力量进行管制。缅因地区的边境争议后来也以同样的方式解决。当英国海军再次参战时,强制征兵也废除了。

一场无用也不必要的冲突就这样结束了。接下来几年,英国的反美情绪高涨,但是美国作为独立国家的正当待遇再也没有遭到拒绝。英军已学会尊重前殖民地的国民。当和平消息传到新世界的英军耳朵里时,一名战士这样写道:"我们全都高兴极了,我们参加过伊比利亚半岛战争的军人,觉得这种民兵战、海战、游击战和抢夺战混在一起的战争是无法赢得名声或其他军事荣誉的。"

和平带来了实在且长久的好处。这场战争是加拿大历史上的转折点。加拿大人为自己保家卫国出了份力而感到自豪,民族情结持续高涨。还有许多分歧仍将动摇英美关系。30年后,双方为俄勒冈大片领土的归属权产生了争议,一度曾有开战的可能。不过,此后,长达3000英里的美加边境线再无须武力设防。在接下来一个世纪里,英国仍然执掌着海洋霸权,而有了这道屏障,美国就可以高枕无忧地完成他们大陆繁荣的宿命了。

第 25 章
厄尔巴与滑铁卢

1815 年新年伊始，战后的欧洲与美洲一派祥和。在巴黎，一位波旁王族登上了法兰西的王位，他年事虽高，但体魄壮实，平易近人，对亲属、谋臣和追随者们犯下的过错不闻不问。因为他身后有一大帮保王派，甚至比国王还忠于王室，这不断地考验着新王陛下子民的耐心。而法国人仍然憧憬着帝国的辉煌，冒险之旅已再次就绪。在维也纳，欧洲列强们已经解决了最为闹心的一个问题，确定了如何在普鲁士和俄国这两个贪婪的胜利者之间瓜分萨克森和波兰地区的人口，但仍然无法在战后欧洲版图的细节问题上达成一致，本来他们一起开会就是来重划边界的。经过 20 余年战争的蛮力比拼，他们自恃有大把闲暇时间来尽情讨价还价，锱铢必较，借此欢庆胜利。然而一声惊雷平地起，他们沆瀣一气的斗志又被唤起。新的导火索来自一个他们再熟悉不过的地区。

拿破仑君临厄尔巴岛已经 9 个月了。这位欧洲大陆昔日的霸主眺望着这座贫瘠的小岛领地，他仍然保存着帝王的威严。他组织开采弹丸小国的铁矿山，探查金枪鱼渔场，与当年发动大军的架势不差分毫。当然他依旧拥有自己的军队，军队由他的护驾队400人、波兰军的散兵游勇和一些当地民兵组成。此外他还有一支海军，并专门为他们设计了一面厄尔巴军旗。舰队由一艘双桅帆船和几艘独桅帆船组成。不过，这些军备委实不起眼，厄尔巴的经费预算又有限，所以他整日殚精竭虑。他向厄尔巴的国民承诺，此后将鞠躬尽瘁，造福百姓。拿破仑还为平民贵族们设计了华丽的制服。在首都费拉约港,他修缮了一座富丽堂皇的宫殿。拿破仑与母亲一起打牌时，还用那些战场上的老把戏出老千。同时他也不忘取悦自己最疼爱的妹妹和始终追随自己的波兰情妇。而他的夫人玛丽·路易丝皇后和儿子却不见了踪影。因为奥地利当局故意把他们母子留在了维也纳。皇后似乎也没有违誓脱逃的迹象。因为她对德意志哈布斯堡皇族的忠诚重于对丈夫的情意。

好奇的外国人，尤其是英国人，络绎不绝跑来此地拜访这个落魄的帝王。他们的看法难免有失偏颇；有人曾报道，拿破仑不像大统帅，倒像狡诈的神父。盟军驻厄尔巴的专员尼尔·坎贝尔爵士可不这么想。月复一月，大凡仔细的观察者都确定，拿破仑其实一直在伺机而动，密切注视着法国和意大利的时局，透过间谍掌握各派民意潮流。他意识到，复辟的波旁王族并不能笼络民心。此外王室并没有按照和约支付他年俸。既然他们小肚鸡肠，那么他自然也无须遵守协约了。1815年2月，他看出，或者说自认为已经看出，维也纳会议将不欢而散。盟军内部钩心斗角，愤懑的法兰西在召唤他。而坎贝尔这只狡猾的苏格兰看家狗当时身在意大利。就是这样机缘巧合，拿破仑迅速加以利用。2月26日，一个周日夜晚，他偷偷从港口乘双桅帆船溜走，后面只跟了几艘小艇。就这样他带领着千余人扬帆驶向法国。3 月 1 日，他在昂蒂布附近顺利登陆。当地的乐队迎接了他，演奏了一曲法国版的《甜蜜的家》。

百日王朝的戏剧就这样拉开了序幕，他们兵不血刃，长驱直入，直抵巴黎。接到命令前往拦截入侵者的保王派军队要么作鸟兽散，要么投奔了拿破仑。被誉为“天下第一英豪”的统帅内尔元帅，此前变节投靠了波旁王朝，扬言要把他的前主子关进铁笼押回巴黎。但随后纳尔发现自己抗拒不了皇帝的号召，再一次加入了拿破仑的大军。其他曾经背叛的元帅们又一次背叛。拿破仑登陆不到 18 天，老皇帝又在都城登基了。而波旁王室逃窜隐蔽，跑到了比利时根特。与此同时，皇帝宣告了谋求和平的愿景，立即着手塑造自己的军队。为了揽获民心，他承诺法国人民，要建立开明政治。而事实上，一旦巩固了军事胜利的果实，有了军方撑腰，他就梦想着复辟帝国的所有旧制。拿破仑在奥斯特里茨、耶拿、瓦格拉姆横扫千军，如日中天，但是这之后法国民众的情绪变了。人们热情高涨，但不再斗志昂扬。军队和将领的士气早已今非昔比。东征俄国和莱比锡战役的惨败还历历在目。自 1805 年以来，共有 148 名法国将领在战场阵亡。幸存者中只有一半人还效忠拿破仑。马尔蒙和维克多等元帅已经逃到了比利时，维克多一直躲在布鲁塞尔的威灵顿酒店，那正是以在塔拉韦拉大胜拿破仑军的威灵顿公爵命名的。总参谋长贝尔蒂埃元帅曾是拿破仑的左膀右臂，却并没有归顺于他；而正如拿破仑随后抱怨的那样，他不得不依赖“苏尔特那个傻瓜”。拿破仑雄风依旧，自信满满，但早年审时度势、当机立断的军事韬略已黯然失色。此外，长期胃溃疡造成的疼痛还时时折磨着他。

尽管如此，帝王的威严仍旧让人望而生畏，让欧洲列强如鲠在喉，以至于维也纳会议的缔约国以异乎寻常的速度采取了一致行动。他们宣告拿破仑是罪犯、世界和平的破坏者，理应受到公审。与此同时，欧洲列强也开始整顿军队。尤其是曾带领全国和全世界反对那个科西嘉人的英国政府，意识到来场速决战，自己势必首当其冲。俄国和奥地利要集结起军事力量尚需时日。而普鲁士是唯一处于战备状态的主要盟国。备战工作刻不容缓。因此，威灵顿公爵提议立即派兵进驻荷兰，并在那里建立起进军巴黎的根据地，准备在法国边界进行厮杀。拿破仑出逃厄尔巴岛不到一个月，威灵顿便在布鲁塞尔坐镇了。

然而，威灵顿公爵对英军的备战状态并不满意。他的参加过伊比利亚半岛战争的精锐部队，有不少调到了美洲，这当中包括他的参谋长乔治·默里爵士。所以英国政府大费周折才集结起 6 个骑兵团和 25 个步兵营，其中有伊比利亚半岛战争的老兵，还有未经训练的新兵。但是这支部队最薄弱的一环是炮兵。1814 年缔结《巴黎和约》之后，英国内阁已下令遣散全部炮兵和炮车夫，因此这方面严重短缺。不过，所有欧洲战争都一样，欧洲大陆上不乏盟国和外援军。大不列颠国王同时也是汉诺威国王。于是，途经荷兰回国的汉诺威军队留下加入了新军。威灵顿苦于兵力不足，试图说服葡萄牙人派出几个营来支援。威灵顿曾经教授过葡萄牙人兵法，还为他所谓的“善斗的公鸡”骄傲。可是他无功而返。而荷兰国王交由他指挥的荷兰和比利时军队似乎并不可靠。这几个国家已被法国人占领达 20 年之久，至少比利时人是不抵触法国人统治的。普通的士兵可能会同情拿破仑一边。拿骚等多个德国省份也派出了军队。时至夏初，威灵顿集结了一支 83000 人的混杂军队，其中只有 1/3 是英军。他一向心直口快，一边痛骂初出茅庐的部队素质差，一边又竭尽全力训练改造部队。这次新冒险，非有布吕歇尔元帅的得力支持不行。普鲁士人有11.3万人马，不过近半是未经训练的民军，驻扎在比利时东部。威灵顿和他的参谋们计划大举进军法国。他要采取攻势，而非乖乖等待拿破仑的突袭。他镇静而周密地制订出全盘计划。他以布鲁塞尔为基地，在莫伯日和博蒙之间部署出一条阵线，而左翼的普鲁士人镇守在菲利普维尔和日韦之间。果然，法国皇帝又如往常那样抢了先机。

*　　*　　*

拿破仑一天也不能耽搁。他确实分秒必争。因为他的两个劲敌在法国东北的边境虎视眈眈，攻陷巴黎只需几日。面对甚嚣尘上的敌军，拿破仑必须即刻发动进攻。这次胜利将会极大鼓舞法军的士气，而英国政府则会威风扫地。如此一来，在伦敦，那些仰慕他的辉格党温和派可能取代托利党的位置，并谋求与法国媾和。而路易十八将被永久流放，荷兰的比利时地区也会重新回到法国的治下。一旦达成这个目标，他便能从容应对奥军和俄军的威胁。正因为怀揣着这样的希望，拿破仑力图凭借自己的坚强意志重振法兰西民族的雄风。而眼下精疲力竭的法国不堪重负，难以集结一支庞大的军队。所以，边界线上只组织了5个军团，共计约125000人。在这些边界堡垒的掩护下，拿破仑得以从容地蓄积力量，这也为他在战争初期提供了动力。然而，威灵顿的部队却不得不驻扎在一条40英里长的防线，以防法军在英军和普鲁士军接合部发动攻势。6月初，战势日趋紧张。很显然，至少可以预料，拿破仑一定在谋划如何击溃威灵顿和布吕歇尔的军队，然后各个击破。可他要先从何处下手呢？威灵顿在布鲁塞尔耐心地观望着拿破仑用兵的苗头。他即将与这个劲敌展开第一次较量。两人那时都快46岁了。就在6月15日，拿破仑在沙勒罗瓦和马希埃纳悄悄地渡过了桑布尔河，逼着普鲁士军的先头部队退到距布鲁塞尔不足25英里处。而拿破仑正是在两国盟军相接的地方发动了进攻。攻陷布鲁塞尔意味着往前迈了一大步。占领都城对拿破仑极具诱惑力，同时对军力的补给意义非凡。

不知为何，英军同普鲁士军之间的通信联络漏洞百出。数小时后，威灵顿才接到普军败北的战报。英普两军的指挥官之间似乎没有达成具体的合作计划。此外，战事失利时，军事情报往往混乱不堪，漏洞百出。那时只有荷兰人和比利时人组成的一个师零星把守着滑铁卢到沙勒罗瓦的道路，一支英国军队也没有。15日夜晚，当法军集中兵力要彻底打垮普军之际，里士满公爵夫人正在布鲁塞尔举行舞会款待盟军军官。光临舞会的还有威灵顿，他知道保持刚毅镇静的面具很有价值。跳舞时，他反复琢磨着那条迟来的战报。必须不惜一切代价同普军保持密切联系，并且阻止法军向布鲁塞尔挺进。威灵顿决定把部队集中在战略要塞卡特布拉斯村。那时荷兰部队驻守在英普两军之间的危险开阔地带，所以16日清晨，皮克顿旅从布鲁塞尔出发浩浩荡荡地前去与荷军会师。

而对于法军来说，只有先打垮普鲁士军队，才能把威灵顿赶到西北边的海岸。拿破仑脑海中浮现出溃乱的英军在佛兰德的港口等船回国的惨状，这种场面早在拉克鲁尼亚和沃尔克伦岛就出现过。拿破仑将法军左翼交由内伊指挥，自己带着63000人和92门大炮去攻打集中在里尼的普军主力。但他被威灵顿的慢条斯理和胸有成竹蒙蔽了，以为只有一小支部队守卫着卡特布拉斯阵地，便命令内伊发起攻击，并于傍晚在布鲁塞尔同他会师。16日下午2点，法军在

2 英里长的战线上发动攻势。威灵顿亲率 7000 人马和 16 门大炮赶来指挥。法军进攻的重点是皮克顿的先锋旅。这些半岛战争的老兵尽管从布鲁塞尔行军 12 小时至此，仍然稳步前进。法军骑兵围着他们团团打转，无可奈何，而荷兰和比利时步兵被挤出了战场。那天下午，在通往布鲁塞尔的十字路口，这场激烈拉锯战丝毫没有战术调动的余地。这是一次正面交锋，将军也无计可施，但领导力依然奏效。威灵顿在酣战时刻头脑总是最冷静的。在这场短兵相接的战斗中，英军步兵的火力更胜一筹。在天黑前，投入战斗的 3 万盟军伤亡了 4600 人。法军伤亡人数略少，内伊却未能如愿拿下布鲁塞尔。

而法军方面的参谋工作也委实不敢恭维。依照拿破仑的命令，德尔隆部漫无目的地东冲西撞，一会儿奔向里尼，一会儿又转向卡特布拉斯。尽管拿破仑在战役初期占尽先机，他却没打算大军两翼同时出战，似乎背离了原来的计划。但他在里尼取得的胜利的确引人注目。而布吕歇尔元帅在战略上失算了，面对法国炮兵的辉煌轰击，部队被截成两段，不得不撤退到瓦弗。盟军之间的联络再次中断，威灵顿无法及时了解里尼的战局和普军随后的动向。威灵顿虽在卡特布拉斯击退了法军左翼部队，但法军在东边取得胜利后，可以集中兵力到布鲁塞尔大路来对付英军。威灵顿得到普军失败的消息时，他的主力已经集结在卡特布拉斯附近。17 日凌晨，拿破仑决定派格鲁希元帅率领 33000 人追击普军，而他自己将指挥大部队对阵威灵顿。战局的胜负已是千钧一发。

毫无疑问，威灵顿在开战的头几天里受到突袭。当时他承认，拿破仑的动向使他“上了当”。事隔多年，每当读到法国人叙述卡特布拉斯之战的著作时，他依旧直言不讳：“该死的家伙，我打败了他们，就算我受到突袭，还笨头笨脑打错算盘，但他们却更笨，笨到不知道如何利用我的失误。”这次战斗一结束，他那循规蹈矩的头脑全然洞悉了全局。他计划退到早已筑好阵地的圣让山（Mont St Jean），英国工兵早在战争前一年就对那里进行过考察。他要在那里接受挑战，而他对普鲁士军的唯一要求就是派一个军团的援军。

1814年秋天，威灵顿亲自视察过这一带比利时乡村的地形。他注意到了滑铁卢这块山脊的有利地势。早在100年前，伟大的马尔伯勒公爵也注意到了这一点，可他的荷兰盟友阻止了他同维勒鲁瓦元帅在滑铁卢交锋。而他未曾进行的战斗如今即将展开。16日、17日夜晚，英军在严密掩护下开始后撤，天亮以前占领了滑铁卢阵地，集结成一条军事防线，这种防线是威灵顿早在半岛战争中就试验过的。必须逼法军发动够呛的正面进攻了。威灵顿知道，时间也在捉弄他的对手。如果拿破仑想在法国重新站稳脚跟，他就必须速胜。一系列壁垒森严的农庄和连绵起伏的山坡构成了盟军的防线，由63000人和156门大炮守卫着。法军没有趁盟军撤退时进行骚扰，可见他们的参谋工作又一次晃了神。拿破仑全然不知道卡特布拉斯的局势，而迫在眉睫的危险是，普军随时可能回过头同威灵顿会合。普军确实有此打算。布吕歇尔和普军的“智多星”格奈泽瑙参谋长正从里尼朝西北方向的布鲁塞尔撤退。格鲁希因为接到了有误的情报，或是判断失误，以为普军在朝东北方向的列日撤退。他同拿破仑失去了联系，兵力没有发挥作用。格鲁希的失误使法军损失惨重。与此同时，听闻威灵顿率军巧妙撤退，拿破仑暴跳如雷，急忙乘上马车隆隆驶向布鲁塞尔，他企图率领先头部队死命堵截英军的后方部队。幸亏一场暴雨减缓了前进的速度。雷雨交加，英军的骑兵安全回到了处所。拿破仑同内伊见面时，怒不可遏地训斥道："是你断送了法国！"待到拿破仑登上滑铁卢山脊，看到严阵以待的英军时，他才意识到英军的逃遁是多么干净利落。

*　*　*

6月18日近中午时，法军对盟军阵地两翼都发动了攻击，关键控制点是右翼的乌古蒙城堡要塞和中间的拉埃圣特（又译拉海圣，La Haye Sainte）农庄。拿破仑对他的参谋们许诺，他们当晚便可下榻布鲁塞尔。而苏尔特面露迟疑，拿破仑对他说："威灵顿打败了你，所以你才认为他是个了不起的将军。我告诉你，这次打仗就像吃顿野餐一样简单。"然后，7万法军和224门大炮严阵以待，决定性的战役一触即发。盟军阵地遭到了猛烈的炮击。坡地杂草丛生，战况相持不下，激战的中心是拉埃圣特农庄，它最终被法军占领。乌古蒙城堡的厮杀更为激烈，英军在那里苦战了整整一天。刚过中午时，法军炮兵对威灵顿的步兵进行了空前绝后的猛烈轰击，为内伊率领15000名骑兵总攻做好准备。面对法军的枪林弹雨，威灵顿让步兵进一步后撤，翻过滑铁卢山脊寻找掩护。内伊见此情景，旋即命骑兵接连冲锋。此刻英军的成败全靠步枪和刺刀了。威灵顿担心地频频东顾，希望看到普鲁士援军的身影。布吕歇尔果真言而有信，此时普军应在赶来的途中。可眼下法国铁甲骑兵正向威灵顿公爵步步逼近。其实，他们从未接近盟军的步兵方阵。一个目击者写道："至于所谓的冲锋，我看没有哪一次算得上是真正的厮杀。我看到铁甲骑兵多次大胆地冲到离步兵方阵二三十码的地方，但他们每次看到我军官兵的坚毅神情便退转回去。有时候，他们甚至停下来，望着三排刺刀阵发呆，而这时便会有两三个勇敢的军官用军刀高高地挑着头盔挺身而出，企图带头发起攻击。但这一切都无济于事，任何力量也无法驱使法军骑兵靠近可怕的刺刀，自取灭亡。”

双方势均力敌，难分上下。拿破仑用望远镜看着这场混战，感叹道：“难道这些英国人永远都不会退却吗？”苏尔特说：“那恐怕得先把他们剁碎才行。”而另一边的威灵顿也是忧心忡忡。虽然下午早些时候，普军的身影已经在路上隐约可见，但他们却迟迟未出现在法军右翼。到了傍晚 6 点钟，内伊的攻击失败了，普军无情地杀向法军侧翼，从进攻威灵顿的部队中拖出 14000 人来缠斗。接着法军展开了最后一次猛攻，在农庄附近与盟军进行了殊死搏斗。内伊亲自带领着近卫军冲上山坡，但英军步兵的子弹怒发，再一次困住了他们。期待已久的反攻时刻终于到了。整日里威灵顿都不顾危险冲锋在前。他骑着栗色的战马“哥本哈根”四处奔驰，粗声粗气地对部下发号施令，鼓舞军心。此刻，他沿着支离破碎的阵线，一边驰骋一边吼道：“出击！出击！他们是顶不住的。”他的骑兵冲下山脊，挥刀猛砍，打乱了法军的布阵，敌人乱作一团。内伊怒不可遏，提着一把断剑，跌跌撞撞地跑到一群乱兵前面，声嘶力竭地向他们喊叫，徒劳无果。一切都太迟了。威灵顿把追击的任务交给普军。拿破仑则心力交瘁地撤回了巴黎。

*　　*　　*

当晚，布吕歇尔和威灵顿相见拥抱。布吕歇尔是德意志陆军老元帅，他不懂英语，于是先用德语说，“亲爱的战友，”然后又用掌握的仅有一句法语说，“太棒了！”简短的问候，恰好应了威灵顿的讷言口味。后来威灵顿成了五港同盟港务长官，时常津津有味地在沃尔默城堡里回忆这件往事。威灵顿公爵回到了布鲁塞尔。这一天

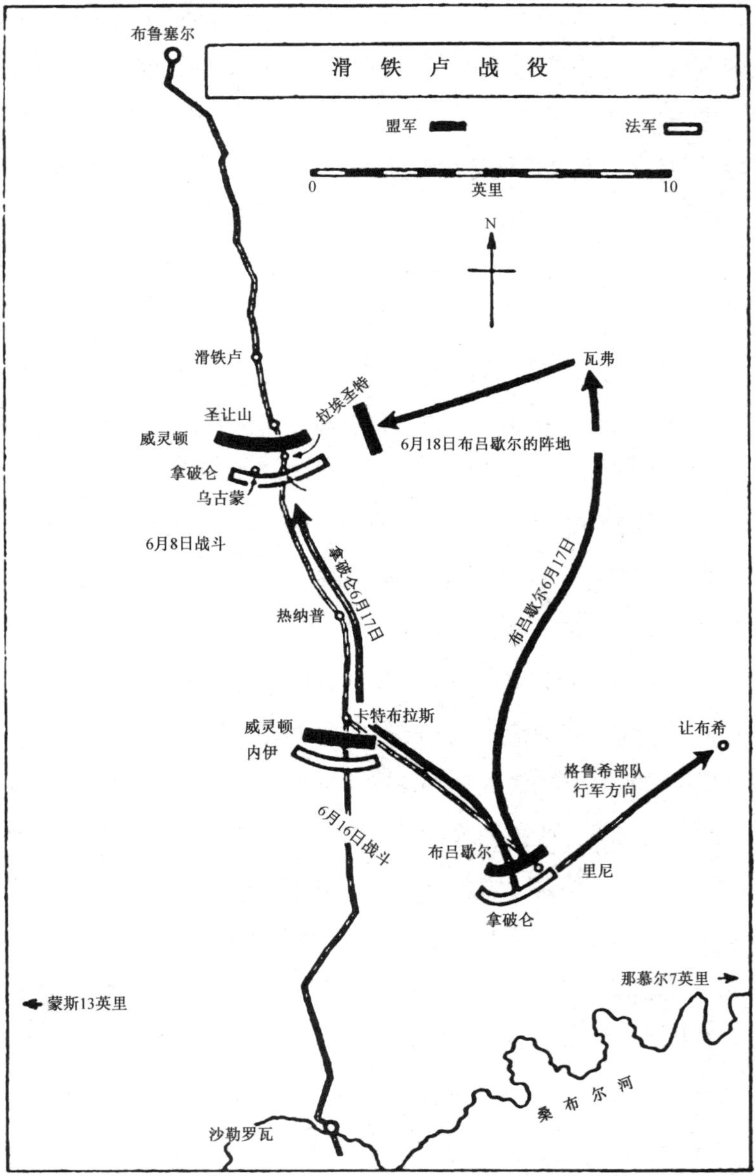
滑 铁 卢 战 役
盟军
法军
0
英里
10
N
布鲁塞尔
滑铁卢
圣让山
威灵顿
拿破仑
乌古蒙
拉埃圣特
6月18日布吕歇尔的阵地
瓦弗
6月8日战斗
拿破仑6月17日
布吕歇尔6月17日
热纳普
卡特布拉斯
威灵顿
内伊
6月16日战斗
让布希
格鲁希部队
行军方向
布吕歇尔
里尼
拿破仑
那慕尔7英里
蒙斯13英里
桑布尔河
沙勒罗瓦

滑铁卢战役

如此紧张艰辛，铁打的人也抗不住。况且这场战斗的成败荣辱全都由他担负。全凭他的人格力量，以身作则，这支混杂的军队才没有溃散。这种压力简直让人难以忍受。“上帝为证！”他曾理直气壮地说，“如果不是我，我看这仗是打不赢的。”原本威灵顿正喝茶吃着吐司，听部下宣读阵亡将士的名单时，竟崩溃到大哭。

其后的几天里，贺信潮水般涌向威灵顿公爵。奥地利首相梅特涅亲王致信祝贺，审慎地称赞“辉煌的战事开端”。其实，战事已经结束了。布吕歇尔率领的普鲁士军队顺利挺进巴黎，相安无事。而在战斗结束 3 天后，拿破仑就已回到巴黎。忽然拿破仑心中又燃起了希望。他要像 1814 年那样再在国内发动一场战役。但是没有人像他那样乐观。那些靠着他获得高官厚禄的法兰西帝国的大臣已经受够了。他只好在 6 月 22 日逊位，退居马尔梅松。随后，背信弃义的富歇组成了临时政府，着手与同盟国和路易十八谈判。法国别无选择。7 月 6 日，布吕歇尔和威灵顿来到巴黎。威灵顿公爵的首要任务之一，是防止怀恨在心的普鲁士人采取报复行动。在 1806 年，普军曾被法军打得一败涂地，国土被分割，军事要镇被占领，而威灵顿公爵对他们的切肤之痛无法感同身受。所以布吕歇尔提议炸毁塞纳河上的耶拿桥，因为该桥是根据普鲁士在耶拿的惨败命名的。而威灵顿立刻布置英军岗哨加以制止。盟军进入巴黎两天后，路易十八露面了。此番的第二次复辟主要是威灵顿一手促成的。大多数法国人和许多盟国都希望由奥尔良公爵担任拿破仑小儿子的摄政王，或者在法国实行立宪共和制。虽然威灵顿对波旁王族并无好感，可是他认为，眼下法国在他们的统治下摇摇欲坠，就再也无力扰乱欧洲的和平了。路易十八不是大帝，也永远别想当大帝。像许多得胜的伟大军人一样，威灵顿期待着一个安宁和平的时代。荣誉和桂冠已收入囊中，是时候种下一棵橄榄树了。

*　*　*

6月底，拿破仑离开了马尔梅松，前往比斯开湾岸边的罗什福尔，途中险些被布吕歇尔的普军擒获。如果被普军俘获，拿破仑一定会被枪毙。他考虑过横渡大西洋，并找来了一套关于美洲的游记。也许他在墨西哥、秘鲁或巴西可以建立一个新帝国。还有一条出路，就是听凭他的死敌发落。史实如下：英国军舰“别列洛风号”的舰长梅特兰奉命在罗什福尔港外游弋，严禁任何法国船只出海。拿破仑同他进行了谈判。他建议拿破仑到他的船上避难，可是他无法预知英国政府将如何处置这个显赫人质，也没有作出具体的保证。拿破仑希望他能够被软禁在某个英格兰乡间别墅或者苏格兰城堡里生活。一个世纪以前，塔拉尔元帅和其他法国将军曾在英格兰愉快地度过了囚居生活。下台的皇帝给英国摄政王写了一封娓娓动听的信，他称对方为“我的敌人中最强大、最顽强和最宽容者”。摄政王看到此信时，一定会就此相信，赢得战争的俨然是他自己，而非他的将军或大臣。对于这个问题，反正他自己是宁可信其有。“别列洛风号”停泊在托贝，德文郡的人好奇地围观着这位“科西嘉怪人”；与此同时，在伦敦，利物浦勋爵和英国内阁则反复思索对策。报纸上鼓噪着审判拿破仑。英国政府代表众盟国决议把他流放到圣赫勒拿岛。该岛面积相当于泽西岛，可是山峦起伏，远离大陆，无处可逃。7月26日，皇帝乘船驶向南大西洋，日薄西山。他从不回想那天在滑铁卢究竟发生了什么。落败，人人都有过错，除了他自己。他眼前只有永久的流亡。少数忠心的随从陪伴他度过了余下的6年。他们谱写了一个拿破仑不可战胜的神话，它对法国的未来影响深远。

* * *

6月，维也纳会议正式结束。接下来各国代表将在巴黎聚首，同法国签订新的和约。这一任务耗时整整三个月。普鲁士要强加给法国诸多苛刻的条款，英国代表卡斯尔雷则认为，相对宽容的条款能减少法国人的怨恨，也能避免重启战端。这一立场也得到了威灵顿的大力支持，而此时他已在欧洲树立起绝对权威。第二个《巴黎和约》签订于11月，较之1814年和约条款略显苛刻。法国除了失去一些小块领土之外，还须交纳7亿法郎的赔款，盟国军队将在法国驻军3年。但是和约中并未出现羞辱性的条款。这一和约温和地处理了法国问题，因而非常成功。盟国驻军也由威灵顿统帅。因此在后来的3年里，他一人的力量就等同于一个欧洲强国。心态并不乐观的卡斯尔雷认为，这份和约如能维持7年的和平，就足以证明其正确性。他并未意识到自己草拟的和约比想象的成功。后来，和平的局面在列强间整整维持了40年之久，而维也纳会议和《巴黎和约》的主要框架原则直到20世纪仍在发挥作用。

1815年签订的和约是欧洲1920年之前的最后一项重要条约。自由党历史学家和内阁大臣赫伯特·费希尔将它同1920年和约做过比较："塔列朗提出的合法性原则是1815年和约的基本精神。依据合法性原则，波旁王族再次复辟，萨克森地区被重新置于德意志韦廷王族的统治之下，撒丁王族的权力因而得到了肯定。但是和约忽视了国籍问题和相关居民的意愿。可见在基本原则和目标上，起草维也纳和约的政治家同现代欧洲蓝图的设计师是格格不入的。维也纳会议委托君主制国家维持欧洲治安，而只有这些统治倒台后，1920

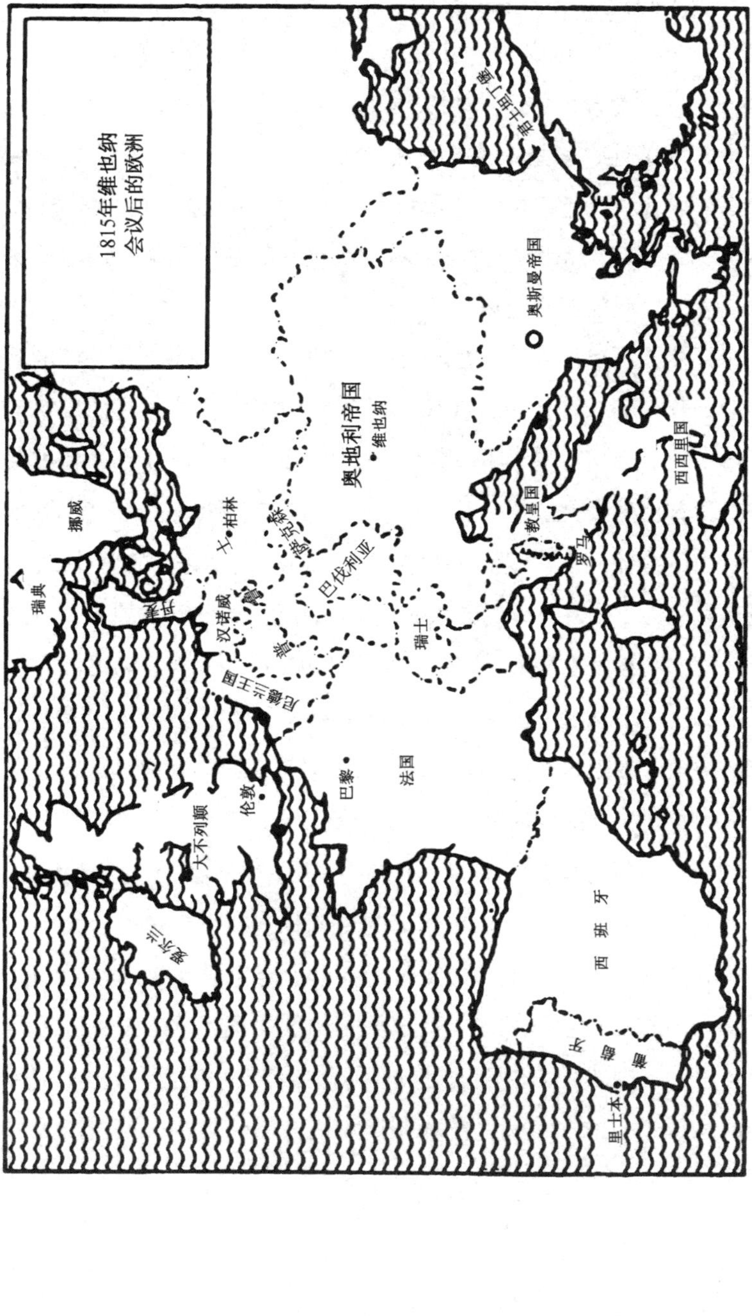

1815年维也纳会议后的欧洲

年和约规定的民主制度才能确立起来。1920 年和约签订后，新的共和国建立起来了，疆界被重新划定，认可古老的奥地利帝国瓦解，根据自决原则重建欧洲。当初法国革命党人提倡自决，后来该原则却长期未获关注。试想威尔逊总统如果在维也纳会议上宣讲他的主张，必然会令人深恶痛绝。在梅特涅、塔列朗和卡斯尔雷的主导下，大会认为，欧洲的富强只取决于对合法权威的绝对服从，而非取决于顺应有关民族的假定愿望。”[1]

卡斯尔雷可以把俄国、普鲁士和奥地利这三个独裁国家之间的神圣同盟贬作“极端神秘主义和荒诞言论的产物”。其实该主意出自沙皇亚历山大的天马行空混沌头脑。可是为了维稳起见，卡斯尔雷准备眼睁睁看着罗曼诺夫王朝、霍亨索伦王朝和哈布斯堡王朝违背民族独立和自由的潮流，在中欧和东欧的大部分地区恢复它们的反动统治。这就是欧洲为了推翻拿破仑政权而付出的代价。合法化的原则一旦同某个大国的利益发生冲突,就会被抛弃。1792 年还是独立国家的波兰，1814 年却不再具有合法性了。继而萨克森王国的部分地区和莱茵河一带的主教区划归普鲁士，威尼斯共和国及其亚得里亚海滨地区并入奥地利的版图。合法性的原则并未能遏制领土的扩张。

这场史上耗时最长的世界性大战结束后，调停活动延续了更久。由于拿破仑的雄才伟略，法国革命的影响传遍欧洲各地，起源于巴黎的民族主义和自由主义理想在欧洲各个民族生根发芽。19 世纪以后，这些理想的火种同维也纳会议努力制定的世界秩序发生了激烈碰撞。尽管法国战败，皇帝下台，但那些振奋人心的信念并未消逝，它们影响深远，欧洲各国的统治制度也因此不断更迭，英国当然也不例外。

尾 注

第 1 章

1. K. G. Felling, *A History of the Tory Party*, *1640—1714*(1924) .

第 2 章

1. 写于 1939 年初。

第 9 章

1. W. E. H. Lecky, *History of England in the Eighteenth Century* (1878), vol. ii.

第 12 章

1. 原作将其标为斜体。——作者注

第 13 章

1. J. Fisher, *The Writings of John Fisher*(1902), vol. i.

2. F. V. Greene, *The Revolutionary War* (1911) .

第 14 章

1. *The Writings of George Washington*, ed. W. C. Ford (1891), vol. ix.

2. *The Journal of Sergeant Lamb* (Dublin, 1809) .

第 15 章

1. Lord Elton, *Imperial Commonwealth*（1945）.

2. J. A. Williamson, *A Short History of British Expansion*（1922）, p. 578.

第 17 章

1. Charles A. Beard and Mary R. Beard, *The Rise of American Civilization*（1930）, vol. i.

2. 原作将其标为斜体。——作者注

第 21 章

1. Napier, *The Peninsular War*, vol. i.

第 25 章

1. H. A. L. Fisher, *History of Europe*（1935）.

推荐阅读书目

ALDRITT, KEITH. *Churchill the Writer: His Life as a Man of Letters*. London: Hutchinson, 1992.

ASHLEY, MAURICE. *Churchill as Historian*. New York: Scribner, 1968.

CHURCHILL, WINSTON. *Lord Randolph Churchill*. London: Library of Imperial History, 1974.

CHURCHILL, WINSTON. *Marlborough*: *His Life and Times*, 2 vols. Chicago: University of Chicago Press, 2002.

CHURCHILL, WINSTON.*The Second World War*, 6 vols. Boston: Houghton Mifflin, 1985—1986.

CHURCHILL, WINSTON.*The World Crisis and the Aftermath*, 5 vols. London: Odhams Press, 1923—1931.

CLARK, GEORGE NORMAN. *Later Stuarts*, *1660—1714*. New York: Oxford University Press, 1956.

GILBERT, MARTIN. *Churchill: A Life*. New York: Holt, 1991.

GILBERT, MARTIN. *In Search of Churchill: A Historian's Journey*.

Hoboken, NJ: John Wiley, 1997.

JENKINS, ROY. *Churchill: A Biography*. New York: Farrar, Straus & Giroux, 2001.

KEEGAN, JOHN. *Winston Churchill*, New York: Viking Books, 2002.

LUKACS, JOHN. *Churchill, Visionary, Statesman, Historian*. New Haven: Yale University Press, 2002.

MACAULAY, THOMAS BABINGTON. *The History of England*. Harmondsworth: Penguin Books, 1979.

MANCHESTER, WILLIAM. *The Last Lion: Winston Spencer Churchill*, 2 vols. Boston: Little Brown, 1983—1988.

MULLER, JAMES W. *Churchill as Peacemaker*. Cambridge: Cambridge University Press, 2002.

ROSKILL, STEPHEN. *Churchill and the Admirals*. London: Pen and Sword, 1977.

SCHAMA, SIMON. *A History of Britian, Volume 2: The Wars of the British, 1603—1776*. New York: Hyperion, 2001.

SOAMES, MARY. *Winston Churchill: His Life as a Painter: A Memoir by His Daughter*. Boston: Houghton Mifflin, 1990.

TREVELYAN, GEORGE MACAULEY. *A Shortened History of England*. Harmondsworth: Penguin Books, 1987.

WILLIAMS, BASIL. *Whig Supremacy, 1714—1760*. Ed. C. H. Stuart. New York: Oxford University Press, 1962

译后记

丘吉尔的《英语民族史》，诚如作者在序言中说明的，“并不想与历史学家的专著一较高低”。他面面俱到地介绍了大英帝国版图中的所有英语民族，包括美利坚合众国。他对重大的历史事件和较大影响的帝王将相进行不厌其烦的陈述，做了鞭辟入里的分析和评论。译者认为这是本书的看点所在，也是翻译工作中需要着重斟酌的内容。译者一贯主张忠实原文，所译按照作者的思路表达出来。丘吉尔表述其深邃的思想时，往往采用超乎常人的庞大词汇量，以及比较复杂的句式，本译著在深刻理解原文的基础上进行翻译，希望能保留原汁原味。少量句子乍一看似乎费解，但思维脉络还是清晰的，相信读者反复多读几遍，定能理解个中深意。而且作者对史实的评价散布于各种句子结构之中，翻译时需小心提示，以免漏译而辜负了他的本意。例如，“他始终辅佐，或者说控制着威廉一世及其后两任皇帝，直到 1890 年他与年轻的威廉二世最终发生冲突而悻悻然下台”。此处“悻悻然”，原文中的“acrimoniously”赫然在目，反映了丘吉尔对前辈俾斯麦的揶揄。但我核对目前已经出版的本书其他中文版，均未发现此词。

本书四卷共计1000多页，翻译费时。有幸得到翻译教学班上一批学生的初译帮助。其中，仲丽洁完成第二卷前半本。参加初译的同学还有汪燕妮、戴海娇、肖颖、潘殊瑶，以及冯译天、谢宏桥、颜天罡、沈晓云、苏敏、温世程、汪梦瑶、胡韵娇、张秀、王恒叶、周燕、茅雨晨、熊莎、康素香、管海佳等。全部内容都是我仔细核对原文定稿的，故全权负责本书的翻译质量。

王之光

于浙大宁波理工学院外国语学院

2022年12月10日